失われた時、盗まれた国

ある金融マンを通して見た〈平成30年戦争〉

Masuda Yukihiro

増田幸弘

作品社

失われた時、盗まれた国

――ある金融マンを通して見た〈平成30年戦争〉

＊文中敬称略

失われた時、
盗まれた国

ある金融マンを通して見た〈平成30年戦争〉

ブリューゲル「大きな魚は小さな魚を食う」1557年

お前はガラスの記憶をもつ私たち人間に何をしたのだ
短剣に刺されて大時計から転落した記憶
雲の下で昼ごとに針の頭で磨かれた記憶
私たちの踵から逃げてゆく言葉とは触れ合うこともない

トリスタン・ツァラ「内面の顔」1953年
(『ダダ・シュルレアリスム新訳詩集』塚原史・後藤美和子訳、思潮社より)

［はじめに］
なんで日本は、こんなになってしまったんだろう？

この国はもう、私の生まれた国ではない。国ごと盗まれてしまったのだ。妄想めいた考えに取り憑かれ、かれこれ四半世紀が経つ。いや、気づいたのはごく最近だ。長らく漠然と「失われた」と言われてきたし、そう感じてもきた。「失われた10年」「失われた20年」「失われた30年」という具合である。

２０２０年、地球規模でのパンデミックがはじまると、私の妄想は白日の下にさらされ、だれの目にも明らかになった。ウィルスをめぐって、またこの年に予定されていた東京オリンピックをめぐって、数え切れないほどの混乱がつづき、すっかり衰退した国の姿が露わになった。主体性を欠いた国、と言い換えてもいい。

なんだろう、どうしたのだろうと戸惑っているうち、ありとあらゆるものの価値が変わり、人間の価値さえ下がり、ただお金だけが価値を上げていた。「自己責任」や「集中と選択」といった掛け声のもとで社会の仕組みやありようが変わり、人の考え方や感じ方も大きく変わった。売れる売れない、生産性のあるなしがものごとの意味をはかる尺度となるあまり、そうでないものは社会の片隅へ追いやられ、居場所を失っていった。

それがいつのまにか日本ではじまっていた「新自由主義《ネオリベラリズム》」のもたらした社会ではあるのだが、しかしこの言葉はどこか謎めいていて、「主義」と呼ぶほど強い原理や明確な定義があるわけではない。ありもしないものに翻弄され、いたずらにいたぶられてきた印象がある。いかんせん都合が悪くなっても施策を講じる国は失政を認めることはなく、それどころか平気で嘘をつき、公文書を隠蔽し、改竄してなかったことにしてしまうのである。そうして強い者はますます強くなって弱い者はさらに弱くなり、持てる者はますます富んで持たざる者はさらに失い、一億総中流と呼ばれた国は餓死する者が出るほどの格差社会に変異していた。

親から子へ世代が一巡し、「失われた10年」のさなかに生まれた人も成人して社会に出た。バブルのころの記憶はすっかり昔話になり、私が子どもの時分、戦争の記憶を大人たちに聞かされたのとほぼ同じ時間がすでに過ぎている。「失われた」といっても、いったいなにが失われたのだ。前の時代になにかがあったとでもいうのか。ミレニアル世代やZ世代と呼ばれる世代の問いかけに、非難に、うまく言葉にできずにきた。たしかになにかが失われ、そしてえたものより失ったもののほうがはるかに多いと感じているのに、改めて考えてみてもそれがなんなのかははっきりしない。ましてや盗まれたといって、だれがなにを盗んだというのか。

なんとか記憶を奪い返さないといけないところまできている気がしてならないのだが、そういえば子どものころ、戦前や戦時中の思い出を尋ねても、肝心なところでいつも大人たちは口籠もっていた。歴史とは記録と記憶をないまぜにしつつ消し去り、あるいは忘れ去り、そうだったかもしれないと思い込ませる物語なのかもしれない。メディアが切り取りつづける「今」によって過去になにがあったかという細部は失われ、記憶が上塗りされていく。日々のニュースを丹念に追ったところで、目の前の現実すら見えてこないのはそのためだ。

経済なんて、さっぱりわからなかった。むずかしすぎて、とてもついていけない。複雑すぎて、手に負えない。わかろうとしても、どうしたわけか、途中で考える力がなくなっている。数字を見るだけで、頭がこんがらがってくる。だから専門家に任せておけばいい。任すしかない。ずっとそう思ってきた。お金は汚いものだから、口にするなんて恥ずべきだ。ずっとそう思わされてもきた。しかし、30年もいいように弄ばれ、うやむやにされてきたのにいい加減、気づかされもする。「アベノミクス」や「黒田バズーカ」など、メディアを通じて流布される政治的な言葉の数々は、なんだかすごそうだとの期待とは逆に格差を広め、貧困を社会問題化させてきた。

お金とともに国が力を強め、世界中で奇妙な右傾化が進んだ。それでいてお金を与る銀行が、どうしたわけか力を著しく落としてきた。「失われた10年」のあいだに180近くの銀行や証券会社が破綻し、13行あった都市銀行は統廃合で4行に減った。消えた銀行で働いていた人たちがどうなったのか、ずっと気になっていた。どんな人生を歩んだのかに、四半世紀の変化を解く鍵があると思ったからである。しかし、支店長や頭取になった人の回想やドキュメントはあっても、平行員だった人が表に出ることはまずない。

古い知り合いが「香港のアニキ」と呼ぶ男がふと頭に浮かんだ。十数年にわたり、噂話をおもしろおかしく聞かされていた。なにをしている人かはわからなかった。香港の外資系銀行で働いているのだろうか。投資家と呼ばれる人かもしれない。経済マフィアにも右翼の親分にも思える。想像を膨らませていたある日、アニキが本を書いたといって、1冊の本を渡してきた。略歴には1961年に生まれ、都市銀行、為替ブローカーを経て、FX会社を立ち上げたとある。数行の略歴は、そっくりバブルから四半世紀の金融史でもある。私の2歳年上だが、同時代を生き、まったくちがう世界を見てきたにちがいない。いったいなにが失われ、だれが盗んだのか。この問いに同時代史を描きにくい平成という時代を解き明かす、なんらかの手がかりが隠されているのではないかとの思いにうながされ、話を聞きに香港へ飛んだ――。

第1章

ショウワ

1961 ~ 1983

新所沢の空き地でキャッチボールする笹子善充

基地と団地

埼玉県南西部に所沢という典型的なベッドタウンがある。どんなところかと聞かれても、とくになにが思い浮かぶわけではない。無色透明な街並みが雑然と広がる。戦前は陸軍飛行場のある軍都だった面影も、高度経済成長期から西武の鉄火場として急成長した郊外の面影も、いまとなってはすっかり失われた。バブル崩壊から一つ、また一つと消え、ついには街区がまるごと更地にされた。そうして全国どこにでもある、ありふれた街になっていた。

幾重にもねじ曲がったモノやコトをひもとくため、郊外の街を舞台に、物語ははじまる。

笹子善充は、１９６１年に東京郊外のこの街で生まれた。日本住宅公団の造成した団地に、父の善一と母の八重子が当選して引っ越し、まだ間がなかった。両親はもともと東京に住んでいた。小岩から浅草、赤羽へ、下町と呼ばれる地域を戦後、点々とした。公害による大気汚染で父が喘息気味になり、郊外への転居を考えた。川崎や四日市の喘息、水俣病、イタイイタイ病など、公害による健康被害が全国で深刻な問題になっていた。１９５５年、戦後の住宅不足を緩和するために立ち上げられた日本住宅公団は、都心までの通勤が１時間以内に収まるのをめどに建設候補地を選び、その一つが所沢だった。『となりのトトロ』（宮崎駿監督、１９８８年）はそのころの所沢が舞台だといわれ、中心部に江戸時代にさかのぼる商店街があったほかは、雑木林と畑が見渡す限りに広がっていた。そこを切り開いては家が建てられていった。

新所沢の一帯もかつては八丁山と呼ばれる雑木林だった。米軍に接収された旧陸軍飛行場に隣接し、軍事物資を運ぶ北所沢駅があった。なにもないといえばなにもない土地の半分以上を西武鉄道が所有していた。1957年、日本住宅公団はそこに2500戸からなる都市計画を発表した。集合住宅を中心に学校や商店街、公園を新たにつくり、上下水道を整備する壮大なものだった。59年に団地が完成して入居がはじまり、駅名が新所沢に変わった。「新」がつくだけで、なにもかもが真新しく響く時代だった。駅前には「歓び」と名づけられた3人の女神像がつくられた。それほど団地という新しい生活様式が人びとに希望を与えていた。1956年の『経済白書』は「もはや戦後ではない」と結び、その一行が一人歩きして流行語になった。

「世帯主の年齢が若く、小家族で共稼ぎの世帯もかなりあり、年齢の割には所得水準が高く、一流の大企業や公官庁に勤めるインテリ、サラリーマン」が、1960年度の『国民生活白書』に記された住民像だった。公共性の強い開発ではあったが、入居には最低年収の制限があり、だれもが住めるわけではなかった。それでも大人気で申し込みが殺到し、平均して50倍近い倍率になった。入居は抽選で、往復葉書で応募したり、会場でガラガラクジを引いたりした。どの街に住むかより団地に住むのが優先され、運よく当たれば知らない街に移り住んだ。笹子の親にしてもひばりが丘団地の抽選に外れたあと、2度目の申し込みで当たった所沢には縁もゆかりもなく、どんなところか知らなかった。

団地は暮らし方を変え、核家族化を進めた。団地と一口に言っても、新所沢には5階建ての典型的な団地と、2階建ての集合住宅があった。笹子の家は後者で、1階に6畳間と台所、風呂、トイレ、2階に6畳間と4畳半のある間取りだった。銭湯に行かなくても好きなときに入浴でき、トイレが水洗なだけで、豊かさを実感させた。いまでは当たり前の生活も、戦中戦後のどん底の暮らしを知る分、余計だった。とはいえ70年代まで所沢では新築住宅でも汲み取り便所がまだ少なくなく、またゴミの収集が人口の急増に追いつかず、地域によっては「吸い込み」と呼ばれる庭に掘られた深い穴に捨てていた。新所沢は最先端だったのである。

「特攻隊の生き残り」が陸軍少年飛行兵だった笹子善一の口癖だった。中学生で志願して特攻隊員となるが、突撃命令が下らないまま、終戦を迎えた。帰宅すると10万人以上が犠牲になった東京大空襲で本所にあった家は焼け、父は病気で亡くなっていた。頼れる者もなく、無事だった姉と弟と肩を寄せ合って生きるしかなかった。中学も卒業していない兵隊上がりをだれも雇ってはくれず、闇屋をしてなんとか生き抜いた。女親分が取り仕切る東京・新橋の闇市で、中国人と韓国人を締めだそうとした抗争に巻き込まれたりもした。みな生きるのに精一杯の、荒っぽい時代だった。戦争を主導した国はなにもせず、逆にひどく取り締まった。同じ役人が立場を変え、態度を一変させていた。情勢が一段落して呉服屋や洋服屋で働き、赤羽では自分の店をもった。最新の流行に合わせて仕立てる高級店をめざしたが、客層が住人と合わず、店じまいを余儀なくされる。

２人目の子どもとして善充が生まれたころは、日本専門店会連盟（日専連）で働いていた。商店街の小売店で月賦と呼ばれる分割払いをできるようにした組織である。１９６０年代、人びとの暮らしは急速に変化し、生活革命と呼ばれた。それを支えたのが電気製品で、とくにテレビ・洗濯機・冷蔵庫は「三種の神器」の名があった。洗濯板で手洗いすることから解放されるとあって、家庭に欠かせないものとして普及した。当時の家電製品はとても高価で、たとえば電気釜は月給の１カ月分に相当した。テレビや冷蔵庫となればさらに値は張り、手が届きにくい。こうしたニーズに応えたのが日専連で、小売店を盛り上げた。なんでも近所の商店街で買い物をするのがごく一般的だった。酒屋や米屋は御用聞きに回り、小売店が生活に密着していた。電気製品も故障したらすぐ修理にきてもらえる、近くの電気屋で買い揃えた。お勧めの新製品を買うなど、親戚づきあいに似た関係が生まれた。電気屋の多くは一つのメーカーの特約店なので、家電製品が一つのメーカーで揃っている家が珍しくなかった。得意客がメーカーの主催するイベントや旅行に招待されるなど、消費者と販売店とメーカーが手を携え、高度経済成長を支えた。

１本のレール

焼け野原になった東京はみるみるうちに復興を遂げ、高度成長と呼ばれる経済発展の渦中にいた。もはや戦後ではないとはいっても、１９４５年に戦争が終わってわずか15年しか経っておらず、いたるところに爪痕が残っていた。ひばりが丘団地や新所沢団地も軍と深い関わりのある土地に造成され、戦争が発展の礎になっていた。笹子が生まれたころはまだ、所沢の在日米軍基地では５０００人弱の日本人が働き、軍都としての性格を色濃く留めていた。将校住宅や、軍が宴会を催した大広間のある料亭も残っていた。工事中に不発弾が見つかり、騒ぎになったこともある。しかし、戦争の影は少しずつ注意深く排除され、急速に忘れられ、ついにはわからなくなっていく。

所沢の不思議なところは、同じ市内でも駅ごとにずいぶん印象の異なる街づくりをした点にある。中心となる所沢駅から西所沢駅にかけて古い商店街があり、途中に市役所があった。狭山ヶ丘は農村地帯への入口で、駅の周辺には雑木林が広がっていた。元来、地縁と血縁の強い土地柄で、本家と分家が絡み合い、暗黙の序列が決まっていた。そのなかで新所沢は独特の位置を占めていた。大半は抽選に当たって都心から移り住んできた住人のせいか、意識が高く、街区にそこはかとない洗練が生まれたのである。

明治のはじめまで３０００万人台だった日本の人口は１９７０年に1億人を超え、１００年あまりで3倍以上も増えていた。所沢の人口も高度経済成長期を通じ、爆発的に増加する。新所沢団地の完成に合わせて開校した北小学校に笹子は入学するが、2年生のとき、すぐ近くに清進小学校が新しくできた。学校を増やしても転校生の数に追いつかず、1学年に7組まであった年や、教室が足らず、校庭にプレハブ校舎ができた年もあった。さらに5年生になって、駅の反対側に伸栄小学校ができる。この間、人口は倍々で増え、北小学校開校時（１９５９年）は6万３８４１人だったものが、清進小学校開校時（１９６８年）は１１万４２１６人、伸栄小学校開校時（１９７１年）には１４万８６６８人にまでなった。望むと望まざるとにかかわらず、子どもは激しい競争に巻き込まれた。居場所をえるには腕力で勝つか、運動で勝つか、勉強で勝つか、いずれかしかなかった。

「いい学校に行って、いい会社に就職しなさい」と、どこの親も繰り返し子どもに言い聞かせた。戦争で叶わなかった夢を子どもに託す人が多かった。いい学校にはじまりいい会社で終わる1本のレールがずっとつづいているとだれもが信じた。笹子が最初に頭角を現わしたのは野球だった。物心ついたころ、読売ジャイアンツが9年連続して優勝し、日本シリーズも制覇していた。猛烈な勢いが1965年から73年までつづき、V9と呼ばれる熱気を生み出した。子どもたちは長嶋茂雄（1936～）にあこがれ、王貞治（1940～）にしびれた。二人のサインが印刷されたバッドやグローブが飛ぶように売れ、子どもたちは宝物にした。V9の最中、68年に放送のはじまるアニメ『巨人の星』は最高視聴率が37％に達するほどの人気番組となり、全国の親子が主人公の飛雄馬と一徹に自分を重ねて野球に情熱を傾けた。笹子親子も例外ではない。団地には大きな公園があり、バックネットのある本格的な野球場が整備されていた。そこで毎週日曜日、弁当を持参し、二人で特訓をしたのである。小学生のあいだでは善充が大リーグボール養成ギブスをしているとか、親子で火の玉ノックをしているとかいった噂がまことしやかに流れた。父は父で巨人が試合に負けては一徹みたいに卓袱台をひっくり返していると近所で評判だった。東京から所沢に転校した大勢の子どものひとりだった高橋大司は、どんな子だろうと気になり、こっそり見に行った。

「冗談だと思ったら、ほんとうに一日中ボールを追いかけていました。こいつらすごいなと思いました」

民家の一角や公民館でおこなわれるそろばん教室や書道教室に通う子どもも多かった。「読み書きそろばん」という親の世代の価値観がまだかろうじて残っていて、学校で落ちこぼれても、そろばんができればなんとか仕事が見つかるとされた。笹子はそろばんが得意で、県内でも強豪の教室で特待生になり、学費が免除された。その代わり普通は週3回のところ、選手権大会に向けて毎日、練習問題に取り組まされた。教室ごとにチームを組む団体戦と個人戦があり、笹子はいずれも有力なメンバーだった。

「所沢にはたいして頭のいい奴もいないし、体力的にもたいしたことなく、すぐにガキ大将になれる。こんなもんかって思いましたよ」

急増する児童に対応しきれず、所沢の学校はカオスに満ちていた。変な先生が多く、世間は「でもしか先生」と揶揄した。教師不足を背景に、希望すれば比較的容易になれるので、「先生でもやろう」「先生にしかなれない」という消極的な動機がまかり通っていた。

4年生の担任は日教組を信奉していた。競争を嫌い、なんでもジャンケンとくじ引きで決めた。それが子どもにとっていちばん平等だと考えていた。学級委員やリレーの選手も、書道大会や珠算大会に出る人も、そうして選んだ。結果はいつも惨憺たるものだったが、先生は満足げだった。5年生の担任は休んでばかりいた。代わりに校長や教頭ら、空いている先生が交代で教えた。やっと担任が学校にきたと思ったら、「結婚します」とうれしそうに発表してまた休んでしまった。理不尽な目にあっても、親はみな見て見ぬふりをした。学校は子どもを人質に取られているようなものだった。先生ににらまれたら最後、なにをされるかわかったものではない。ただ一人、笹子の父親は、「こんなことあるか！」と学校によく怒鳴り込んでいた。学校を半ば見切った笹子は、私立中学への進学を考える。兄の純一も私立で、身近に感じていた。10歳も年が離れていて、一緒に遊んだ記憶は数えるくらいだった。大学生になって学生運動にのめり込み、家に寄りつきもしなくなる。

2年つづけて変な先生が受け持ち、クラスの雰囲気は最悪だった。6年生になってまともな先生が受け持った。出来の悪い先生のあと、しっかりした先生がつくのは学校運営の基本である。新しい先生の教え方は独特だった。生徒一人ひとりとしっかり向き合い、進行状況に合わせ、記憶に残る教え方をしたのである。遅れを取り戻していくうち、50人近くいる生徒全員の学力が、みるみるうちに上がっていった。

「なんでも不可能はない。前向きにやれば、できないことはないんだ」

すばらしい先生だと笹子は子どもも心にも尊敬していたが、家庭訪問で父が私立進学の希望を告げたところ、無理だと頭ごなしに言われてしまう。いまの学力ではとても合格にはおぼつかず、受験に失敗する重荷を背負わせるのは酷すぎる、と先生は考えていた。

そのころ所沢あたりで私立中学を受験するのはクラスに一人か二人いるかどうかで、ごく少数派だった。受験生は四谷大塚進学教室の模擬試験を受けるため、毎週日曜日、中野や四谷にある試験会場に出かけた。この日曜テストを受けるための塾まであった。結果は速達で届き、答案が手書きで採点された。順位が記され、子どもたちは何人中の何番かを競い合った。まだコンピューター化されておらず、偏差値もなかった。いくら所沢の小学校で勉強ができるといっても、上には上がいくらでもいた。もっとがんばらなければならないのは自分でもわかっている。

「いつも言っているのとちがうじゃないか。一生懸命やれば、できるんじゃないですか？」

いい学校に行かなければ、いい会社に行けない。ショックを受けた笹子はそう言って、先生に食い下がった。地元の公立中学は教師による体罰が問題になっていると聞き、どうしても行きたくない。のちに裁判沙汰になるほど、ひどいものだった。

「もちろん不可能はありません。それならやってみなさい。ただし、勉強するからといって行事に参加しないとか、ほかをおろそかにしてはだめです。全部やってはじめて一人前ですからね。受験を言い訳にするのは許しません」

先生は次々と無理難題を突きつけた。小学校対抗のソフトボール大会で優勝しろと言われれば、毎日練習してチームを引っ張り、最後まで勝ち残った。夏休みの自由研究で賞を取れと言われれば、天体望遠鏡を廃材でつくって佳作に選ばれた。受験を間近に控えた時期には、書き初め大会に出品させられた。無理強いすれば悔しがって両方やるが、勉強だけでは怠けてしまうと、担任は笹子の性格を見抜いていた。

●高度経済成長という時代

1954年から73年にかけての時代は、高度経済成長期と呼ばれる。池田勇人（1899～1965）内閣による所得倍増計画のもと、時代が大きく動いていた。日産がダットサンのブランドで自動車の販売をアメリカで開始したのも、ソニーがアメリカに現地法人を設立してトランジスタラジオを売ろうとしたのも同じ1960年だった。日産の片山豊（1909～2015）は東京モーターショーの前身となる見本市をはじめるなど、日本の自動車産業を手探りで確立させた一人として知られる。渡米は市場調査が表向きの理由だったが、ロサンゼルスを拠点にディーラー網を整備して積極的に取り組んだ。広大なアメリカを舞台に片山が西海岸を中心に攻めたのに対し、もう一方のチームは東海岸で営業を展開。軍配は片山に上がり、米国日産の初代社長となる。アメリカ市場向けにフリーウェイを快適に走る自動車を企画し、フェアレディZ（1969年）が生まれる。スポーツカーは数が出ないとの批判を社内で浴びたが、このアメリカ市場を中心とした輸出仕様「ダットサン240Z」は排気量を大きくするマイナーチェンジを重ねながら1978年までに46万台が製造されるヒットとなり、ダットサンの名前をアメリカに定着させる。欧州メーカーの競合車種に比べ安価で、庶民にも手が届いたのが理由だった。

なにもかもが順調だったわけでは決してなく、絶壁を登るような苦難の連続だったと片山は振り返る。アメリカ進出に際して敗れたチームの代表がのちに本社の社長に就き、片山は辛酸をなめる。功労者であるのに会社で孤立するのだが、アメリカでは「Zの父」と呼ばれ、高く評価された。

岐阜県にあるヤイリギターの原点もこの時代にある。アメリカでギターづくりを学んだ矢入一男（1932～2014）は1963年、クラシックギターをつくって売りはじめる。ちょうどビートルズがデビューし、世界中で人気を集めていた。そこで3ドルで売るおもちゃのギターをつくり、アメリカに輸出する。Made in Japan が安物・粗悪品を意味する時代だった。これではだめだと奮起した矢入は68年にふたたび渡米し、マーティンやギブソンをはじめとする本場のギターに触れ、質の高いギターづくりをめざす。資源のない日本は原料を輸入して加工した製品を輸出する、製造業に活路を見出していた。多くの人が創意工夫を重ねて技術革新を推し進めていくうち、日本製品は次第に世界市場を席巻する。

この時期、大小さまざまな企業が急成長し、株式市場が勢いづく。1964年の東京オリンピックを控え、東京証券取引所の時価総額が5年で5倍になり、「銀行よさようなら、証券よこんにちは」といわれた。オリンピックが終わると一転、証券不況と呼ばれる低迷がはじまり、株価が暴落。山一證券では投資信託の取り付け騒ぎが起きた。事態を打開するためにおこなわれたのが証券会社に対して無担保融資を無制限におこなう日銀特融と、戦後初の赤字国債の発行だった。政府の介入が功を奏し、逆に「いざなぎ景気」と呼ばれる長い好況が1965年から70年にかけてつづく。

1970年代は大阪を舞台にした日本万国博覧会ではじまった。「人類の進歩と調和」をテーマに、戦後復興を果たして高度経済成長を遂げた姿を、世界にアピールする狙いがあった。熱狂ぶりはすさまじく、世界77カ国と4つの国際機構が参加し、のべ6422万人もが訪れた。万博を機に、世界は大きく転じていく。まず71年、お金の意味が決定的に変わる。紙幣は金と交換できてはじめて価値をもつもので、戦争中の1944年、金1オンス（約31・1グラム）が35ドルに定められた。しかし、財政と貿易の赤字を建てなおすのに、アメリカは金の兌換を停止。これを受けて73年までに各国は変動相場制に移行し、日本でも1ドル360円の固定相場制が終わった。以来、お金の価値を裏付けるのは金ではなく、国の信用になる。

1972年、田中角栄（1918～93）が首相になる直前に発表した日本列島改造論が一大ブームになり、開発が予定される地域の地価が各地で高騰。狂乱物価と呼ばれるインフレを招いた。作家・筒井康隆（1934～）が子ども向けに書いた『三丁目が戦争です』は、当時の世相をよく表わしている。団地の住民と、団地から戸建て住宅に移り住んだ住民の対立がテーマで、作家の実体験にもとづく物語とされる。

「なにさ。じぶんたちが、住宅地にすんでいるとおもって、わたしたちをばかにして。」〔……〕「なにさ。家を買えないで、団地にすんでいるびんぼうにんのくせに。」

（『三丁目が戦争です』筒井康隆、講談社、2003年）

1970年代はじめ、社会保障より経済成長を重視する住宅政策へ転換する。大蔵省の主導で発足した住宅金融専門会社は「住専」と略されるノンバンクで、大手銀行や保険会社などの金融機関が共同出資した。住宅ローンサービス、日本住宅金融、日本ハウジングローン、第一住宅金融、地銀生保住宅ローン、総合住金、住総、協同住宅ローンの8社が個人向けの住宅ローンを扱った。ローンを組めば家を買えるとあって、日本中でマイホームブームが起きる。

所沢でも大きな変化が生じた。万博のあった1970年、西武池袋線に小手指駅が開業したのがはじまりだった。駅前には一面の野原が広がり、晴れた日には富士山が大きく見えた。ラジコンを飛ばす人や、警察犬の訓練をしている人がいた。他校同士の決闘があったとの噂がときどき流れた。なにができるのだろうと大人たちはささやき合った。開発規制があり、なにもできないと言う人もいた。もともと見渡す限りの雑木林と原野が広がっていた。戦後になって沖縄から入植した農家らが開拓した。車両基地をつくるためと地権者を説き伏せ、西武が買い集めた。最初にできたのは市民プールと呼ばれる大きなプールだった。色とりどりのウォータースライダーが名物で、いつもごった返していた。周囲にはウサギやキジ、コジュケイの棲息する深い雑木林が広がり、子どもたちは昆虫採集を楽しんだ。

その空き地に１９７６年、小手指ハイツというマンションができる。開発したのは西武関連の不動産屋だった。新所沢団地に比べて華やいだ雰囲気があり、戦後復興のなか、新しい時代に向けて輝いていた団地はわずか10年あまりのうちに、急に古びて見えた。次々にマンションができるのに合わせ、戸建て住宅も建てられた。敷地が広めで、高級分譲地とされた。当初は線路沿いに赤提灯の屋台が出るくらいで、店らしい店はなにもなかった。マンションができた2年後、ファミリーマートが開店する。新しいタイプの小売店とのふれこみで、コンビニエンスストアと呼ばれた。

西武は鉄道と流通を一体化した戦略を鮮明にし、爆発的な渦を所沢に巻き起こす。１９７１年に堤清二（１９２７～２０１３）が西武流通グループ（のちのセゾングループ）を立ち上げ、73年に弟の堤義明（１９３４～）が西武鉄道の社長に就任したのがきっかけだった。西武グループの創業者である堤康次郎（１８８９～１９６４）が、「死後10年は、新しい事業に手を出すな」と兄弟に遺言したのを守ったかたちだが、渦中にあってはもっと漠然としていた。

　一九六〇年代から七〇年代にかけて、経済界の主流を形成していた経営者の多くは、敗戦で先輩が公職追放などの措置にあい、第一線を退いたあと四十歳代で急に経営者の座についた人たちだった。〔……〕
　一九七〇年代までは、日本の経済社会には「昔のやり方では駄目だ」「経営革新こそ生きていく唯一の方向だ」という気概が満ちていたのだ。
（『叙情と闘争――辻井喬＋堤清二回顧録』辻井喬、中央公論新社、２００９年）

西武鉄道の発祥は武蔵野鉄道と呼ばれる別会社で、１９１５年に開通し、池袋と飯能を結んだ。堤との縁は24年に東大泉（現・大泉学園）駅を建設して寄付したのにはじまる。土地を造成して販売するのが目的だった。衆議院議員で、箱根土地（のちのコクド）の社長だった康次郎は同様の手法で都下の国立を開発し、箱根や軽井沢の別荘地を分譲した。武蔵野鉄道の経営危機に乗じて32年に大株主となり、買収を果たしたのが西武鉄道の原点になる。兄弟は父のやり方を忠実に踏襲し、１９７０年代を通じて多角的な動きを立て続けに起こし、鉄道と流通が表裏一体となって突き進む。そして西武の電車やバスを乗り継いで都心に通勤し、西武の分譲した家に住み、西武のスーパーで買い物し、西武の娯楽施設で遊び、西武のお墓に入るというライフサイクルができていく。発展の裏では鉄道を仕切る弟と、流通を仕切る兄が激しく反目し合っていたが、表立つことはなかった。

シラケ

所沢の中心である所沢駅は西武新宿線と西武池袋線が乗り入れるターミナルになっていて、新宿から急行で約40分、池袋から約30分である。その先、新宿線は航空公園駅、新所沢駅、池袋線は西所沢駅、小手指駅、狭山ヶ丘駅とつづいた。また西所沢駅からは下山口駅を経て狭山湖駅（現在の西武球場駅）を結ぶ西武狭山線が通じた。笹子の住む新所沢から学校のある早稲田までは、新宿線で高田馬場まで行き、地下鉄東西線に乗り換える。

「お前、何時間かけて学校に来るんだ？　もしかして一日かかるんじゃないか？」

がんばった甲斐あって、兄と同じ早稲田中学に合格したものの、所沢と口にするたび、みんなにバカにされ、「ダサイ」と笑われた。クラスメイトには都心に生まれ育った者が多く、所沢がどこにあるかも知らなかった。ただとても遠い田舎とのイメージをもっていた。たしかに通学にはドア・トゥー・ドアで1時間半はかかる。

長い通学時間はいつ喧嘩に巻き込まれるかわからない、スリルにあふれていた。ガンをたれたと言いがかりをつけられては、他校の生徒と殴り合いになった。国士舘などバンカラな学校、とくに韓国や北朝鮮の学校とは激しくぶつかった。乱闘になったこともある。身体と身体がぶつかり合う荒っぽい時代だった。当時の韓国は軍事政権で、北朝鮮とは国交がなく、隣国でありながら近くて遠いといわれた。1950年代にはじまる在日朝鮮人の「帰還事業」は80年代までつづき、新潟市内で失踪した中学生・横田めぐみ（1964～）が北朝鮮に拉致されたことが後に判明する。

1972年の連合赤軍によるあさま山荘事件を境に、60年代を通じて社会を揺るがせた学生運動は内ゲバと呼ばれる仲間割れによる内部抗争を繰り返し、人を殺すほどの暴力も辞さなくなり、色褪せていったが、どの学校もずいぶん荒れていた。進学校の早稲田も風紀が乱れ、校則はあってないようなものだった。喧嘩やタバコで先生は毎週、懲戒会議を開いていたが、先生は先生で二日酔いの酒臭い息のまま教壇に立った。それでも受験を勝ち進んできただけに、勉強のできる生徒がいくらでもいた。模試でトップ争いをしていた人にも出会った。野球には自信があったが、もっとうまくて体力のある人がいた。所沢では「こんなもの」と思えたのに、相当がんばらないと勝ち目はなさそうだった。

教師はなにかにつけ、成績優秀だった兄の純一と比べた。兄が在学中に校庭からロケットを打ち上げて蕎麦屋の屋根に落ち、ちょっとした騒動を起こしたのが10年経っても語り草になっていた。所属する物理部での実験が行きすぎたのだが、いつしか学生運動の仕業になっていた。佐藤栄作（1901～75）首相の訪米阻止を目的とした羽田闘争があり、成田空港建設に反対する三里塚闘争のはじまる時期だった。

笹子は将来、自衛官になりたいと心に決めていた。特攻隊だった父の強い影響で、航空自衛隊を希望した。褒められるかと思ったら、強く反対された。少年飛行兵の同期はほとんど戦死していた。多くはまだ10代だった。黙して語らなかったが、特攻作戦を異常だと思っていたらしい。思いを断ち切れず、笹子は防衛大学校を受験する。二次試験や身体検査まで進むのだが、身辺調査ではねられてしまう。併願した航空学生も同じ結果だった。諦められずに浪人して再挑戦してもまた身辺調査で引っかかる。納得できず、高校の先生が防衛大学校で教えているのを知り、訪ねてみた。話をしているうち、どうやら兄が学生運動をしていたのが問題らしいのがわかった。大学生のときに一度、拘留されていた。ごく軽い気持ちでデモを覗いたところ、鞄にヘルメットと手ぬぐいを入れていたので連れて行かれた。そんなことがいつまでも引きずっているとは思いもしなかった。

浪人をつづける意味がないのを知り、地元の埼玉大学に志望校を変えた。父が失業し、うかうかしていられなくなっていた。品揃えがよく、選択肢の多い大型店に消費者が流れ、小売店相手の月賦の需要が減ったのが原因だった。高性能化するにつれて電気屋では修理できなくなり、消費者と販売店とメーカーが三つ巴になって歩んだ、高度経済成長時代の関係が崩れていた。

学費を自分で稼ぐつもりでいた笹子は入学してすぐ、中学生に数学を教えるアルバイトをした。小学校6年生のときの担任が学校を辞めてひらいた塾だった。

「いままでは教えられてばかりいただろ？　教える立場になったら、きっと世の中が見えてくるぞ」

担任に言われ、引き受けた。子どものころに感銘を受けた先生の授業を思い出し、教え方を真似た。一人ひとりの理解に合わせ、この子にはこれ、あの子にはあれが必要だと考えたのである。生徒の成績が急伸したのが評判になり、笹子の教室を目当てにした入塾希望者が次々に現われた。はじめは週2回だった担当が少しずつ増え、しまいには毎日、授業を受け持った。

塾の時給は１５００円が相場だった。夏期講習のある8月に目いっぱい働けば月50万円にはなる。笹子が入学した１９８１年、国立大学の授業料は年間18万円で、卒業する84年に２５万２０００円まで上がったが、塾で働いたお金で十分、支払えた。笹子のほかにも自力で大学に通う学生が少なくなかった。自動車も新車で手に入れた。だれもが車を自分の分身のように感じた時代で、トヨタは「いつかはクラウン」との広告コピーで価値観を提示した。休みを見つけては野球をやっていた友だちとドライブに出かけた。

日本中をくまなく回り、九州や北海道も一周した。

テーマパークのような巨大観光開発が全国を席巻する以前、行く先々で同じ日本とは思えないほど印象がちがい、それに触れるのが観光だった。1970年にはじまる国鉄のキャンペーン「ディスカバー・ジャパン」が火付け役となり、『an・an』（平凡出版、現マガジンハウス）や『non-no』（集英社）が旅の特集記事を組んだ。雑誌を片手に旅する若い女性は「アンノン族」と呼ばれ、一世を風靡した。

地方によって、街によって人当たりがちがえば、食べるものがちがう。方言が強く、なにを言っているかさっぱりわからないところもあった。地方には昔の日本がまだ残っていて、山間部の村々では古くから営々とつづく自給自足の暮らしが垣間見られた。歴史に触れ、学校の勉強とはちがう学びをえた。鹿児島の知覧では、このあたりで父が終戦を迎えたことに気がついた。戦争中の体験を話さなかったので詳しくはなにも知らなかったが、特攻隊の遺書が展示された古い木造の建物に入った瞬間、父はここにいたはずだとたしかに気配を感じたのである。

アメリカ

1ドル360円の固定相場だったのが1973年、変動相場制に移行してから円高が進み、1978年10月には1ドル177円をつける。倍も上がって輸出が大きな打撃を受け、加工貿易を中心とする日本の産業構造が揺らいだ。一方、円が強くなったことで海外旅行がブームになる。3000ドルまでだった外貨の持ち出し制限が同年、撤廃されたのも後押しした。79年には『地球の歩き方』が創刊され、ヨーロッパ編とアメリカ編の2冊で個人旅行の方法を具体的に示した。ブームに乗じ、格安航空券を取り扱う旅行代理店が次々に開店する。秀インターナショナルサービス、のちのエイチ・アイ・エスはその一つで、新宿西口にある雑居ビルの7階に店を構えていた。同業他社に比べ、価格が安くて知られたが、危うい雰囲気もあった。

雑居ビルのわが社の前まで来て、ドアを開けることができずに帰る人もいた。そのかわり、私と旅についてああだこうだと話し込んでいった人は、九〇%以上の人がお客さんになってくれた。

(『HIS 机二つ、電話一本からの冒険』澤田秀雄、日本経済新聞社、2005年)

笹子が大学3年生になった1983年、少年野球で一緒だった高橋がアメリカに行かないかと誘ってきた。卒業旅行が流行っていたが、就職活動で忙しくなる4年生より、3年生の夏休みに行くほうが楽しめる。それが高橋なりの理屈だった。3週間かけ、アメリカを車で一周する計画を立てた。運転できればとりあえず満足だった。ニューヨークでヤンキースの試合を見て、ハワイの真珠湾には行ってみたいと笹子は思った。旅行会社に相談に行くと大陸横断は危険なので、西海岸を車で回ったあと、飛行機で東海岸に移動してドライブをつづける日程を勧められた。治安が悪いのかと思ったら、サソリがいると真顔で言われた。世界はまだ不思議に満ちていた。希望者が多いのか、モデルコースになっていて、ハワイに立ち寄るオプションもある。笹子には塾のバイトで貯めたお金があったが、高橋は航空券や現地での小遣いを含めた全額をローンでまかなうつもりでいた。旅行会社が卒業後に毎月返済するローンを用意していた。就職はおろか卒業もまだ決まっていないなか、未来を担保にするのに、だれもなんの疑問も抱かなかった。

お金のあり方を大きく変えるこの種のローンは1981年、銀行法の全面的な改正により、金融の自由化が進んだことで生まれた。丸井は融資事業をはじめ、「青春援護射撃」との広告コピーで盛んに宣伝した。若者をターゲットに「月賦」を「クレジット」に言い換え、同じものをちがうものにしていた。「月賦」は小売店で家具や家電など生活の立ち上げに必要なものを購入するのに利用した。笹子の父の勤めていた日本専門店会連盟が取り扱ったのも月賦だった。一方、丸井の「クレジット」はDCブランドの衣服など、なくても困らないものをいち早く手に入れるためのものだった。「赤いカード」をつくれば保証人を立ててローンを組まなくとも高額品を購入でき、借りれば借りるほど信用がつくと勧誘された。欲しいものを買ったり、やりたいことをするにはまずお金を貯めていた従来の消費行動が急激に変わっていった。

旅行にあたり、出発前に東京銀行でドル建てのトラベラーズチェックに変えた。落としたり盗まれても再発行されるので広く使われていた。為替レートは1ドル240円前後で、1日1万円の予算は42ドル弱に相当する。ツインルーム1泊40ドルの安宿を探して二人で折半し、残りで食費やガソリン代をやりくりした。日本に比べてなんでも値段が高く、物価が倍近くに感じられた。旅を進めていくうち、物価が高いのではなく、ほんとうは1ドル100円前後ではないかと感じた。だからといって1ドル240円であるのに変わりはなく、そのうえ旅行中に円安が進み、250円近くになった。10円安くなれば1万円あたり2ドル弱の目減りになる。少ない予算のなか、わずかな為替変動が大きな差を生んだ。

旅をしながら、アメリカと日本のちがいを笹子は注意深く観察した。セルフサービスのガソリンスタンドも、ショッピングモールも、ドライブスルーも、アメリカで見たものがあとになって日本に入ってきた。新しいはずのものも、実はアメリカの後追いであるのにいやでも気づかされる。クレジットカードも広く普及し、トラベラーズチェックを使っているのは日本人観光客くらいのものだった。ビザやマスター、アメリカン・エクスプレスはいずれもアメリカの会社で、「出掛けるときは忘れずに」とプロゴルファーのジャック・ニクラス（1940～）が片言の日本語で言うアメックスの広告が流行っていた。

1980年代のアメリカは巨額の貿易赤字と財政赤字を抱え、喘いでいた。安くて故障の少ない日本車が人気をさらい、日米貿易摩擦が叫ばれた。1950年代半ばから70年代はじめまでつづいた繊維製品の輸出をめぐる摩擦が解決したら、今度は自動車が問題にされた。自動車運搬船に車が積み込まれる映像と、アメリカで日本車が叩き壊される映像がニュースで繰り返し流れた。日本は自動車に関して、輸出はするが輸入は抑える保護貿易を徹底してきた。ランプやミラーに独自の規格や些細な規制を設けるなど、非関税障壁を幾重にもめぐらして参入をはばみ、日本の高度経済成長を支えたのである。産業界の攻守を牽引したこうした政策がほころびだしたのがこの時期で、日本とアメリカの関わりが大きく変わりはじめていた。1983年に開園した東京ディズニーランドはアメリカが物づくりではなく、著作権や商標権を新たなビジネスモデルに見定めた象徴だった。それに先立ち、1977年にアメリカの楽器メーカーであるギブソン、84年には同じくフェンダーが、日本のメーカーは同社の模造品をつくっているとして訴訟を起こしていた。本場アメリカのブランドは高嶺の花なので、コピーモデルが広く使われていた。しかし、訴訟を縁に、フェンダーのOEM生産が日本ではじまる。コピーではなく、本物をつくったわけである。これにより、経営不振に陥っていたアメリカの楽器メーカーの起死回生につながっていく。

●1980年代へ

1979年、西武ライオンズの本拠として所沢に野球場ができた。球団経営は全国各地にスケート場やスキー場といったレジャー施設をつくっては、造成した土地の付加価値を高めてきた堤義明の集大成だった。ファンクラブ「西武ライオンズ友の会」を立ち上げ、中学生までは試合を無料で見られた。会費が安価なのもあり、ライオンズの青い帽子をかぶった子どもたちが連日、球場に詰めかけた。帽子は友の会の景品だった。新聞の勧誘などでも入場券が配られた。野球中継をテレビで見たり、ラジオで聞いていた人たちが球場に足を運び、プロ野球の裾野が広がった。このころは鉄道会社とプロ野球が強く結びついていて、ほかにも阪神、近鉄、阪急、南海があり、セパ両リーグあわせておよそ半数におよんだ。さかのぼれば国鉄（現JR）にもプロ野球チームがあった。

作家としての顔をもつ兄の堤清二は文化に力を入れた。西武百貨店の本店がある池袋には、西武のリードする池袋文化とおぼしきものがたしかに形成されていた。1975年に開館した美術館はこれまでにない斬新なスタイルで、現代美術の大がかりな展覧会を次々に催した。ミュージアムショップの走りといえる書店「アール・ヴィヴァン」を併設し、美術にまつわる内外の本を取り揃えた。一階下には上質な書店「西武ブックセンター」、後の「リブロ」があり、詩書を集めた専門の売り場「ぽえむ・ぱろうる」まであった。ほかにも映画やパフォーマンスを上演するスタジオなどがあり、「時代精神の根拠地」と堤が宣言する通り、百貨店全体で文化の実験をしていた。地方の公立美術館が高額な絵を購入しては展示の目玉にする動きが各地ではじまった時期にあたり、行政が文化の価値を決めるのはおかしいと挑発しているかのようだった。

１９８０年代に入り、西武を取り巻く潮目が明らかに変わる。ダイエーが所沢に進出する計画に対し、所沢戦争と呼ばれる露骨ないやがらせをしたのがはじまりだった。建築予定地のど真ん中にある土地と家屋を西武の指定業者が買収し、関連会社「西友フーズ」の社員寮にしたのである。１９８１年に開店すると、寮の部分をコの字型に避けた歪なビルができあがっていた。関西を中心に価格破壊を謳ってきたダイエーへの興味もさることながら、西武がした仕打ちをひと目見るのに大勢の市民がつめかけた。陽の射さないビルの谷間に古い家屋がぽつんと建っていた。それが社員寮だった。そこに住まわされる社員も気の毒だが、西武に逆らえばこうなるのだと見せつけていた。西武はさらに快進撃をつづけ、同年、小手指に西友の大型店が開店し、83年には新所沢にパルコができる。「まちづくりや商売に新しい価値を生んできた」[1]と堤清二が位置づけるパルコを拠点に、新たな郊外像を所沢の地に描こうとしていた。それは「チェホフ〔原文ママ〕の小説に出てくるような、日傘を差し、犬を連れた貴婦人が買い物に来るようなショッピングセンター」[2]というものだった。団地の造成にはじまり、新所沢にはモダンなイメージがまとわりついてきたが、１９８０年代になってすっかり色褪せ、刷新する必要があった。西武にとって創業以来のライバルである東急沿線が高級住宅地として認知されたのに対し、西武沿線は「ダ埼玉」と嘲笑された。タレントのタモリ（１９４５〜）が口にして全国的に流行った言い回しである。

二流、三流といわれた西武百貨店が業界トップにまでなる鍵は、巧みな広告戦略にあった。糸井重里（1948〜）による「不思議、大好き。」「おいしい生活。」といったキャッチコピーが消費者の心をつかみ、老舗とはちがう新しさが西武にはあると思わせたのである。単にモノを売るためではなく、価値観を示して時代を規程する広告が商品の売れ行きと深く関係するようになっていた。企業の広告費が大きく伸び、1980年が2兆2783億円であったのに対し、1990年は5兆5648億円になり（『日本の広告費』電通）、10年で倍以上も増えている。広告代理店やコピーライターが脚光を浴び、メディアは広告の器としての性格を強めていった。

メディアや広告代理店が流行を仕掛け、だれもがそれに喜んで乗った。一生懸命でまじめなのは格好悪いとされ、一人でなにかに打ち込む内向的な性格はネクラ（根暗）と呼ばれた。そう呼ばれるのは人格を否定されるのも同然だと受け止められ、みな努めて明るく、ネアカ（根明）に振る舞った（いまも「陽キャ」「陰キャ」という言葉に変わって受け継がれている）。そんな時代の心をとらえたのが、意味がありそうでとくに意味のない、フワッとした広告コピーだったのである。このころ20代前半だった1960年代はじめに生まれた世代は、世の中を傍観し、なにもかも自分には関係ないとばかりに振る舞うところから、「シラケ世代」「新人類」と呼ばれた。

変わったのは所沢といった東京郊外の街だけではない。1982年に東北新幹線と上越新幹線が開通してから、地方も大きく変貌を遂げていく。70年代はじめの日本列島改造論で描かれた青写真が実現したかたちだった。山間部の村々では、営々とつづいていた自給自足の暮らしがすっかり崩れていた。林業は3世代の産業といわれ、祖父の植えた木を孫の世代が切って材木にしてはじめて現金化される。農業にしても春に田植えした稲を秋に刈り取って脱穀し、ようやくお金になる。いずれも息の長い、根気のいる仕事だが、ランプから電気、井戸から水道に変わり、電話を引いたり、自動車に乗るようになって、日々の生活を成り立たせるのに毎月、決まったお金が要った。それで農家や林業家には専業から兼業に転じ、副業をはじめたり、勤めに出る者も多かった。農閑期には出稼ぎに出た。

安かろう悪かろうと言われた日本製品は１９８０年代、一つの頂点を迎える。エポックメイキングな製品を次々に生みだし、世界的なブームを巻き起こした。音楽を外に持ち出せるソニーのウォークマン（１９７９年）、ゲームの歴史を変えた任天堂のファミリーコンピュータ（１９８３年）、斬新なデザインをまとったホンダのシビック（１９８３年）、一眼レフカメラのオートフォーカス化を進めたミノルタの「α７０００」（１９８５年）など枚挙に暇がない。『モノ・マガジン』というモノに特化したカタログ雑誌が創刊された（１９８２年）のも、この時代ならではである。１９７７年に『月刊アスキー』を創刊した西和彦（１９５６～）は「コンピューターはメディアになる」と謳い、83年にパソコンの標準規格としてＭＳＸを発表し、デジタル時代への先鞭をつけた。

こうしたなか、１９７９年に『ジャパン アズ ナンバーワン――アメリカへの教訓』がベストセラーになる。「Japan as No.1」と大きく英文で書かれた金色のカバーにくるまれた本は、どの書店でも平積みされた。日本に暮らした経験のあるアメリカの社会学者エズラ・ヴォーゲル（１９３０～２０２０）が長年観察してきた考えをまとめたもので、「日本の企業は長期的な利益を重視する」「市場ではなく、銀行から資本を調達するため、長期的な展望に立った経営判断ができる」「銀行は利息が支払われている限り、積極的に貸し付ける。企業を育てることは、銀行が末永く繁栄することにつながる」「終身雇用制と年功序列制を特徴とする日本の雇用制度は、若者に希望を与えている」「多くの人が仕事と職場に誇りをもち、日本人の社会には疎外感が少ない」といった、当時の日本ではごく当たり前だとされていた社会や労働のあり方が列挙された。そのせいか書いてある内容より、「日本はナンバーワン」とするタイトルが時代のキャッチコピーとして一人歩きし、「戦争には負けたが、経済戦争ではアメリカに勝った」と妄信する人が少なくなかった。ほかにも韓国は「日本から学んで、日本に追いつこう」を掲げ、マレーシアはルックイースト政策で日本を見習うなど、日本がとみに注目されていた。

一方で日本に対する外国の目は次第にきびしさを増していた。フランスの作家ミシェル・ビュトール（１９２６〜２０１６）は、日本経済の強さを言葉の面で興味深い分析をしつつ、現地のいらだちを代弁している。

> 日本語は不躾な外国人に対する城壁となります。日本の言語と文字が西洋人にとってむずかしいという事実から日本の工業と商業が大変な利点を得ているということが、ひろく知られている。商談の際に、日本人は交渉相手のフランス人の英語とくらべてそれほど拙くない英語で意志を伝えることができるときも、暗号としての役割を果たす言語で同僚と話せる点で、ほとんどいつも有利な立場にあるのです。
> （『即興演奏《アンプロヴィザシオン》——ビュトール自らを語る』ミシェル・ビュトール、清水徹・福田育弘訳、河出書房新社、２００３年）

ここまで、１９６１年に生まれた笹子が85年に社会人として銀行に就職するまで、昭和のはじめに生まれた父親の世代が、戦後、日本の経済をどのように築いたかを中心にざっくりと見てきた。ちょうどバブルと呼ばれる時代の入口にあたるが、高度経済成長がそのままつづいている程度の感覚で、とくに意識もしていなかった。技術力を背景に、日本の経済はこの先も発展するとだれもが信じて疑わなかった。

▼1 「パルコ争奪戦、『堤劇場』に終幕のベル」『日本経済新聞』2012年9月11日付。

▼2 「本格的サバーバンの提案」増田通二、『アクロス』1983年7月号、PARCO出版。

第2章

サイギン

1984～1988

埼玉銀行の日本橋ディーリングルーム（『埼玉銀行通史』より）

銀行

１９８０年代、日本には銀行が山ほどあった。どの街でもいちばん目立つのは銀行の看板だった。ヨーロッパの街の中心が教会だとすれば、日本の街は銀行を中心にできていた。歴史を感じさせる古い建物や、立派な建物はたいてい銀行なのも教会に似ている。本店ともなれば神殿や宮殿を思わせる重厚な印象で、天井が高く、訪れる者を圧倒した。富をかたちにした経済大国の象徴だった。銀行と一口にいっても、大都市を拠点に広域展開する都市銀行と、特定の地域を基盤とする地域銀行に大きくわかれる。都市銀行のほうが規模は大きく、第一勧業銀行、富士銀行、三菱銀行、住友銀行、三和銀行、三井銀行、太陽神戸銀行、東海銀行、大和銀行、協和銀行、東京銀行、埼玉銀行、北海道拓殖銀行の13行を数え、この順の序列があった。地域銀行には64行の地方銀行と、68行の第二地方銀行があった。さらに7行の信託銀行と、３行の長期信用銀行、４５５行の信用金庫、４１９行の信用組合、47行の労働金庫が加わり、合わせて１０７６行あった（１９８９年[▼1]）。

銀行は大学新卒者の就職先として人気がとても高かった。堅実で安定し、おまけに給料が大企業でもトップクラスにいい。富士銀行、住友銀行、三和銀行、日本興業銀行あたりが人気就職ランキングの常連だった。高校を卒業してすぐに就職する女子にとっても、銀行はいちばんの花形である。家電や自動車のメーカーに比べ、銀行は業務内容に大きなちがいがないわりに、それぞれにカラーがあり、イメージがあった。行員の制服、挨拶の仕方、言葉遣い、イメージキャラクターのアイドルや俳優など、些細なことが積み重なり、行内の雰囲気をがらりと変えた。アットホームだったり、安心感があったり、居心地がよかったり、スマートだったり、泥臭かったり、事務的だったりしたのである。そんななかにも銀行の格がにじみ出ていて、この銀行はあの銀行よりも序列が上だと感じさせた。

そのころの日本では、就職したら定年まで勤め上げる終身雇用が当たり前とされていた。加えて年齢や勤続年数によって賃金が徐々に上がり、出世していく年功序列が敷かれていたため、新卒で少しでもいい会社に採用されるのが鍵だった。会社の歴史や業績のほか、給料や福利厚生がいかに充実しているかが「いい会社」の条件で、人気企業は見事なまでに給料順に並んだ。「いい学校に行って、いい会社に入る」とはそういうことだった。ただし最初に入った会社を辞めて転職したら、社会不適合者として白い目で見られかねなかった。

就職にあたって笹子ははじめ、アルバイトをしてきた塾で働こうかと考えた。手にするお金を考えれば大手企業の初任給より稼ぎになる。すでに4年の実績があり、親の信頼も集めている。しかし、塾の需要がいつまでもつづくとは思えなかった。子どもに教えるのが好きなので、学校の先生も考えた。埼玉大学の教職課程には定評があったが、周囲を見ていると教員志望者には、将来に対してとくに希望のない、無気力な人が目立った。小学校のときの苦い経験から、「でもしか先生」みたいな人たちと一緒に働くのはいやだと思った。迷いながらも損害保険会社と生命保険会社を受けてみるが、内定には至らなかった。

次いで証券会社を考えてみる。

企業が資金を市場に求めるようになり、銀行より伸びるとにらんでいた。長らく日専連で働き、金融の世界に詳しい父は、証券会社への就職に猛反対する。証券会社を「株屋」、商品先物業者を「豆屋」と呼び、詐欺まがいなことばかりしているのを揶揄した。人間の勤めるところではないとまで言った。何人もの知り合いが株がらみで自殺したのを父は見てきた。客は損して死に、証券マンは損させて死んだ。客の損失を穴埋めし、借金まみれになる証券マンもいた。客に株の売買をさせようとして、逆に追い詰められていく。業界の裏にある自爆営業のカラクリを目の当たりにしてきたのもあり、株なんてとんでもないものだと考える父の勧めは銀行だった。まじめで、手堅いと思っていた。銀行は絶対につぶれない。もし倒産するとすれば、日本は滅びる。それほどありえないことだった。市場から調達する企業が増えたとしても、事業を展開するにはお金が必要であり、銀行が経済の基盤なのに変わりはない。

銀行なら富士銀行がいいと笹子は思った。いちばんクリーンな銀行との印象をもっていた。垢抜けないところが、かえって信頼につながっている。さっそく埼玉大学のOBがいないか名簿で確認してみた。当時はエントリーシートの仕組みはなく、大学の卒業生がリクルーターとして就職の窓口になり、筆記試験と面接を重ねた。本来は就職協定により大学4年生の10月1日に会社訪問がはじまり、11月1日から選考をおこなう決まりだったが、先輩に会うのを口実に規制をかいくぐった。よりよい人材を確保するのに、銀行に限らず、青田買いが横行していた。大学の就職課で調べたところ、富士銀行にOBは見当たらなかった。採用実績がなければ、就職解禁日まで待たなくてはならない。ただ地元の埼玉銀行には毎年20人前後の採用枠があり、行内で大きな学閥を形成しているのがわかった。

都道府県名を名前に冠した銀行といえば地方銀行で、埼玉銀行もその一つだったが、1969年、都市銀行に格上げされた。親しみを込めて「サイギンさん」とていねいな言い回しをする人もいて、県民の敬意を集めていた。実際、埼玉県内では明らかにほかの銀行と位置づけが異なり、別格の扱いを受けていた。県庁や市役所に窓口があり、県の指定金融機関として、行政機関に準ずる性格をまとっていたのである。新所沢にも駅前通りの一角に大きな支店があり、笹子は幼いころから毎日のように埼玉銀行の赤い看板を目にしてきた。

▼1　「平成の30年間における銀行業の国内店舗数の変遷」杉山敏啓、『江戸川大学紀要』、2020年、第30号。

内定拘束

埼玉銀行の本店は県行政の中心地である浦和にあった。中山道沿いの古い宿場町で、駅舎は国鉄ならではの貫禄が漂い、私鉄である西武線との格のちがいを見せつけた。歩いて10分のところに県庁があり、地方裁判所、県警、市役所と行政機関が同じ通りに並ぶ。いちばん奥まったところに、県の金庫番である埼玉銀行が控えていた。一つ先の北浦和駅からだと逆にもっとも駅に近くなる。なんとも絶妙な位置取りが銀行らしかった。10階建ての本部棟と2階建ての営業棟が相似をなしていた。金庫を想起させる強固な印象の四角い建物で、約1万7000平方メートルの広大な敷地に建っていた。埼玉銀行の創立30周年記念事業として1977年に完成し、国内の優秀な建築作品に送られる第19回BCS賞を受けている。

4年生になってOB面接がはじまり、笹子はこの本店に何度も出向いた。県内の交通網は衛星都市の宿命で東京に向かうのが基本で、新所沢から浦和に行くには西武新宿線、西武池袋線、武蔵野線、京浜東北線と乗り換えが3回ある。西武池袋線と武蔵野線は駅舎が離れていて、商店街を歩かなくてはならないのも不興を買っていた。接続がよければ1時間前後だが、乗り損なうとずいぶん駅で待たされる。ただ埼玉大学も同じ浦和にあり、笹子には慣れた通学路ではあった。

OBといっても、意外にもベテラン行員ではなく、大学を卒業して1年か2年の新人が対応した。就職希望の問い合わせがあるたびに面接し、よいと判断した人を上につなぐのが役割だった。まだ自分の仕事を覚えるだけで手一杯な時期なのに、学生の相手をするのはさぞたいへんなはずである。面接の日の夜に電話があれば、次の面接に進める。6回ほど繰り返して人を選りすぐり、役員面接を最後に、7月か8月には内定がでる。

「まあ、こういうことで」

役員面接が終わり、笹子は握手を求められた。口を濁すものの、「どういう意味かわかっているな」との思いが手のひらに伝わる。

「おめでとう」

ほかの役員や人事部の人も声を揃える。

「あっ、ありがとうございます」

空気を読み、笹子は頭を下げた。協定違反になるので、内定だとは言われなかった。翌朝も8時までに来るように言われた。なにをするのかとくに指示はなく、「とにかく来てくれればわかる」の一点張りだった。内定を受けたのを父に知らせたところ、「よかった、よかった」と珍しく手放しで喜ばれた。

翌朝、本店の前に観光バスが停まっていて、人事部の人に手招きされた。

「本日はサイギンミステリーツアーにようこそ――」

制服を着こんだバスガイドが満面の笑みで笹子を迎えた。それがすべてのはじまりだった。内定拘束なのはすぐにピンと来た。学生を旅行に連れて行き、ほかの企業の入社試験を受けられなくするとは聞いていた。すでに内定をもらっているほかの学生も次々に乗り込み、バスは出発した。行き先は軽井沢で、ホテルに着くとさっそく昼食になった。メニューは大きなステーキだった。当時は滅多に口にできないご馳走で、アメリカ旅行で食べて以来になる。ビールの栓も次々と抜かれた。これでは食事ではなく宴会である。

「お前たちは人生の勝者だ。親孝行者だ。みんな30歳までに1000万円、貯金できるぞ」

人事部の人が気勢をあげたのに呼応し、ほかの行員が合いの手を打つ。

「よかった、よかった」

目の前に座る内定者も声に合わせ、うなずいている。人事部の人はなぜ勝者なのか、一つひとつ例をあげて説明していく。一般向けの住宅ローンの金利が8％でも行員は3％と割安になる。月々の返済は利子のみで、ボーナスで元金を返す特殊なローンが組め、負担感が少ない。転勤は埼玉県内が中心で、家を買っても自宅通勤できる。ほかの都市銀行に就職したら、全国どこへ異動になるかわからない。社内結婚がほとんどで、企業年金は夫婦合わせて月4、50万円になる。退職金は3000万円ほどだが、定年後も出向先が用意される。

「お前たち、ほんとうによかったな。一生、お金のことで心配しなくていいんだぞ」

採用試験とは一転、宗教の勧誘会場に紛れ込んだかの雰囲気が漂っていた。話を聞いているうち、富士銀行を第一志望にしていた笹子も、埼玉銀行に内定をもらえてよかった、ほんとうによかったと思えてきた。ほかの学生の表情も明るい。将来への不安は結局、お金の問題に尽きるのかもしれない。夕食はにぎり寿司だった。だとすれば、次はソープランドかもしれない。ステーキと寿司を合わせて「3S」といわれ、内定者をもてなすセットになっているとまことしやかに噂された。

この日から毎朝、本店に行ってはバスに乗ってどこかに行き、夜遅く帰宅する日々がはじまった。今日は那須、明日は箱根、明後日は房総と、関東近郊の観光地や保養地に出かけるのである。日帰りの日もあれば、泊まりがけの日もあり、毎日が遠足だった。内定拘束には学生一人あたり50万円とも100万円ともいわれる予算を各社、計上していた。内定を出した学生に逃げられると責任問題になりかねず、人事部も必死だった。楽しいようで楽しくもない日々は突然、「明日から来なくていい」とあっさり言われて終わりを告げる。採用の進行状況を各行の人事担当者が裏で情報交換し、めどがついたところで内定拘束をやめるのだ。そのとき就職戦線は終わったも同然だった。解禁日の10月1日、久しぶりに本店に集まり、旅行に連れて行かれた。2泊3日と、これまでより日程が長かった。他社に浮気させないため、念には念を入れていた。

テレビでは就職解禁が大きなニュースになっていた。真新しいリクルートスーツを着た男女が商社の前で列をなし、銀行を希望する学生もインタビューに答えていた。

「こいつら、絶対、受からねえよなあ」

だれかが大きな声を上げ、笑い声が起きた。すでに採用される人はあらかた決まっている。現に内定者は温泉三昧を楽しんでいる。決着はもうついているのだ。しかし、笹子は富士銀行に並ぶ自分の姿を想像し、笑うに笑えなかった。自分たちと同じく、富士銀行でもどこかで内定者を拘束しているはずなのである。「いい会社」に採用されるのはいつの時代も至難の業で、学生たちはなかなか内定をもらえずに苦労していた。

●民活の時代へ

1973年に武蔵野線が府中本町駅と新松戸駅間で開通するまで、所沢から浦和に行くには、いったん都心に出なければならなかった。埼玉県の東部と西部を結ぶこの路線の計画は昭和のはじめにまでさかのぼり、都心をバイパスさせるのが目的だったが、戦争により凍結されていた。開通当初は貨物列車が中心で、40分に1本、おまけ程度に客車を走らせていた。そのせいかどの駅舎もそっけないものだった。

ＪＲは国鉄と呼ばれ、国が経営を担っていたが、毎年1兆円とも2兆円ともいわれる膨大な赤字を垂れ流していた。赤字路線を廃止するなど合理化策を打ち出すが、労働組合による激しい反対運動が立て続けに起きていた。車両には「不当処分粉砕」「スト貫徹」などとペンキで大きく落書きされ、上野などの駅では公然とサボる[1]職員が目についた。ストで電車が止まる日は会社に泊まり、労働者の闘いに対して一定の理解を示す者が少なくなかったが、1975年におこなわれたスト権ストは8日間、192時間もつづき、利用者を二の次にしたことで大きな潮目となる。

国によるインフラ整備は限界に達し、鈴木善幸（1911～2004）内閣のもと、実業家の土光敏夫（1896～1988）を中心とする行政改革の取り組みが1981年にはじまった。民間活力を生かした「増税なき財政再建」を目標に、国鉄の経営再建に向けた分割民営化が論議される。19

84年のダイヤ改正では赤字の貨物列車を削減し、近距離電車を増やして増収をはかる。これにより武蔵野線は日中、毎時3本の客車を走らせるようになった。

モータリゼーションの発達でトラック輸送が主体になり、日本の近代化を支えた貨物列車はすでに役割を終えていた。俳優・菅原文太（1933〜2014）主演の映画『トラック野郎』（1975〜79年）がヒットし、全10作のシリーズ化されるのはそんな背景があった。宅配便の誕生もこの時期で、76年にヤマト運輸の宅急便、翌77年には日通のペリカン便（当初は「ペリカンBOX簡単便」と呼ばれた）がはじまる。両社とも大口荷物を扱う運送会社だったが、事業拡大のため、個人の荷物に目をつけた。もくろみは当たり、宅急便の取扱量は開始時である76年の約170万個から83年の1億900万個へ、7年で64倍も急成長する（「宅急便取扱個数の推移」ヤマトホールディングス）。

国鉄のほかにも、電電公社と呼ばれた日本電信電話公社（NTTの前身）と、日本専売公社（日本たばこ産業の前身）の三公社を民営化する計画が進んだ。国鉄の行方をめぐり、国労（国鉄労働組合）や動労（国鉄動力車労働組合）、公労協（公共企業体等労働組合協議会）や総評（日本労働組合総評議会）の組合活動が連日ニュースになった。相次ぐストやゲリラ活動に疲弊し、民営化もやむをえないとする世論が次第に形成されていった。

国の枠組みが地殻変動を起こすなか、国より民間のほうが効率的だとの視点で「民活」が注目されていた。就職先も公務員より民間企業が人気だった。

西武鉄道というのは、私鉄の中では一番秀れていると自負しています。国鉄とは比べものにならない。駅員の態度とか駅の掃除がゆき届いているとか、当たり前のことですけど、抜き打ちにパッと見に行っても、ウチが一番だと思いますよ。冷房化率なんかも、他に類を見ないでしょうね。

（堤義明、『週刊現代』1982年1月9日号）

西武は国鉄の車両を借り切った「スキートレイン中里号」を１９８２年から走らせた。ハードは国鉄、ソフトは西武が担う試みだった。コクドの前身である国土計画という西武鉄道グループを率いる持株会社の名前が示す通り、非合理的な国に成り代わり、私企業である西武が国全体の舵取りをしていると思えるほど勢いがあった。西武百貨店は高島屋や三越に比べて格下との扱いを長らく受けていたが、84年に念願の銀座に出店し、イメージの向上をはかる。朝日新聞社のあった場所を再開発したビルはマリオンと呼ばれ、西武百貨店と阪急百貨店が隣合わせた。

１９８０年代に入って学生運動も労働運動もすっかり下火になり、逆に社会的なことや政治的なことに関わるのは格好悪いとする風潮があった。大学のキャンパスには左翼の代わりに宗教が広がった。統一教会の組織した原理研究会が新入生を勧誘し、街を歩けば手かざしをされて「あなたの顔には不幸が表われている」と声をかけられた。小説家・島田雅彦（１９６１～）は『優しいサヨクのための嬉遊曲』（１９８３年）で、そんな時代の気分を巧みにとらえた。左翼はサヨクになり、ものごとを深く考えず、明るく、軽薄に振る舞わなければ「ネクラ」と呼ばれかねなかった。なにより軽さがもてはやされ、意味のないものに意味を見出しては喜ぶ、言葉遊びが社会にあふれていた。

それでいて戦争や学生運動を経験した上の世代の締め付けにはすさまじいものがあり、島田は6回も芥川賞の候補になりながら、すべて落選する。佐藤泰志（１９４９～９０）も同じく芥川賞の候補に5回なるが選ばれず、精神的に追い詰められて最後は自殺した（佐藤の作品は２０００年代に入って再評価が進む）。そのわりに80年代を通じて「該当作品なし」とする選考が何度もつづいた。そうして次世代をかたくなに認めようとせず、なにかにつけて真綿で首を絞めるような抑圧にさらしたのである。

１９８６年に男女雇用機会均等法が施行されるまで、大手企業の募集は男性が中心で、女性は縁故に限られた。たとえ採用されたとしても、仕事は電話番やお茶汲み、書類配りが主で、給料は低く抑えられていた。結婚して退職するか、35歳で雇い止めとする雇用契約がまかり通った。女性を「職場の花」と位置づけ、男性に比べて劣った存在と見なすことで会社は成り立つと考える経営者が少なくなかったのである。外資系企業にはいくつもの参入障壁があり、日本で起業するには法律の壁があった。非関税障壁を幾重にもめぐらし、輸出はしても輸入は抑える保護貿易を徹底し、日本の高度経済成長を支えた。社会の隙間を縫うように、アルバイトで生計を立てる人がこの時期、出てきた。最初はフリーアルバイターと呼ばれ、のちにフリーターと略された。

▼1 サボタージュというフランス語の略で、労働組合の戦術の一つである。

新人研修

入行を控え、笹子はふたたび海外旅行に出かけた。この機を逃せば、次は定年後になるとの思いに背中を押された。いつでも連絡を取れるようにと、人事部に注意はされていたが、具体的な指示はなかった。今度は高校の同級生とヨーロッパを回る計画をたてた。また自動車で周遊つもりだったが、治安の悪い国があると旅行会社に止められた。情報は限られ、なにをするにもおっかなびっくりだった。世界はまだ謎に満ちていた。代わりに学生向けのバスツアーを勧められた。移動とホテルがセットになっていて、現地では自由行動になる。ギリシャ、イタリア、スペイン、ドイツ、スイス、オーストリア、イギリス、オランダなど十数カ国を1カ月で回るもので、浅く広く、効率よく旅するにはもってこいだった。

ツアーの初日、バスのなかで一人ひとり自己紹介した。みながみな、名前と大学、就職先だけを口にした。揚げ足をとられないように必要最低限しか言わないのだが、笹子にはいい学校に行って、いい会社に就職するなれの果てに思え、おかしくてならなかった。趣味も特技もとくになく、ほかに自分を表わす言葉がなにもないのである。

「埼玉からきた笹子です！　ジャイアンツの大ファンです。聖子ちゃんも好きです」

埼玉を強調して言うと、あちこちで笑いが起きた。埼玉銀行に内定していると言えば、もっと笑いがとれるかもしれない。

「ダサイタマ！」

案の定、だれかが叫んだ。なにもかもが軽かった。悲しいくらい、中身がないのである。それが同世代だった。

卒業旅行が流行り、どこに行っても日本人の学生とすれちがった。固まって行動するので、とても目立った。予備校で一緒だったきり音信不通の友だちとも、ローマでばったり出会った。お金がなくてもローンを組めば問題ない。返せないとは、だれも考えなかった。ツアーの参加者には旅行そっちのけで女の子を執拗に追いかける男がいれば、就職先を聞いてなびく女もいた。雑誌は恋愛を指南する特集を組み、テレビドラマには恋愛モノが欠かせなかった。

旅行を通じ、笹子はヨーロッパの煩雑な通貨に興味を覚えた。ユーロがまだ影もかたちもない時代、国ごとに独自の通貨があり、国境を越えるたびに両替した。ドルと円の関係を考えればいいアメリカとは勝手がちがい、同じお金に強い通貨と弱い通貨があるのに気づかされた。ドイツのマルクとスイスのフラン、イギリスのポンドはどこでも両替できるのに、ギリシャのドラクマやイタリアのリラは扱っていなかったり、できても換金率が悪かった。国力や経済格差がお金に如実に反映され、お金のもつ意味を変えていた。

外国為替についてのごく基礎的なことや他通貨の環境を体験し、銀行の仕事にきっと活きるはずだと思い、意気揚々と帰国したところ、銀行の人事部が何度も家に電話をしてきたと知らされた。折り返すように託《ことづ》かっても、ネットのない時代、旅先に連絡する方法はなかった。

「どこでなにをしていたんだ！　明日から研修だぞ！」

内定拘束の緩い雰囲気とは打って変わり、人事部の担当者は容赦なかった。

埼玉銀行の研修所は本店と同じ浦和にあった。別所沼公園の近くにある5階建ての建物で、１００人近くの大卒男子が１カ月間にわたり、泊まり込みで研修を受けた。内定拘束で面識のある人もいれば、はじめて会う人もいた。周囲を見渡し、どうやって這い上がっていこうかと笹子はぞくぞくした。

このほか高卒５００人、短大卒１００人、大卒10人あまりの女子行員が毎年、採用される。高卒の割合が圧倒的に多く、県内の各高校から若干名ずつ選りすぐられた。18歳で働きはじめ、25歳までには結婚して辞めるのが習わしで、どんどん補充する必要があった。笹子が入行した１９８５年には全行あわせ８２７３人の行員がいた。

〽サイギン　サイギン　おお
　われら　われら　われらの　埼玉銀行

研修は毎朝、行歌を斉唱してキャッチフレーズを唱和し、ラジオ体操をしてはじまった。公園の掃除をする日もあった。そして夜までみっちり、社会人としての基本的な心構えやビジネスマナーにはじまり、分厚いテキストをもとに銀行法務の勉強に取り組む。毎日テストがあり、予習復習は欠かせない。研修中、お酒はもちろん、ジュースも禁止だった。内定拘束からの知り合いがこっそりコーラを隠れて飲み、前に立たされた。

「お前なんか、いますぐ家に帰れ！」

きつく言われ、「帰りたくありません」と泣きじゃくった。慰めるつもりで笹子は夜、こっそり研修所を抜け出し、お酒を買ってきた。同期と打ち解ける、よい機会になると思った。久しぶりに飲むとあって、ずいぶん盛り上がった。緊張の糸が切れ、つい騒ぎすぎた。それで人事部に見つかり、１時間近く廊下に立たされた。

「上に報告するぞ！」

立たされながら、こんなくだらないことに、会社はどう対応するのだろうと笹子は考えあぐねた。「地獄の特訓」を謳う管理者養成学校が話題になっていた。１９７９年に開校し、富士山麓に合宿所があった。きびしい研修に、いい年をした受講生が涙する姿がニュースになっていた。銀行の新人研修もその影響を受けているらしかった。

自由研修ではチームにわかれて支店のある地域を調査し、「銀行の現状と将来」という課題で報告した。笹子は生まれ育った新所沢をテーマにしたいと提案してみた。団地に入居がはじまって４年後の１９６３年にできた支店で、埼玉銀行のなかでも重要拠点の一つに位置づけられていた。生まれ育った街なので、発表のアドバンテージになる。ほかのメンバーに異存はなかった。ソフトボールを一緒にした市議会議員に相談したところ、銀行と企業が組み、地域を圧迫してきた問題を聞かされた。大型スーパーが進出するにあたり、商店街をあげて抗議の座り込みをしたり、１円預金で銀行の窓口業務を妨害したのだという。小売店の割賦払いを請け負い、縁の下の力持ちのような仕事をしてきた父に聞かされた、商店主の苦しみも報告に反映した。そうして銀行は正義の味方であるべきだと締めくくったのである。ほかのグループは会社案内を小器用にまとめた、あたりさわりのない発表ばかりだった。これなら高得点を期待できる。会場のウケもいい。結果は逆で、「いいかげんにしろ」と大目玉をくらい、点数をつけてもらえなかった。会社案内をそつなくまとめた、いちばんつまらないと思えた発表がいちばん高く評価されていた。

実地研修で東京・江戸川にある平井支店に一日配属された日も、笹子の思惑通りにはいかなかった。下町なので元気にするのがいいだろうと考え、来客のたび、「へい、らっしゃい！」と大きな声で挨拶した。

下町風のつもりだった。初々しい新人の姿を見て、みなニコニコしていた。慌てた次長に呼ばれ、たしなめられた。

「八百屋じゃないんだ！　もっと上品に！」

どうやら自分の考えや工夫は求められていないのを、笹子は研修を通じ、なんとはなしに学んでいた。

ダブルチェック

初任地となった飯能は、西武池袋線のターミナル駅で、都心に向かう池袋行き電車と、山里に向かう西武秩父行き電車がスイッチバック方式で折り返す。奥武蔵と秩父に連なる山並みの入口にあたり、所沢の小学生にとっては遠足で訪れる、馴染み深い街だった。この先、高麗や吾野、正丸といった駅がつづき、ハイキングコースがいくつもある。学年が一つ上がるごと、天覧山、巾着田、日和田山、子の権現、高幡不動など、少しずつ山が険しくなっていった。

飯能支店は笹子が入行時に１９３あった埼玉銀行の支店のなかで、大きなほうだった。駅から歩いて10分のところにある3階建ての建物には、銀行らしい威厳があった。元を正せば八十五銀行、武州銀行、忍商業銀行、飯能銀行が１９４３年、戦時統合で合併してできたのが埼玉銀行だった。このうち飯能銀行は明治時代にさかのぼる古い銀行で、１９０１年に創業した。支店の正面に建つ木造の旧い洋館は大正時代、織物業が盛んだったころにできた建物で、近代的な銀行とコントラストを描いていた。ベッドタウンとして東京に飲み込まれた所沢に対し、山峡の集積地として中世にさかのぼる歴史の名残がかろうじてまだ残っていた。

いち早く出社し、外構を掃除するのが新入行員の役割だった。来客用の駐車場には銀杏の大木がそびえ、30分近くかけて隅々まで箒で掃いた。行員が出勤するたび、一人ひとりに大きな声で挨拶したおかげで、１００人近くいる行員に笹子はすぐ顔を覚えてもらえた。職場には女性が多かった。同期にしても11

人のうち9人までが女性だった。高校を卒業したばかりでまだ10代の行員もいた。5年先輩でも2浪している笹子より年下になる。なんだかんだと合わせて半分近くの行員が同世代の女性だった。男性行員は日中、営業に出払い、行内にいるのは支店長と業務担当役員、研修中の新人だけになる。

最初に出納係で現金を数える仕事を与えられた。それが銀行員としての第一歩になる。数えるといってもただ数えるのではなく、必ず2回数えるのが約束だった。イッサン、つまり1回だけ計算するのでは、間違えを引き起こしかねない。ミスを起こさない技術はお金を扱う銀行員にとって、なにより大切な基礎となる。

まず窓口で女子行員が受け付け、現金と伝票をカルトンと呼ばれる小皿に入れてうしろの行員に回す。そこで2回数えて確認したものを、うしろに控える行員に渡してさらに2回確認する。合わせて4回、万全を期してチェックを重ね、絶対に間違えないようにするのである。それをダブルチェックといい、まんがいち計算が1円でも合わなければやり直す。独特の席順は、一連の流れをかたちにしたものだった。業務のすべてが同様に二重化され、普通なら省略しかねないこともダブルチェックを徹底させた。

笹子が入行した1980年代半ば、銀行の仕事は手がかかり、人手が要った。月末の給料日前には1日中、行員が会議室に籠もり、お金を袋詰めした。もちろん金額の間違いは許されず、ダブルチェックは欠かせない。1968年の3億円事件を機に企業で1969年に、また74年に国家公務員に対して給与の口座振り込みが導入されるが、振り込みに抵抗を感じ、手渡しする会社が多かった。お金といえば現金で、給料袋の厚みや重みに一喜一憂していた。手にした感覚が金額を意味した。お金がとてもリアルだった。

1978年に振り込みをはじめる帝国データバンクでは、メリットを記したリーフレットを社員に配布し、啓蒙に努めた。まず本社勤務が対象で、1990年になって全社で採用される。多少の前後はあるにしろ、どの企業も似た状況だった。

1、給料を落とす、盗られる心配がなくなる。
2、自動的に預金となり、その日から利息がつく。
3、必要なだけ引き出して使えば、効率的な資金管理ができる。
4、出張中、休暇中でも受け取れる。
5、家計の合理化に役立つ。

（帝国データバンクWebマガジン「学芸員雑記帳」2010年12月8日付）

お札の肖像が聖徳太子から福沢諭吉に、伊藤博文から夏目漱石に変わった1984年、13行の都市銀行が現金自動預け払い機（ATM）をオンラインで結び、他行でお金を引き出せるようになった。それまでは序列が上位の銀行（第一勧業銀行、富士銀行、三菱銀行、住友銀行、三和銀行、三井銀行、東京銀行）と、下位の銀行（太陽神戸銀行、東海銀行、大和銀行、協和銀行、埼玉銀行、北海道拓殖銀行）の二つに分けられ、グループがちがうと引き出せなかったのである。さかのぼればATMが埼玉銀行に設置されたのは1971年のことだった。このときはまだオフラインで、本店と大宮支店、池袋支店の店内でのみ使えた。オンラインで結ばれるのは2年後の73年で、本店と北浦和支店のほか、大宮の駅ビルにも設置され、このとき埼玉銀行ではじめて店舗ではない場所に銀行機能ができた。ATMが普及しても、長らく銀行の窓口での手続きを好む人が少なくなかった。

笹子が銀行員になったのは、ちょうどコンピューターシステムが金融機関に欠かせないものとなり、銀行をめぐる環境が大きく変わった時期にあたる。パソコンは事務機器として使われるほかは一部のマニア向けで、NECのPC－9800シリーズを中心とした国産メーカーが圧倒的なシェアを占めていた。日本語処理の問題でワープロと呼ばれるワードプロセッサーが独自の進化を遂げ、一般のあいだでパソコンより広く使われていた。

ジョブローテーション

大手都市銀行は財閥系が中核を占めていた。三菱銀行は三菱グループ、三井銀行は三井グループ、住友銀行は住友グループ、富士銀行は芙蓉グループと、金融を内製して関連企業の金庫番を担ったのである。メインバンクとして関連企業に資金を調達する役割があるほか、社員に給料を振り込み、預金をとりまとめた。その点、埼玉銀行は非財閥系で、企業グループに属していないのもあり、13行のなかではいちばん下位のグループに位置していた。しかし、埼玉県の出納係として、公金を押さえているのがほかの都市銀行にない絶対的な強みで、経営基盤になっていた。無理をしなくとも資金調達ができるためである。所沢市は第一勧業銀行、埼玉銀行、富士銀行の持ち回り、小川町は小川信用銀行が受け持つとの例外はあるものの、県や市町村の役所に窓口を置き、地味だが手堅い印象を県民に与えた。１９６９年に地方銀行から都市銀行に転換した際も、行名を変えずに地元優先の姿勢を貫いた。

１９８０年代半ばごろ、定期預金でこつこつお金を貯める人が多かった。満期になっても元本は取り崩さずに更新し、利息で増えた分で必要なものを買ったり、子どものお年玉にしていた。利子が５％以上あるので、２００万円を預ければ利息は1年で10万円近くになる。複利を効かせた期日指定定期預金や国債定期口座には、さらに上乗せがある。利子が高い郵便貯金に限度額の３００万円まで預け、あとは銀行で定期預金にするのが一般的だった。郵便局の定額貯金は半年複利で、10年預ければ元金が倍以上に膨らんだ。各信託銀行の「ビッグ」や日本長期信用銀行の「ワイド」などの貸付信託も人気だった。お金のことで庶民にできる工夫は、せいぜいそれくらいだった。一気に増えはしないが、こつこつ、堅実に増やせた。倹約を暮らしの基本とする意識が強く、贅沢をするにもあくまで利子の生み出した余録を使う。親の姿を見習い、若い世代も貯金に励んでいた。お金とはそういうものだった。

その一方、人より多く稼いでやろうとの機運が高まっていた。世間では「㊎（マルキン）」と「㋪（マルビ)」という言葉が流行っていた。イラストレーターの渡辺和博(1950〜2007)によるベストセラー『金魂巻』(1984年)から生まれた言葉だった。職業や就職先で、給料が大きく変わるのをおもしろおかしく描写した。笹子にしても待遇のよさで銀行に魅力を感じて就職した。稼ぐからにはたくさん稼ぎたいし、せっかくやるなら大きなお金を動かしたい。そんな空気が蔓延するなかで、笹子が入行して早々、豊田商事事件が起きた。金のペーパー商法で何万人もの人を騙したあげく、創業者の永野一男(1952〜85)が報道陣の前で殺されたのである。

初任給は10万5000円で、収入を考えれば、塾で教えていたほうがよかった。はじめて給料を受け取ったとき、いつ辞めようかと思ったくらいである。しかし、入行してまだ間もない5月に19万円のボーナスが出た。新入社員に夏のボーナスを出す会社は例外的だった。秋のボーナスは50万円に上がり、2年目の給料は全員一律4万円増えて14万5000円になった。株主対策で、待遇のよさが複雑な仕組みにうまく隠されていた。

普通預金係、定期預金係、当座預金係、融資係と、2カ月か3カ月ごとに持ち場を変えながら、1年9カ月にわたってジョブローテーションをつづけた。そこで銀行が支店でおこなうすべての業務を一通り経験し、基本的な部分を覚えていく。営業先でなんでも対応し、条件交渉までできるようにするのが、ジョブローテーションの目的だった。1980年代に入って銀行も住宅ローンに参入していた。大手企業が銀行でお金を借りる事案が減り、余ったお金が個人に向けられた。とはいえ審査はきびしく、融資額は年収の5倍までに制限され、金額に応じた担保をとるなど、銀行が危ない橋を渡ることはなかった。

もともと銀行は土曜日も昼12時まで営業していたが、1980年代に入って週末は休みになった。まず1983年に第2土曜日が休みになり、86年には第3土曜日も休んだ。日本人は働き蜂だと海外から批判され、国際労働機関(ILO)に労働時間を1週40時間に短縮すべきであると勧告されたのを受けたものだった。日本は条約を批准していなかったが、銀行の土曜営業を段階的にやめて対策としたのである。銀行が休めば企業の取引ができなくなり、自ずと労働時間が短くなるとの思惑だった。窓口は休みになっても、銀行員は毎週末、なんらかの行事に駆り出された。卓球大会やバレーボール大会、社員旅行と盛りだくさんだった。業務とは直接の関係はないが、スポーツでがんばり、宴会を盛り上げるのは新入行員のいちばんの役割だった。

いつも支店の人たちと一緒に過ごしていた。仕事が片づいた順に一人ずつ、三々五々、帰ることはできず、毎日、全員一緒に銀行を出るのが習わしとされた。お金を扱う銀行ならではの管理体制である。そして、その足で飲みに行く。用事があっても、まず先には帰れない。自分の時間をもてるのは、家に帰って銀行業務検定など資格試験の勉強をしているときだけだった。

支店で働く行員と四六時中、顔を合わせ、自ずと交友関係は銀行のなかに狭められていった。結婚も行員同士が一緒になることが多かった。女性が社内結婚を望んでいた。「高学歴」「高収入」「高身長」を合わせた「３高」が結婚の理想的な条件で、銀行員であるだけで二つは揃う。女性の就職は結婚までの腰掛けと見なされ、高校を卒業して入行した女性は、３年か４年のうちに相手を見つけて寿退社した。24歳が「クリスマスイブ」で25歳は「クリスマス」、それまでに結婚できなければ「賞味期限切れ」になると平気でいわれていた。

男は男で20代半ばまでに結婚したほうがよいとされた。妻帯者でなければ行内行事に差し障りがあり、海外支店にも転勤できない。出世に結婚が必要だった。実際、30歳を過ぎた独身男性は支店にいなかった。2浪している笹子は、１日も早く結婚して落ち着けと、上司や先輩によく言われた。

外回り営業

ジョブローテーションを終えた１９８７年の年明け、笹子はスバルの軽自動車に乗り、担当地域を営業で回りだした。最初の１週間は先輩が得意先を１軒１軒紹介しては引き継ぎをした。月曜日から土曜日まで、分刻みにルートが決まっていた。やるべき事項はすべて引き継ぎ書に細かく書いてあった。とにかく指示通りにすればいいと先輩は念を押した。そのうえで火曜日はたいへんなところが多いだとか、この人は親切だとか、この会社は要注意だとか、申し渡しをした。引き継ぎとはいっても別に先輩が築いた得意先ではなく、すべて代々、踏襲してきたものだ。飯能市内3カ所にある現金自動預け払い機を見て回るのも、新入行員の大切な仕事だった。故障していないかを確認し、現金切れを起こさないように補充する。1万円札を1000枚、1000円札を100枚、合わせて1010万円を入れておくのである。このころお金をおろすときは1万円単位の人が多かった。引き出す人が多い給料日には、3000万円は必要になる。外回りを終えれば、封筒に切手を貼るといった雑用を振られた。

引き継ぎのあとは、笹子ひとりで営業に出向いた。9時にまず米屋に行って積立預金の集金をし、10時には不動産屋に顔を出して世間話をするなど、とくに用事はなくても決められたルートにしたがって立ち寄っていく。いつもいやな顔一つされず、お茶やおやつに呼ばれた。若い新人が顔を出すのを楽しみにしている人もいた。話を聞きながら銀行員としてなにができるのかを考えるのが仕事だった。どこに行っても得意先から頼りにされ、地元の信頼を集めているのを肌で感じた。手土産に、埼玉銀行の赤いロゴが入ったティッシュやカレンダーを運んだ。子どもや孫のいる得意先には、リスをモデルにしたマスコット「リコちゃん」の貯金箱を用意した。定期預金の更新時には、箱入りのティッシュペーパーを自腹で買って渡した。自分なりに工夫し、少しでも関係を深めた。特売で1箱5、60円の負担になるが、ほんのちょっとした気配りがきいた。

地元の大病院がメインバンクを変えたがっているとの耳寄りな話も、そうして得意先を回っていてもたらされた。その病院はライバルである飯能信用金庫と長らく取引していた。大きな仕事になると、喜び勇んで稟議書を書きだした。銀行員らしい仕事をはじめてしている気がした。これは行けると確信して話を進めたら、支店長にすぐ手を引けと強く言われた。銀行同士、互いのテリトリーを荒らさず、共存共栄をはかるのが暗黙の了解だと叱られた。地元の有力企業のメインバンク交代は、絶対にありえない。自分のシマを守り、決められたルートを耕せばいい。長年の得意先が新たに定期預金をして、融資を申し込んでくれる。それで十分回っていく仕組みがしっかりできている。営業に出たばかりの新人に、新規開拓する余裕はないはずだ。

銀行員には一線と二線がある。引き継ぎをした先輩が笹子を心配して耳打ちしてきた。支店で働く行員一人ひとりについて詳しく説明したうえ、あの人は一線、あの人は二線と知らされた。本来ダブルチェックする席順を指す言葉だが、出世競争も暗喩した。

「一線というのはいちばんの出世ってことだよ。最初の上司が二重丸をつけると、次の人も二重丸をつけてくれる。いまが大切だぞ」

先輩はそう言って、笹子の肩をぽんと叩いた。一線として出世すれば給料が上がるが、にらまれて×をつけられたら最後、二線として暇な支店に配属されたり、面倒なポジションをあてがわれてしまう。銀行の仕事はなんであれ前例を踏襲するところがある。よほどのことがない限り、改められない。外回りの営業が引き継ぎ通りにやればいいように、人事考課も引き継がれていく。

週末のバレーボール大会に顔を出さなかったとき、笹子はいよいよ×をつけられそうになった。女子チームの応援に駆り出されたのだが、自分が試合に出るわけでもなく、先に約束していた友だちとの飲み会に出かけた。

「支店長がいらしたのに、お前はどこでなにをやっていたんだ！　いい加減にしないと今度こそ×をつけるぞ！」

いつも一緒に行動するのが、年功序列のなかで安泰に過ごす秘訣だと上司は諭してきた。年末年始には家族で支店長の家まで挨拶に出かけ、お歳暮やお中元を欠かさず贈る。一線に踏みとどまり、少しでも出世するには上に気に入られるしかほかにない。仕事ができるかどうかは二の次である。新人研修では教えられない、銀行で生きる術だった。

なにをやっても駄目出しをされ、八方塞がりになっていた笹子に見合い話が持ち上がる。娘の婿になればメインバンクを乗り換えると、地元の資産家が冗談めかして触れ回っていた。持参金として5000万円の一戸建てを新築すると豪語した。噂を聞きつけた支店長が、笹子に白羽の矢を立てた。相手との年齢も釣り合っている。結婚すれば少しは落ち着くだろう。善は急げと、いちばんいいスーツを着てこいと命じられた。見合いとはいっても顔合わせ程度ではあったが、どうしたわけか相手にすっかり気に入られた。将来を約束されたエリート行員と思われたらしい。

「出世は決まったも同然だ。この功績はでかいぞ」

すでに第一勧業銀行からメインバンクを取った気でいる支店長は上機嫌だった。人のテリトリーは荒らさずにルートを耕せば十分だ、メインバンクの交代は考えられないと言った先から、銀行と資産家の政略結婚を画策してまで交代をたくらむ。なんとも理不尽だが、戦国時代にでも戻ったようなことを平気で考えられる感覚が笹子には解せなかった。しかしこの時代、銀行と大企業のトップらが血縁ネットワークを結び合い、資本家階級を形成しようとしていたのもたしかだった。[1]

▼1　「現代日本における資本家階級の発見」渡辺雅男、『社会学研究』42号、一橋大学、2004年。

路線価

所沢駅前の一角に1986年、ワルツ所沢と名づけられた西武百貨店がオープンする。デパートと呼ぶにはやや小ぶりだが、大きな電気屋やパチンコ屋、喫茶店などのあった一角を再開発し、西武の城下町としての体裁を整えたかたちだった。ワルツという名称は所沢がウィーンのようなイメージの街になればとの願いから、公募で選ばれた。また在日米軍に返還された基地の跡地に新しい市役所ができ、駅前商店街から移転した。8階建ての高層棟と、4階建ての低層棟を合わせた立派な建物だった。人口が急増し、旧庁舎では手狭になっていた。先に移った警察署や図書館と合わせ、官庁街を形成した。市役所につづく商店街は人の流れが変わって店が一つ、また一つと消えていった。旧庁舎は大正時代、繊維で財をなした豪商が晩年に暮らした、贅をこらした庭園の広がる屋敷のあった場所に建てられた。そんな歴史の逸話を知る者も、寝に帰るだけの街の変化を気にする者もほとんどいなかった。

所沢の街が大きく変わるなか、笹子は飯能駅前特別出張所に転勤した。2年ごとに異動するのが決まりだった。とはいっても同じ飯能で歩いて3分足らずの距離にあり、しかも行員は旧知の人で、転勤というほどのものではなかった。ジョブローテーションで一通り担当し、銀行の仕事とはおおよそこんな感じだとわかった気になっていた。配属されたのは融資係だった。慣れたつもりではいたが、改めて上司の指導のもとで稟議書を書いていった。新規については経営状態や所得状況を調べたうえ、審査には将来性や可能性を鑑みなければならないはずだが、ほとんどは外回りの営業に出向く長年の得意先で、継続案件は前回の稟議書を写せばよいとされた。飯能あたりに多い中小零細には金利だけを払い、満期が来ても引き続き借りる人がたくさんいた。給料を払うのが精一杯で、元本までは返せない。本来は金利と元本を合わせて返済すべきなのだが、金利分でも銀行に利益が出るため不問にされてきた。持ちつ持たれつ、そうして事業を回してきたのである。

2年の満期を迎えた融資の延長手続きをする案件で、笹子は引っかかりを覚えた。得意先と面識はなかったが、外回りの営業中に通りがかり、商売がうまくいっていないと感じていた。状況が大きく変わったにちがいなく、稟議書を写すにしても、しっかり調べたほうがよさそうだ。書き方を確認しがてら、上司に伺いを立てた。

「審査なんかせず、前の稟議書を書き写せばいい」

上司はこともなげに言った。書かなくてはいけない稟議書は山とある。いちいち審査していたら、とても間に合わない。古いつきあいの事業主ばかりで、長らく融資してきている。みな顔なじみで、踏み倒した人はもちろん、支払いが遅れた人もいない。信頼して、前任者の稟議書を丸写しにすればいい。銀行の仕事はなんでも踏襲し、前例を積み重ねていくものだ。大きな事故でもない限り、覆す必要はない。

さすがに写しては数字の合わない案件も当然、出てくる。5000万円の融資を受けてきた会社が満期に際し、7000万円に増額して欲しいと依頼してきた。担保になっている社屋のある土地は路線価ではやはり5000万円が精一杯で、希望より2000万円も足らない。どうすればよいか、上司に相談した。

「それなら土地の値段を変え、7000万円を貸せばいい」

値段を変えるといわれても、土地の担保価値は路線価が基準になる。国が税額を算出する絶対的な数字だからこそ、客観的に判断でき、融資額を決められる。

「すべての土地に路線価が細かく設定されているわけではないだろ？　更新されるころには、土地の評価額がきっと上がっているよ」

飯能のような山間の町では中心部こそ路地ごとに路線価が設定されているが、少し離れれば途端にざっくりしたものになる。土地の値上がりがつづくなか、路線価が1年で1・5倍くらい上がってもおかしくはない。つべこべ言わず、つじつまが合う金額に書き換えればいい。子どものころに新所沢の家の近くで遊んでいて、空き地が坪5000円で売られているのを笹子は覚えていた。そのころでも安かったので記憶に残っているのだろうが、意外に安い、お年玉を貯めた貯金で10坪はすぐに買えると思った。その土地が坪100万円にも150万円にも値上がっていた。20年足らずで200倍、300倍になった計算になる。地価の上昇にともない、1億円を超える物件も出てきた。

無理をしてまで借り入れを増やさせたら、いつしかたいへんなことになる。葛藤を感じたが、運転資金に余裕ができればきっと事業はもっと大きくなる。人助けだと思い、笹子は稟議書をつくった。疑問を抱きつつ、ほかの案件でも担保割れする場合は路線価をいじって稟議書をまとめた。はじめは気がとがめたが、すぐに麻痺した。

上向いた意識が日本中に蔓延していた。スキーツアーは発売と同時に完売し、クリスマスを過ごす人気レストランは半年前には予約で満席になる。メディアが時代を煽っていた。広告コピーが人びとの潜在意識を焚きつけ、いまを楽しみ、時代に乗り遅れまいと仕向けた。欲しい欲しいと奪い合いながら、ありとあらゆるモノの値段が上がっていった。ゴルフの会員権が値上がった。コレクションの絵画が値上がった。必ず儲かる。投資したほうがいい。いま買わなければ損だ。給料が右肩上がりに増えているから、お金を借りてもすぐに返せる。担保価値が上がれば、もっとお金を借りられる。お金がお金を生む。信用が信用を生む。いろんなモノの値段が上がっていく。どんどん上がっていく。その中心に銀行がいた。それがバブルだとはだれも気づいていなかった。

住宅双六

銀行間の競争が激化していた。力のある銀行は強気に出て、条件のゆるい貸し出しをはじめた。中小や個人に貸せば貸すほど儲かる仕組みを、銀行は覚えていた。埼玉銀行のような中堅より下の銀行は、まだきびしく審査していたが、大手はすっかり甘くなっていた。１９８０年前後の規制緩和で社債を発行しやすくなり、大企業が銀行で資金を調達する割合を減らしたのが背景にあった。余ったお金の行き場を求めて非製造業の中小企業に主軸を移し、個人向けの住宅ローンにも参入した。１９８０年代まで個人が銀行にお金を借りて家を買うのは決して一般的ではなく、１９６７年の住宅ローンに対する金利は９・９％もあった。

笹子の入行した１９８５年、住宅ローンの金利は７・６８％だったが、翌86年、円高不況の解消を目的に公定歩合が引き下げられたのにともない、５・５％にまで大きく下がる。銀行が住宅ローンに参入してから、もっとも低い金利だった。公定歩合とは日本銀行が市中の銀行に貸し出す基準金利を指し、銀行の金利と連動していた。変更があるたび、大きなニュースになる重要な指標だった。87年と88年は5・7％と少し上がるものの、いまが買いどきだ、この機会を逃すなと、メディアは盛んに宣伝した。持ち家信仰が強まり、マンションが欲しい、家が買いたいと、我先に競い合った。東京では地価の平均上昇率が5割を超え、いま買わなければ一生買えない、買ってもすぐに値上がる。だれもがそう思い、土地神話が生まれた。

地価が上がりつづけるなか、宅地開発は郊外へ、郊外へと向かった。都心を離れるにしたがって地価は総じて下がり、西武沿線では1970年代に所沢で住宅開発されたのが80年代に入って飯能まで伸びていた。笹子の顧客にも、土地を切り売りする農家が何人かいた。田畑だった場所にできた家は、建てる先から売れた。自らアパート経営に乗り出す人もいた。

西武の開発するニュータウンも年を重ねるごと郊外へ向かい、所沢、狭山、仏子、飯能と展開してきた。いずれも駅から離れた場所にあり、西武によるバスの便が用意された。西武にしてみれば不動産に加え、交通費も電車とバスを合わせて二重に利益が出る仕組みになっていた。同じ西武なのに、ともに初乗り運賃になった。飯能の分譲地は110万平方メートルの広大な土地に、1974戸を新築する計画だった。敷地が広く、家が大きいのが売りだが、5000～6000万円と高額な設定になっていた。豊かな自然もポイントで、「いきいき、自然と溶けあう街。のびのび、笑顔が輝く街。」をキャッチコピーに、幸せそうな家族をモデルにしたパンフレットが用意された。

マイホームの入手には、ワンルームを手はじめに、マンションや戸建て住宅を買う「住宅双六」と呼ばれる手法が広く推奨されていた。たとえばまず独身のときに500万円程度のワンルームマンションを、頭金50万円の銀行ローンで購入する。全額ローンも組める。3年後、800万円に値上がっているので、それを売って1300万円の1LDKを手に入れ、新婚生活をはじめる。売却益を頭金に、住宅ローンを組み変える。そのマンションが２０００万円になるのを見計らい、３ＬＤＫのマンションや戸建て住宅に引っ越して子ども部屋を用意する。住宅ローンは基本的に年収の5倍までの制限があり、この流れが必然でもあった。土地も給料も上がりつづけるとだれもが信じ、国をあげて絵に描いた人生設計を推し進めていた。

メディアは家を買ったら安心だ、幸せだと思わせる空気を広めた。１９７０年代に風靡した青春ドラマの舞台にはアパート暮らしが多かったのに対し、80年代に流行ったトレンディドラマでは生活水準が格段にアップし、都心の大きな戸建て住宅や瀟洒なマンションになった。さらに俳優の着る服、食事をするレストラン、旅先で泊まるホテルなど、ドラマ全体が広告といっても過言ではない作り込みをしていた。設定が変わった背景には、１９８６年の男女雇用機会均等法による、女性の社会進出があった。ドラマの合間にはハウスメーカーや銀行、外車メーカーのＣＭが流れ、広告主や協賛各社の思惑が見え隠れした。実際、放送を通じてブームになったり、行列のできる店やヒット商品が生まれた。次々に創刊される『Ｈａｎａｋｏ』（マガジンハウス）といった雑誌も、ブームやトレンドを仕掛けた。

マイカーでデートを重ね、映画『私をスキーに連れてって』（１９８７年）で話題になった西武の運営するスキー場で遊び、何百万円もかけた豪華な結婚式で結ばれるカップルにとって、マイホームはいちばん高い買い物になる。メディアが好んで取り上げる持ち家が得か、賃貸がいいかの比較は、決まって持ち家に分がある結論になっていた。

収入に見合った家より、だれもが少しでも背伸びしようとした。不動産屋の紹介で、笹子のもとを訪れた夫婦もそうだった。子どもが小学校に進学するので１ＬＤＫのマンションを売り、子ども部屋のある住宅を新築して「住宅双六」を上がろうとしていた。３０００万円の住宅ローンを組むのが希望なのだが、年収が５００万円なので5倍の２５００万円が限度額になる。予算内の家を探してくださいとも言えず、奥さんのパート収入を加算してつじつまを合わせた。

「年100万円なら問題ありません。ご主人の500万円に合わせて600万円。×5で3000。大丈夫ですね」

稟議書に添付する給料明細は、いちばんたくさんパートに出た月のものを用意するよう、笹子は夫婦に依頼した。とはいえ、パートを辞めたらどうするのか、笹子は内心、心配だった。年収の5倍以上のお金を借りたら、理論上、返せなくなる。販売価格に見合う資産価値がなければ、返済に行き詰まって売却を余儀なくされても残債が残ってしまう。ローンを払い終えるころには家は古くなり、リフォームや建て替えにお金が必要になる。

住宅ローンはすっかり銀行の主力商品の一つになっていた。住むところはだれもが必要としているので長期ローンを組むことに疑問を感じる者はおらず、普及しやすかった。しかし、住宅ローンを裏側から見ていると、銀行と不動産屋は儲かるが、買い手には分が悪すぎると笹子には思えてならなかった。35年の住宅ローンでは当時、下手すれば借りた金額の倍を返さなくてはならなくなる。家を欲しがる本人の自己責任だとして、返せるかどうかまで銀行は考えなかった。貸すためにはなんでもした。これでいいのかと訝りつつ、どんどんインチキに手を染めていた。いつのまにか審査は街金レベルにまで甘くなっていた。

生きジゴク

働きはじめるまで、銀行は創造的な仕事だと笹子は思い描いていた。実際には稟議書を書き写すだけで、自分の考えが反映されることはなかった。一行員の意見など求められていないのである。

得意先の一人に、著名なアニメのクリエーターがいた。緊張感あふれる制作事務所に立ち寄り、積立預金の集金をするのはなによりの楽しみだった。サイン入りの新作をもらって小躍りしたこともある。銀行員としてクリエイティブな仕事に出資し、世界的に評価される作品を生み出す手伝いをしたい。ひそかな思いをあたためていたのもあり、融資の相談を受けたときはいよいよ役に立てると思った。もっと広いスタジオに移り、設備投資もしたいという。

いくら有名人でも、審査をしないわけにはいかない。用意してもらった3期分の決算書を見る限りとくに問題はなく、稟議書を書きはじめた。よい作品をつくってもらえたらとの思いを込め、住宅ローンより有利な、特別な事業ローンを適用させる決済をえた。電話しようとしていた矢先、クリエーターのほうから断りの連絡が来た。なんでも富士銀行に借りたとのことだった。つきあいのある行員に埼玉銀行で借りると話したところ、すかさず割って入ってきたらしい。そして、黒字決算と口頭で言うだけで、なんの審査もせずにその場でローンの承認を下ろしていた。しかも金利はぎりぎりだと思っていた数字よりさらに0・5％も安い。気落ちして支店長に報告したところ、思いとどまってもらえるまで再交渉してこいと叱られた。そこで富士銀行より0・02％安い金利を提示してみた。

「なんだかバナナの叩き売りみたいだね。次はサイギンさんで借りるんで、今回は勘弁してよ」

銀行はまじめで、手堅いと思って働きはじめたが、ジョブローテーションを終えて飯能駅前特別出張所に転勤したころ、どうしたわけかそれまでの慎重な態度を一変させ、急に様子がおかしくなっていた。世の中には表があれば裏もあり、銀行員として2年、3年と働くうち、見えていなかったものが見えてきたのかもしれない。社会人として一人前になってきたのもあるだろう。

手形の更新で材木屋に出かけたときだった。古い手形を回収し、新しい手形を渡す指示を上司に受けていた。飯能は山林の集積地として中世より栄え、江戸時代には良質なスギやヒノキが西川材と呼ばれ、水運で江戸の街に運ばれた。江戸の西にある入間川や高麗川を使ったのでこの名がある。昔から木材を扱う店が多かったわけだが、そこは看板に材木屋とあるのに、材木が1本もない不思議な店だった。たまたまではなく、いつもそうなのである。てっきり廃業したと思っていたが、材木の仕入れ資金として銀行は融資し、しかもその足で何人かの個人に振り込むように依頼された。支店に戻ってなぜなのか、笹子は上司に質した。

「お前、いちいち気にしていたらいつか殺されちゃうよ。俺たちができない融資を、奴らはやっているんだよ。まぁ、そういうわけで、すぐに忘れろ」

殺されるとは尋常ではないが、どうやら材木屋は表向きの顔で、裏では街金をしているらしかった。そうにちがいないとの思いに身震いし、飯能の闇を覗いた気がした。かつては花街のひらけた盛り場だっただけはある。支店の会議室に芸能人やスポーツ選手が出入りするのを見かけたこともある。トレンディドラマに出ている人気俳優がきたときは、田舎の銀行になんの用だろうと驚かされた。支店長の知り合いでもなさそうだったが、表沙汰にできない融資をしているとすれば合点がいく。

中学生が葬式ごっこをしてイジメられ、自殺した事件（1986年）が笹子の頭を離れなかった。級友のほか担任を含む4人の教師が弔いの寄せ書きをしたのを苦に、「俺だってまだ死にたくない。だけどこのままじゃ『生きジゴク』になっちゃうよ」と、中学生は遺書に綴った。教師による体罰事件が影を潜めたのに代わり、イジメが社会問題になっていた。弱みを見せたら最後、一方的にやられてしまう。正義の味方だったはずの銀行にしても同じだった。借入金が年収の5倍を越えたら、個人であれ、会社であれ、いつ破綻してもおかしくなくなる。審査をきちんとすればずいぶんちがうはずだが、いちいち気にしていたら勤まるものも勤まらない。銀行で働きはじめたころに抱いていた淡い希望は年を重ねるごとに失われ、いつしか殺伐とした気持ちで働いていた。

銀行がどのようにして利益をあげているのか、一般にはわかりにくいところがあるが、基本は金利差にある。預金に2％の利息をつけて、5％の金利で貸し出せば3％の儲けが自ずと出る。製造業は加工に必要な原材料を仕入れる。飲食業にも原価率がある。その点、銀行で仕入れにあたるのが預貯金だ。銀行が定期預金を勧めるのは、流動的な普通預金に比べ、一定期間、引き出されないことにある。まして埼玉銀行には公金が黙っていても入ってくる。こうして集めた預金額をはるかに上回る額の貸付が、銀行のもつ創造信用と呼ばれる仕組みよって可能になる。お金はお金を生むからこそ、銀行はつぶれないと言われてきた。極端なことを言えば銀行経営に必要なコストは、人件費と施設費だけである。せめて信用の証に立派な建物をつくり、広告で信頼感や安心感を演出すればすむ。利益の幅が大きいからこそ、行員の給料を高く設定できるのである。

●バブルの足音

１９８５年、笹子が埼玉銀行に入行した年、アメリカでプラザ合意が結ばれた。先進5カ国（G５＝日本、アメリカ、イギリス、西ドイツ、フランス）が外国為替市場に協調介入し、ドルに対して一律10～12％の幅で切り上げる国際政策が会議で決まった。発表翌日、1ドル２３５円だった為替相場は狙い通り、1日で20円ほど下がる。このプラザ合意がバブルや「失われた20年」の起点とするのが定説になっている。しかし、『日本経済新聞』は会議の開かれた9月22日付朝刊の一面に、『通貨』で緊急会議」との見出しで報じるものの、わずか18行の短い記事だった。モルガン銀行東京支店のチーフ・ディーラーだった酒匂隆雄（１９４７～）は次のように回想している。

今でこそ、プラザ合意、あるいはG５などというと、為替を大きく動かした一大事件のように言われ、半ば伝説にさえなっているように見えるが、その当時はまだ、協調介入ということさえ知られていなかったし、ましてやG５なんて、誰も聞いたこともなかった。〔……〕

その時は、まさか1年後にドルが１００円近くも下がるなどということは、誰にも予測できなかった。

（『酒匂隆雄の為替塾——外国為替の新常識』酒匂隆雄、実業之日本社、２００４年）

５００億ドルに達するアメリカの対日貿易赤字を減らすのが介入の目的だった。戦後、日本企業がアメリカに進出して四半世紀が経ち、ジャパン・バッシングと呼ばれる経済摩擦を引き起こしていた。

日本はずるいと見なされ、日本車を叩き壊すパフォーマンスで怒りをあらわにした。日本人と間違えられた中国人技術者が自動車の街デトロイト郊外で殺される事件も起きた。アメリカ産農作物の輸入や金融市場の開放を求める動きが連日ニュースになった。当時の経済人は1971年にアメリカが金の兌換を停止したニクソン・ショックに問題はさかのぼると見ていた。そのときもアメリカの財政と貿易の赤字を建てなおすのが目的とされた。

要するに、金本位制をとっていないから、国で勝手にカネをつくって、国債を発行しているんでしょう。たまったもんじゃないですよ。
(『週刊現代』1984年1月7日号)

堤義明は松下電器産業の創業者である松下幸之助(1894~1989)との対談で右のように発言している。これに対して松下は「それも赤字国債やから、ちっとも生きてこない」と答える。金本位制では紙幣は金と交換できることで価値を帯びたが、金の代わりに国が価値を裏付けることになり、お金の意味が決定的に変わっていた。イギリスの経済専門誌『エコノミスト』が「ビッグマック指数」を考案したのもこの時期、1986年だった。世界各国でマクドナルドがビッグマックをいくらに価格設定しているかを比べて物価の尺度としたのだが、「ビッグマック本位制」でお金の価値を把握する試みだともいえる。

輸出産業はプラザ合意による円高に苦慮し、不況に喘いだ。1ドル360円が半分の180円になるくらいまで、中小の町工場はなんとか持ちこたえるが、さらに円が強くなり、たちゆかなくなっていく。円高不況対策として日銀は金融緩和策を講じ、1985年から87年にかけて公定歩合を5%から2・5%へ段階的に引き下げた。金利を下げ、お金を借りやすくしたのである。一方、デパートやスーパーでは円高差益還元セールを謳う特売が盛んにおこなわれた。海外通販や個人輸入が流行し、海外旅行に出かける人が増えた。円高と低金利によって次第に高揚した空気が強まり、１９８７年に０・７倍だった有効求人倍率は翌88年に1倍へ上昇し、90年には１・4倍に跳ね上がる（「職業安定業務統計」厚生労働省）。人気は大手企業に集中し、中小企業の合同説明会は学生を集めるのに苦労した。

１９８７年2月に日本電信電話公社が民営化し、日本電信電話株式会社（略称ＮＴＴ）が上場する。公募価格が１１９万７０００円と高額であるにもかかわらず、１０９５万人、ざっと国民10人に一人が購入を希望した。当選したのは１６５万人で、6倍を超える人気ぶりだった。絶対儲かる。国が売り出す以上、損をさせるはずがない。だれもが確信し、大きな話題になった。１９８１年にはじまる行政改革は民間活力を生かした「増税なき財政再建」を目標とし、少しでも株を高く売りたいとの思惑が国にはあった。上場初日は買注文が多すぎて値がつかず、翌日１６０万円の初値がつく。当選しただけで４０万円を手にした計算になるのもあって、大儲けした人がいるとの噂が広まり、２カ月後には３１８万円まで高騰する。はじめて株を買うビギナーズラックも少なくなかった。このＮＴＴの上場から、社会を取り巻く潮目が大きく変わり、日本中がお金に取り憑かれはじめる。そのなかで部数を伸ばしたのが『日本経済新聞』だった。１９７５年の朝刊発行部数は１６０万部だったのに対し、80年に１８２万部、85年に２１３万部、90年に２９１万部と急成長するのだ（日本ＡＢＣ協会調べ）。株価を知る特別な新聞だったのが経済と言えば「日経」と広く認知され、１９８５年にはじまる「日経平均株価」は世界的な指標となる。

電電公社に次いで国鉄も１９８７年4月に民営化され、ＪＲ北海道、ＪＲ東日本、ＪＲ東海、ＪＲ西日本、ＪＲ四国、ＪＲ九州、ＪＲ貨物と地域ごとに分割された。これにより約28万人いた国鉄の職員のうち、4分の1が職場を追われる。不本意な配置転換や転職を強いられる者もいた。多くは国労や動労の組合員で、組合つぶしが民営化の真の目的だともささやかれた。民営化にあたり、国有である国鉄の所有する広大な土地といった資産がだれのものかについて表だって論議されることはなかった。

NTTが上場して8カ月後の10月、ニューヨークで株価が大暴落する。ブラックマンデー（暗黒の月曜日）と呼ばれ、世界経済を混乱に陥れた。世界大恐慌の再来だ、戦争がはじまると市場はパニックになった。アメリカの貿易収支が予想以上に赤字だったのがきっかけだった。さらにコンピューターによる自動取引が広がり、金融工学が高度化したのも一因とされた。コンピューターと金融が結びついた黎明期を象徴する出来事だが、自動取引の意味を正しく理解できる人は当時、一部の関係者に限られた。売りが売りを呼び、東京市場も大きく下落。影響を食い止めるため、国と銀行、証券会社は一丸となって対処する。NTT株の二次売り出しを1カ月後に控え、売り出し価格の255万円より株価を下げるわけにはいかなかった。その甲斐あってか、日本は世界でいち早く、わずか半年ほどで危機を脱する。日本の経済力であれば当然だと受け止められた。この年、アメリカの経済誌『フォーブス』の発表する世界長者番付に、西武の堤義明がトップに位置づけられ、以後、91年と92年を除き、94年まで名を連ねる。

持ち玉

埼玉銀行はクレジットカードの先駆的な存在で、1969年にUCカードの取り扱いをはじめたのにさかのぼる。第一銀行、富士銀行、日本勧業銀行、太陽銀行、三菱銀行と埼玉銀行が共同ではじめ、UC（ユニオンクレジットの略）の名前がつけられた。普及は遅々としたものだったが、銀行をあげての拡大戦略により、1987年には国内発行枚数が各社合わせて1億枚を超えた。

埼玉銀行全体で月に1万枚を新規に勧誘する計画が持ち上がり、融資係の笹子にも月50件のノルマが課せられた。単純に割って1日2件の計算になるが、仕事の合間にやるのは大きな負担だった。行員の多くは手っ取り早く、親兄弟や親戚、友人知人に頼んでいた。人間関係が悪くなるのを嫌い、笹子は外回りのときに頭を下げて頼んだ。普段はティッシュ一つにうるさいわりに、いざとなったら手を貸してくれる太っ腹な顧客がついていた。消費者側も店側も現金主義がまだ根強く、クレジットカードをつくったところでたいして使い道があるわけではなかった。実際、このころ飯能で使うとしたら駅前の丸広百貨店くらいのものだった。県内で展開する埼玉独自のデパートで、1939年に飯能で創業した老舗である。できあがったカードを渡しても、使わないと言って、仏壇や神棚にしまいこんでいた。海外旅行に便利だと説明しても、とくに予定はないとかわされた。

使いもしないものを押しつけてまで、銀行にどれだけの儲けがあるのか、笹子はつい考えてしまった。カード本体や説明の冊子をつくるにも、郵送するにもコストがかかる。ざっくり計算して、1枚あたり1000円はくだらないだろう。カード会社から預金が回ってくるなど、なんらかの事情が取引上あるのかもしれないが、銀行の基本に立ち返れば、キャッシング機能でもつけない限り、クレジットカードは無駄にしか思えなかった。

「そんなの、お前の考えることじゃないんだよ。上がやれってことを、やればいいんだ。いくら儲かるかじゃなくて、ノルマを達成すればいいんだよ」

素朴な疑問をぶつけると、上司は声を荒げた。なにも考えるなと言われているようだった。

1981年に飯能市はロサンゼルス近郊の町ブレアと姉妹都市になり、毎年20人程度の中学生がアメリカに行って国際交流をした。留学する高校生や大学生も少なくなく、渡航する学生がトラベラーズチェックを買いに来た。埼玉銀行では、シティーバンクの発行するトラベラーズチェックと、東京銀行のトラベラーズチェックの2種類を取り扱っていた。とくに指定がなければ、東京銀行のものを売るようにとの引き継ぎを受けていた。しかし、旅先で使えなかったと窓口に文句を言いに来る人がいた。それを聞き、笹子もアメリカ旅行に東京銀行のものをもっていき、さんざん苦労したのを思い出していた。取り扱っていない銀行が多く、偽造品とさえ言われたのである。その点、シティーバンクは世界的な銀行なので、どこに行っても通用する。旅行者本位に考えれば、そのほうがいいに決まっていた。

山間の町でトラベラーズチェックがたくさん売れるのにシティーバンクの行員が興味をもち、手土産をもって東京から挨拶に来ても、上司は東京銀行を売れと譲らなかった。シティーバンクのほうが発行手数料が高いのに加え、東京銀行にはキックバックがある。

「どら焼きでごまかされるんじゃないよ。収益がまるでちがうんだ」

クレジットカードに次いで、今度は定期預金獲得キャンペーンがはじまった。一人合わせて1億円分を集めてこいと上司は檄を飛ばした。こんなとき、笹子は決まって倍の2億円をめざした。カードローン20件のノルマなら40件、クレジットカード50件なら１００件、集めるだけ集め、支店で1番の営業成績をめざした。

「お前さ、あと何年、銀行員やるつもりなんだよ？　1年じゃないだろう。まだ先は長いんだ。がんばって取っていたら、そのうちいやでも取れなくなるぞ。ちゃんと隠しておかないと、いつかなにもできなくなって、お前、死んじゃうぞ」

先輩行員は笹子にアドバイスした。急に定期預金を集めろと言われたときに対応するため、普通預金にして抑えておく手口まで教えられた。しかし、そんなことをしては金利差がある分、預金者に損をさせてしまう。

「持ち玉を大事にしろって言ってるんだよ。とりあえずクレジットカードでもつくってもらって、上のご機嫌をとっておけばいいんだ。毎日ティッシュをもっていってるんだろ？」

預金者にしてみれば、子どもの進学や祝い事といった先々の計画に合わせ、1年定期や3年定期にする。そうして満期にしていくのが定期預金の醍醐味で、銀行とのつきあいでやるものではない。それでも笹子が頼みに行けば黙って手を貸してくれた。外回りに出かけてから営業の基本は常に全力を出し切ることだとの思いで、仕事に取り組んできた。それを隠すだとか、持ち玉だとか、なんだかおかしい。定期預金を集めろと支店長にハッパをかけられてがんばったところで、月末が近づけばいつも決まって「もういい、集めるのをやめろ」との指示が急に飛んでくる。がんばればがんばるほど、理不尽な思いが募った。

護送船団

13行ある都市銀行のうち、協和銀行と大和銀行、埼玉銀行が序列のうしろのほうにぶら下がっていた。上位は上位同士で、下位は下位でしのぎを削りつつも順番が入れ替わることはなかった。銀行間の競争がいくら激化したとはいっても、抜いたり抜かれたりするのはありえないのである。表向きは競い合っても、メインバンクを奪い合うまではしない。まんがいちにも序列が変わりそうであれば、すかさず大蔵省のきびしい指導が入る。銀行は国が統制をはかって過当競争を避ける護送船団方式と呼ばれる保護政策がとられ、あらかじめ決められた序列を崩そうとしなかった。だからなにがあっても銀行は国が守ってくれる。絶対につぶれないと一般はもちろん、銀行員も信じて疑わなかった。

その裏で埼玉銀行では行員同士の競争が熾烈を極めていた。毎週末におこなわれる行事ではこぞって「支店長、支店長」と露骨にヨイショした。目をかけてもらおうとみな必死だった。入行してから休む間もなく競い合いをしいられても、8000人近くいる行員で支店長になれるのは200あまりある支店の数に限られる。役員になって頭取にまで上り詰める競争に加わるのはそのほんの一握りである。

年を重ね、あるところまでいけば負けが自ずと見えてくる。諦めてしまい、がんばれない人がでてくる。それでも不祥事を起こさなければ、定年まで一生安泰でいられる。天下り先もある。どうしても「持ち玉を大事にしろ」と考えがちになる。そんな厄介な先輩と飯能市内のATMに現金を補充して回っていたとき、ありえない事故が起きた。支店に戻って精算したところ、100万円、足らないのである。ダブルチェックしていれば間違えるはずがないのに、何度数え直しても数が合わない。

支店長は青ざめ、「探してこい！」と大声でどなった。順にATMに立ち寄って探したところ、なぜかゴミ箱に帯つきの札束が無造作に落ちていた。

「なにかの拍子で、落としたのかな」

ずいぶんのんきに言って、先輩は身代わりになって欲しいと笹子に頼んできた。また×がついてしまう。立て続けにミスをしていて、最悪クビになる。そうなれば家族が路頭に迷うと、先輩は目に涙を浮かべていた。こんなことをするくらいだから、きっとほかにもなにかとんでもない事故をしでかしているのだろう。とはいえ×がつけば出世に響くのは笹子も変わらない。当然、一線をはずされるだろう。それでも見落とした非を感じ、先輩の頼みを渋々聞き入れ、自分のミスだと支店長に報告した。笹子は自分なりの正義を貫いたつもりだった。正義の仕事だと思ったのが銀行に就職したそもそもの動機である。しかし、銀行員としての経験を積めば積むほど、正義とはかけ離れたことに手を染めていた。どう考えてもおかしなことばかりやっている。将来、客が困るとしか思えないものもある。

なにも銀行だけではない。わずかなうちに、世相がすっかり変わっていた。有利な貯蓄法や資産運用方法を追求する財テクが流行っていた。ハイテク（高度先端技術）に由来する造語である。貯金よりも株式投資、保険会社の一時払い養老保険や変額保険が注目された。1986年に公定歩合が5％から3％へ下がったのにともない、普通預金の金利が1・5％から0・26％まで大幅に下がり、これまでのように元本はそのままに、利息で贅沢をすることができなくなっていた。

笹子が銀行員になったころは堅実な人が多かったが、いつしか定期預金にするより、株で運用したいと考える人が増えていた。3カ月満期で10％の利息がつく定期預金はないかなど、無理難題を言ってくる人もいた。株を長年やっている人は、うまい儲け話が銀行にあるはずがないのはわかっている。言うのは決まって、株に縁のなかった人たちだった。銀行の定期預金より証券会社の中期国債ファンドのほうが金利はいいと、新聞や雑誌でえた知識を引き合いに出してきた。証券会社の金融商品には元本割れのリスクがあると笹子は負けじと説明した。

いくら言っても、株による資産運用にこだわる人もいた。このころ大和銀行以外の普通銀行は投資信託を扱っておらず、野村證券で働く同期を紹介した。得意先の信頼を保つ、大切なつきあいだった。笹子はもともと銀行ではなく、証券会社に就職したいと考えていた。企業が資金調達を市場に求めるようになり、銀行より伸びるとにらんでいた。父に猛反対されて諦めたのもあり、同期の存在は刺激的だった。話を聞いていて、銀行と証券会社は似て非なるものだと気づかされた。

証券は手数料ビジネスなので、なにか仕事を決めるたび、いくら儲かったかがだれの目にも明らかになる。証券マン一人ひとりの優劣がはっきり出て、貯めたり、隠したりはしない。支店勤務であっても地域に縛られず、仕事がありさえすれば全国どこでも自由に飛び回れる。やったらやった分、ボーナスに跳ね返る。一方、銀行の仕事は地域密着だった。地方銀行はもちろん、都市銀行も変わらず、埼玉銀行はその傾向がとくに強かった。ノルマをこなし、それぞれの持ち場をしっかり耕すことが求められたが、一人ひとりがいくら稼いだかははっきりせず、行員の優劣がつけにくい。どうしても上を気遣い、失敗を怖れてしまう。証券マンが狩猟民族だとしたら、銀行員は農耕民族といっていいくらい、発想が正反対だった。だから証券マンが銀行に転職しても、耕すのを嫌ってまずうまくいかないし、銀行員が証券会社に転職しても失敗するのは目に見えている。就職活動をしていたころは思いもしないことだった。

都市農業

夏の終わりに、入間に住む4歳の少女が行方不明になったのに次いで、飯能で7歳になる少女が姿を消し、山間の町が全国の注目を集めていた。普段事件らしい事件もない町がざわついた。だれかと顔を合わせるたび、話題になった。なんでこんな山間でと、みな首をかしげ、犯人像を噂した。土地勘のある人にちがいない。もしかすると近所の人ではないか。現場は笹子が営業で回ってきた地域だった。国道16号線から入間川を経て飯能に抜ける道は、免許を取って以来、気晴らしに運転する馴染みのドライブコースでもあった。現場がどこか、すぐに思い浮かぶほど足下で起きている事件に、胸騒ぎがした。自分とは関わりがなくとも、どこかでなにかがつながっていた。

銀行員となって3年目を迎え、すっかり煮詰まっていた笹子に、ひばりヶ丘支店（現、西東京市）に転勤する辞令が下りる。飯能と同じ、西武池袋線沿線にある街だった。海の水と川の水が入り交じる汽水域のように、このあたりで東京が徐々に埼玉に溶け込んでいく。いや、逆に埼玉が東京に伸びているのかもしれない。実際、支店のビルの上に掲げられた埼玉銀行の赤い大きな看板は、埼玉が東京に殴り込みをかけているかの強いインパクトがあった。

埼玉銀行は名前の通り埼玉を地場に展開し、支店の約6割が県内にあった。残りは東京を中心に栃木、群馬、神奈川、千葉の関東近県のほか、札幌、仙台、名古屋、大阪にも支店を置いた。都内ではダサイタマのイメージが邪魔をして苦戦し、「埼玉銀行」ではなく「サイギン」の看板を出す支店が多かった。とくに23区内では「イメージを都会的に一新するのが課題」と頭取自ら考えていた。それが都下では埼玉県をバックにした、きまじめな銀行の印象が浸透し、堅実な成長を見せていた。ひばりヶ丘は両者の性格を備える土地柄と目されたのか、看板に「埼玉銀行」と「サイギン」の両方が併記された。

笹子はようやく都心に出られ、内心、安堵した。山間の支店でぬくぬくしているうち、時代に追い抜かれていく焦りを感じていた。飯能での経験を踏まえ、心機一転、これまで考えてきたことを応用するつもりでいた。最初の1週間は先輩行員と一緒に回り、引き継ぎを受けた。街の雰囲気も人の気配も飯能とひばりヶ丘ではがらりと変わった。所沢ともずいぶんちがう。東京と埼玉のちがいかもしれない。

ひばりヶ丘駅は南口と北口があり、趣のちがう街並みが広がった。南口は広いロータリーになっていて、ひばりが丘団地のほか、中央線の武蔵境や三鷹を結ぶバスが出る。北口には細い路地の入り組む商店街が形成され、抜けると住宅地になった。支店のあるのは南口のほうで、主だった都市銀行の支店が軒を連ねた。都心で働くサラリーマンのベッドタウンであり、商店主の街であり、農業地帯でもあるため、各行が預金者獲得にしのぎを削っていた。

「俺たちが金を貸してやってんから、この潰れかけの会社もなんとかもってんだよ」

駅の近くで引き継ぎをしたあと、先輩はずいぶんいやらしい言い方で耳打ちした。ひばりヶ丘にも金利分だけを返している中小零細が多かった。銀行員として経験を積むにしたがい、集めたお金で社会を回すことに、銀行のもっともクリエイティブな役割はあるのだと考えるようになった。お金は社会の血液であり、流れが滞れば死ぬしかない。もし元本も返せと迫られたら、経営が行き詰まるのは目に見えていた。

都心に近い高級住宅地のイメージとは裏腹に、ひばりヶ丘には畑や雑木林が点在し、東京とは思えないのどかな農村の面影を色濃く残していた。戦前は練馬ダイコンの産地として知られ、タクワンの材料として軍事需要もあった。戦後、食の洋風化にともなってキャベツに変わり、西武線の車窓にはキャベツ畑が広がった。

1960年代から70年代はじめにかけて都市化が進み、人口が急増した。1968年の都市計画法で国は、市街化区域の農地を10年以内に宅地へ転用する方針を打ち出した。安く抑えられてきた農地の固定資産税を宅地並みに課税してまで、計画を推進しようとしたのである。80年代はじめになって、農業をつづける限りは免除されたが、後継者がいなければ農地として認められなくなるのを意味した。相続対策に悩む農家と、開発をもくろむ業者の思惑が一致し、宅地化が進んだ。税金を払うのはもったいない、その分をローンに回せると、業者は言葉巧みにセールスした。

「個人の不動産事業として認められますので、損益通算できます。赤字になっても税金で相殺できますし、いずれにしてもマンションは資産として手元に残ります」

笹子が引き継いだ農家や地主にも不動産経営に乗り出す人がいた。飯能に比べて都心に近い分、地価が高く、動くお金が大きくなる。新築の家には軒並み億単位の値段がついた。農業は仕事がきついわりに収入が不安定で休みがない。住民が増えるにつれ、畑に撒いた肥料の臭いといったクレームが寄せられ、近隣との軋轢が生じた。自分の代までは先祖代々の土地を守るつもりでも、子どもには継がせられないと考える農家が少なくなかった。子どもの世代も大学に進んで会社に勤める者が大半だった。妥協点なのか、農協に勤める人も目についた。町工場にも同じく騒音や異臭で苦情が寄せられた。

●地上げ

1980年代の半ばごろ、全国の街に空き地が増えていた。ぽつん、ぽつんと街並みを蝕み、気づくと街区がまるごと消えた。「再開発」とも「地上げ」とも呼ばれた。やっている内容は同じでも受ける印象は正反対で、言葉がなにかを巧みに隠していた。

1960年代から70年代にかけて、全国各地の雑木林が切り開かれ、海浜が埋め立てられ、団地やニュータウンが次々にできた。『仮面ライダー』など子ども向けのテレビ番組もよく、広大な造成地で撮影がされていた。開発は郊外へ郊外へと伸びていったが、通勤時間の兼ね合いで限界を迎え、これまでとは逆のことがはじまった。今度は街の中心部が加速度的に、大きく様変わりしていくのだ。バブルという言葉はまだ使われていなかったが、なにかが沸々とわきあがる気配に満ちていた。点々と更地の広がる風景がいちばんリアルな変化だった。なにかをつくるより、それまでにあったものをことごとく破壊していくのである。それはそれはすさまじい力だった。

新しくできた空き地にかつてなにがあったのか、なにができるのか、近隣の住人や、通りすがりの人に尋ねても、きちんと答えられなかった。通勤や通学で毎日通る見慣れた街並みのはずなのに、すべてはあやふやで、思い出そうにも思い描けずにいた。街も記憶も空き地に吸い込まれていた。ときおり、空き地に奇妙なオブジェがあり、看板には「街の変化にご注目ください」とのコピーとともに、管理する不動産会社の連絡先があった。

「土地に経歴をつけたいんです。つまり、ここには前、へんてこなものがあったなあという具合にです」（『東京新聞』1988年6月11日付）

空き地を管理する不動産会社の女性スタッフは答えた。街のためにしているとの確信をもっているのだが、意図をはかりあぐねた。街の記憶を書き換え、無関係のオブジェで新しい記憶を植えつけているとしか思えなかった。どのみち新しい建物ができれば、そこになにがあったかなんて、だれも気にしなくなる。時間が経てばずっとそうだったと思うだろう。別の不動産屋は更地を、イベントスペースとして地元に解放していた。

「土地の持っているポテンシャルを生かさなくてはなりません。土地の秘めている意外な力を教えてくれるのは、地元の生の声しかないのです。再開発とはいっても、自分たちの住む街をつくるとの意識が基本となるべきです」（同紙）

古い住人に聞けば、空き地がもともとどういう場所だったか、正しく、詳しく教えてもらえる望みがある。麻布で見つけた更地には公爵の屋敷があったと、道を掃除する老人に教えられた。立て看板にある不動産会社に連絡し、なにができるのかを尋ねてみた。

「お問い合わせの駐車場が更地であるとのとらえ方をされては困ります。今後、建物が建つ予定です」

なおも食い下がると、電話を替わった社長に恫喝された。

「そんなこと、お前の知ったことじゃねえ」

電話は一方的に切られた。「バブル紳士」や「バブルの帝王」などと呼ばれた麻布建物の渡辺喜太郎（1934〜）はのちに逮捕され、5000億円を超える巨額な負債を抱えて不動産屋は倒産する。男にも戦争の影がつきまとっていた。東京大空襲で孤児となり、織物工場で丁稚奉公をしたのち、高級外車の輸入で注目された苦労人だった。なにかを隠そうとすればするほど、戦争につながった。

変わったのは街だけではない。東京に住んでいる人も、いつのまにか様変わりしていた。路地や公園で遊ぶ子どもの姿が神隠しにでもあったかのように消えたのである。男の子はまだしも、女の子はまずいない。

「公園で遊んでいると、よそのおばさんに『小さい子がいるからここでは遊ばないでね』と言われるし、中学生からも『ここは全部オレたちが使っているから遊ぶな』って追い出されるんだ」（『東京新聞』1988年8月6日付）

仕方なく子どもたちは家でコミックを読んだり、ビデオを見たり、人形で遊んでいた。塾や習い事で忙しくて遊べない子も少なくなかった。10年ひと昔の言葉通り、70年代とは世相が一変していた。

そんななかで発売されたゲームソフト『ドラゴンクエストⅢ』は、1日で100万本が売れる大ブームを巻き起こした。

保険ローン

笹子が埼玉銀行に入行した1985年に5％あった公定歩合も、87年には2・5％まで半減した。日銀の政策により、預かったお金と貸し出すお金の金利差で銀行が利益をあげるのがむずかしくなっていた。たとえゼロコンマ数％のわずかな差でも、銀行全体では億単位のちがいになってくる。そのうえ1980年代になって銀行が参入した住宅ローンは、一巡して頭打ちになってきたとの現場感覚があった。減った分をなんとか取り戻そうとあがく埼玉銀行は、融資一体型変額保険という金融の自由化の流れを受けて生まれた商品に力を入れはじめた。住宅ローンと並ぶ、大口融資になると期待されていた。死亡生命保険金を担保に銀行から借りたお金で保険料を一括で支払い、生命保険会社が運用する仕組みだった。不動産を扱う住宅ローンに対し、保険を扱うことから行員は変額保険を保険ローンと呼んでいた。

地価がピークに達するなか、変額保険は相続税対策の目玉とされた。積立定期は預け入れ金額の少ないうちは、たいして利息がつかない。満期が近づいてお金が増え、ようやくうまみが出る。その点、まとまったお金で運用する変額保険は、利息が大きくなる。いまのところ９％で運用されているが、２桁の高利回りも期待できる。

「相続税対策に、とてもいい保険ができました。死亡生命保険金を担保にご融資します。まず一括で保険金をお支払いいただき、月々ご返済するかたちにしたらお得です。定期預金と支払う金額は同じでも、満期受け取り金は倍ちがってきます」

笹子は熱心に営業して回った。支店で1番をめざしていた。農家や商店主ら自営業者がおもな対象だった。債務控除できるので、借入金が多ければ多いほど節税につながる。好景気は10年、20年とつづくと予想され、絶対に損はしない。まんがいちの場合でも保険金が下りて負債は全額完済できる。最悪の場合は国が補償してくれる。第一、銀行がつぶれるはずがない。いいとこずくめだと説明した。商いには浮き沈みがあるのを肌で知る自営業者は景気が停滞したり、商売が傾いたら貯金を切り崩して生活するため、こつこつお金を貯めていた。10万円単位の大きな額を積み立てる人もいた。そうした人に変額保険への切り替えを勧めたのである。

詳しい仕組みはわからなくとも、お金のプロである銀行員に有利だと言われたら、疑う余地はまったくない。融資を受けるのにあれだけきびしく審査をする銀行が、リスクのあることをするはずがない。保険会社なら堅実に運用してくれるだろう。銀行と保険会社がタッグを組めば最強だ。銀行がつぶれるはずがないし、保険会社が嘘をつくはずがない。だれもがそう信じていた。金融業界は就職先として人気のピークにあり、２位の東京海上火災を筆頭に、日本生命保険、住友銀行、富士銀行、三和銀行、第一生命保険と、銀行と保険会社を合わせて6社がベスト10入りしていた（1988年文系）。

保険ローンで取り扱う変額保険は1950年代、インフレでお金の価値が下がっても、受け取る保険金を下げないためにはどうすればよいかとの発想で考案された。研究と議論が重ねられたが、高度経済成長期のインフレ率が高すぎて、机上の空論で終わった。それが1986年になって金融の自由化で日の目を見る。当初、保険会社は変額保険に対し、きわめて慎重な態度をとっていた。従来の保険とちがい、高い利回りが期待される反面、名前の通りに満期保険金額が変わるうえ、解約払戻金の最低保障がないからである。保険外交員には資格試験を受けさせ、契約者にリスクをきちんと説明できる体制を整えた。

この時期、変額保険のほかにもスーパーMMC（市場金利連動型預金）といったこれまでにない金融商品が登場した。国の規制緩和による金融自由化が引き金だった。いずれも普通預金や定期預金など、従来の預金に比べて仕組みが複雑で、銀行員の説明を聞いても、正確に理解するのは容易ではなかった。契約書に細かな字で書かれた注意書きも見落としがちだ。新聞や雑誌の解説を参考にするにも、たいていいいことしか書いていない。広告代理店の力が強まるにともない、記事と広告の垣根が曖昧になっていた。

変額保険も人気の一時払い養老保険より有利だとメディアは煽った。事実、株式と公社債を中心とする有価証券を運用し、販売のはじまる1986年、最高50％の高い利回りを誇った。87年前半も最高40％に達している。保険というより財テク商品として注目され、養老保険から切り替える人が相次いだ。しかし、87年のブラックマンデーを機に運用実績がマイナスに転じ、ほとんど売れなくなる。なぜかその変額保険に埼玉銀行は目をつけ、相続対策に結びつけた。

お金を貸し、保険を売る。保険ローンは本来、性格の異なるものが一体化していた。銀行にとっては融資ができればよいので、保険の詳細は二の次になりがちだった。保険会社から手数料が入り、協力預金もある。建前では保険の外交員が対面で説明することになっていたが、銀行員が代行してすませることが多かった。保険会社にとってはリスクが契約者の側にある変動保険は魅力的で、おまけに銀行が営業を肩代わりしてくれる。銀行と保険会社にはメリットしかなく、デメリットは伏せられた。

株価の下落を避けたい共通の思惑もあった。銀行は1988年に世界的な導入が合意された自己資本比率規制（BIS）をクリアするため、保有する株が上がるのを期待した。保険会社はブラックマンデーによる外国債券の含み損を株式で補いたい。さらに国は国で日本発の世界恐慌を食い止め、税収を確保したい。三者の思惑が絡み合い、株価は年を追うごとに上昇した。1985年のプラザ合意時には1万2000円台だった日経平均株価は87年に倍の2万5000円台に、88年には3万円台になり、さらに上がる気配だった。日本製品が世界を席巻しているなか、だれもが当然だと受け止めた。

ダマテン

変額保険の契約を次々にとってきた笹子は、並み居る先輩行員をさしおき、トップセールスに並んだ。とはいえ入行以来、曲がりなりにも営業成績を上げてこられたのは、埼玉銀行が篤く信頼されているのが大きかった。サイギンさんなら任せられる。埼玉県がバックについている。銀行員が騙すはずがない。だれもが信じ切っていた。定期預金を頼んでも、クレジットカードを無理強いしても、いつも願いを聞いてくれた。それもこれも銀行と地域に生きる人びとに強い結びつきがあったからだった。大手都市銀行の華やいだ雰囲気とはちがって地味だが、かえって安心を勝ち取る心理的な要因となっていた。銀行は金庫のようなもので、お金を守ってくれるうえ、利息までつけてくれる。正義の味方の銀行員が、人を嵌めるはずがない。証券会社とちがい、勝手に人のお金に手をつけるはずがない。

その銀行が態度を180度、変えていた。善意につけ込み、何食わぬ顔でハイリスクなものを、定期預金と並べて営業していた。同じ銀行とはとても思えない豹変ぶりだった。外貨預金や証券会社の投資信託ならだれもが警戒する。いくら儲かると言われても、ハイリスク・ハイリターンだと受けとめられる。しかし、銀行員の勧めとあれば、たとえ不確かなものであっても、手堅いと信じてしまう。埼玉銀行が相続対策として売り出したのは変額保険だけではない。建設会社と組んでホテルのオーナーズシステムを不動産小口化商品として扱いはじめ、年収の10倍、場合によっては100倍もの過剰融資をおこなった。なりふり構わず、銀行のもつ信用創造を最大限に拡大していた。

「お前ら、あんなものを売って、あとでどうなるのかわかっているのか？　銀行が保険金詐欺まがいなことをして、気でも触れたのか？」

保険の代理店業務を日専連のときから引き続きしていた笹子の父は、変額保険は銀行にお金を借り、株をやっているのも同然だと問題の本質を鋭く見抜き、リスクを顧客にきちんと説明しているのか心配していた。従来の積立預金とちがって有価証券で運用する変額保険は、相場が下がればマイナスになる。元本割れするリスクもあり、そう簡単には中途解約ができないのだ。

「いや、俺は集めるんだよ！　トップセールスを取ってやる！　上に命令されてるんだから、仕方ないじゃないか！」

銀行は問題点やリスクをきちんと説明することで、得意先と長年のいい関係を築いてきたはずだった。にもかかわらず、目先の営業成績を上げるのに、口が裂けても言えないことが増えていた。わけのわからないものを押し付けるうしろめたい気持ちをひた隠し、得意先に契約を迫らざるをえなかった。それが命令だった。それが仕事だった。上の言いつけは絶対である。成績の悪い行員は、人目のつかない金庫室に連れて行かれて上司に殴られ、そのまま閉じ込められたりもした。暴走したエリートたちが、子どものお仕置きのような真似を平気でしたのである。

「自営業の人を罠にはめては駄目だ。すぐに追い詰められ、みんな首を吊るしかなくなるぞ。まさか銀行が悪魔に魂を売り渡すとは思いもしなかったよ。そんなんじゃ株屋や豆屋と同じじゃないか」

「豆屋」は商品先物業者を揶揄する父の言い回しだった。

人を騙してまで変額保険を勧めながら、笹子は不特定多数の相手をする対面仕事に神経をすり減らし、だんだん耐えられなくなっていた。客が難儀するのがわかっていても、営業成績にはこだわりたい。自己矛盾は広がるばかりだった。

面と向かえばトラブルも出てくる。飯能支店で紹介した野村證券の同期のことでも、客に非難されていた。

「ダマテン野郎、勝手に株を売りやがったんだよ。儲かったと思ったら、推奨株に変えておきましたなんて、平気でぬかしやがる。お前が紹介したんだろ。いますぐ弁償しろ」

黙って転売する。略してダマテン。業界用語だが、雑誌かなにかで聞きかじったらしかった。株はあくまで投資で、儲かりもすれば、損もする。むしろ損をするほうが圧倒的に多い。それなのに任せておけばお金が黙っていても勝手に増えると思われている。定期預金と同じようなものだと信じ切っている。投資は自己責任との感覚をもてずに手を出す人に限って、大やけどしていた。同期についても、きっとなにか誤解しているのだろう。

ＮＴＴ株が上場した時期を境に、「働き蜂」「エコノミック・アニマル」と言われた日本人像がすっかり様変わりしていた。株なら預金の利息より大きく、２倍、３倍に膨らむ。６倍、７倍、うまくいけば10倍に化ける銘柄もある。働かずして大金を手に入れ、家を新築した人がいる、高級車に乗り換えた人がいる、世界１周旅行に出かけた人がいる。噂が噂を呼び、だれもがきっと自分もうまくいくはずだと惑わされた。政治家も未公開株で莫大な利益を上げた、リクルート疑惑の渦中にいた。

融資一体型変額保険のからくりに気づいた大蔵省は、発売禁止を指導する。上司はめげずに、かけこみで積み立て定期をすべて変額保険に変えてこいと煽った。期待に応え、笹子はさらに何十件と契約をとってきた。リスクがあるとも知らず、みな銀行を信じ切っていた。

つぶし

銀行員としての行く末に、笹子は限界を感じていた。悶々としていたら、野村證券の同期に人材紹介会社の存在を教えられた。

「実力社会の世の中、一生同じ会社に勤める時代はもう終わったんだ。よりよい条件の引き抜きがあれば、すぐに移ればいい。紹介してやるから、お前も登録してこいよ」

終身雇用と年功序列、企業内労働組合は日本型経営の大きな特徴だった。１９８０年代後半になってそれが大きくゆらぎ、入社したら定年まで勤め上げるのが当然だとされてきた社会で、転職がじわじわ広がっていた。労働者派遣法が１９８６年に施行され、通訳やデザイナーなど、常時雇用する必要のない専門職を中心に、この新しい働き方がすぐに受け入れられた。終身雇用でも年功序列でもない分、時給が高く設定され、自分の裁量で働けるメリットがあった。同年の男女雇用機会均等法と並び、女性の社会進出を支えるうしろ盾になった。世の中が大きく動いているなかで、笹子はすっかり取り残されている気がしてならなかった。

銀行員はきっと引く手あまたにちがいない。笹子は軽く考えていた。とりあえず登録して、気に入った会社を選べばいい。よりどりみどりのはずだ。

「銀行、ですか？　辞めないほうがいいですよ。どんな不満があるんですか？　転職しても、いいことなんてなに一つありませんよ」

人材紹介会社の事務所でおこなわれた面接で、担当者はいきなり切り出した。銀行よりいい条件の転職先を見つけるのはむずかしい。銀行員は将来が保証され、なに不自由ないはずだ。せっかく競争を勝ち抜いて就職したのだから、もっとがんばったほうがいい。銀行を辞めてまで転職するのはばかげている。担当者は人生の先輩として、諭すように言った。転職して後悔しては遅い。振り出しには戻れない。転職に失敗したケースをたくさん見てきたのだろう。

「先が見えちゃっているんです」

笹子は上司や支店長の顔を思い浮かべ、本音を口にした。週末も拘束されるタコつぼ然とした職場で、息が詰まりそうだった。稟議書を書き写すばかりで、自分の考えが活かされることもない。

「見えたほうがいいじゃないですか？　生き方が見つけられずに苦しんでいる人のほうが、いまの世の中には多いんですよ。言いにくいのですけど、実は銀行員を欲しがるところがないんです。はっきり申し上げて、銀行員はつぶしのきかない仕事なんですよ。では伺いますが、あなたにいったいなにができますか？」

銀行員はつぶしのきく、オールマイティーな仕事だと言われてきた。笹子は自分でもそう思っていただけに、面接官の言葉は意外だった。改めてなにが自分にできるか、自問してみた。お札の勘定がうまく、1度も間違えたことがない。稟議書を人一倍、早く書き写し、実態に合わせて直せる。得意先に好かれ、お茶をつきあい、のんびり世間話ができる。思いつく限りを言ってみた。

「どれも銀行以外では必要のないことですよ。お客ごと引き抜ける証券マンは、転職に有利なんです。お客がそっくりそのままくっついてくるので、外資が欲しがります」

顧客は埼玉銀行を信頼しているのであって、行員個人についているわけではない。そう考えれば、なるほど銀行員はつぶしのきかない仕事なのかもしれなかった。笹子はこれまでいかに狭い世界で生きてきたかを思い知らされていた。銀行員として約束された将来に逆らったところでどうにもならず、終身雇用の恩恵にあずかって勤め上げるしかないのかもしれないと弱気にさせられた。

「まあ、きびしいとは思いますが、探してみます。期待しないで、待っていてください」

仕事ができるとの自負も、すぐに転職先は見つかるとの自信も見事に打ち砕かれていた。むしろ自分は求められている人材ではないのかもしれない。それでもせっかくの機会をなんとか活かし、笹子は人生を変えたかった。対面仕事が怖くて怖くて仕方なかった。銀行で働きつづけたら、遅かれ早かれたいへんなことに巻き込まれてしまう。信頼してくれた客に合わせる顔がない。給料は現状維持なら文句はない。もちろん増えたほうがいいが、減るのもやむをえない。

しばらくして人材紹介会社から連絡があった。

「あなたを指名してきた会社がありました。住専です。ぴったりだと思いますよ。勤務先は都内で、おしゃれなビルに入っています。給料はいまの１・５倍、年収５００万円を提示してきましたし、いかがですか」

銀行員は数字に強く、どんな些細なことでもダブルチェックする訓練を積んでいる。１円まできっちり合うのをたしかめる癖がついている。なにごともきちんとする人はいても、いい加減にする人はいない。なによりミスをしないのが銀行員のすごいところで、ほかの業種にはそこまで鍛えられている人はいない。しかし、銀行員を集めたくとも、転職する人はなかなかいなかった。トップのヘッドハンティングはできても、普通の行員はむずかしい。強い引き合いがきたのはそのためだと人材紹介会社は説明する。

融資係で住宅ローンを担当していた笹子は、住専に転職してどういう仕事をするのか、想像がついた。住宅ローン専門になるだけで、これまでとなにも変わらない。同じように稟議書を書く日々なのは目に見えている。しかも銀行では融資できないきわどい案件は、規制の緩い住専に肩代わりさせているのをさんざん見てきた。面倒が余計に増えるのは明らかだった。

「稟議という言葉を聞くのも、つらいんです。もちろん稟議書を書くのは得意です。いくらでも完璧なものをつくる自信があります。ただもうそういう仕事には耐えられません」

銀行の仕事は得意先を引き継ぎ、与えられたシマを守るのが基本だった。稟議書を写せば業務が回る仕組みができている。それなのに長年の信頼を打ち砕いてばかりいる。銀行を辞め、転職したい理由はそこに尽きた。

為替ブローカー

社会人になってまだ4年目の男に、1・5倍の年収を呈示する会社はそうあるものではない。しかし、たとえ月々の給料は住専のほうがよくても、トータルで見たら埼玉銀行に分があると笹子は冷静に分析した。充実した企業年金がこの先、保障されている。住宅ローンの金利も優遇される。全国各地に保養所があり、提携している高級旅館にも1泊3000円で泊まれる。家族の優待料金があり、笹子の両親は喜んで利用してきた。福利厚生の手厚い企業と、そうでない企業とのあいだには、年収以上の差が出てくる。目先の数字がすべてではない。

「実はもう一つ、おもしろい企業の引き合いが来ています。もっとも銀行員の行くところではないんですけどね」

もったいぶった言い方で切り出したのが為替ブローカーだった。銀行間で外国為替の売り買いを取り持つ仕事だという。ただし、年功序列と終身雇用が約束された正社員ではなく、年俸制による契約社員としての採用になる。やればやるだけ給料は上がるが、いつクビを切られるかはわからない。そのころそんな働き方をしているのは、プロ野球の選手くらいだった。

為替ブローカーにはトウキョウ フォレックス、日短エーピー、上田ハーロー、山根プレボン、八木ユーロ、メイタン・トラディション、ハトリ・マーシャル、コバヤシの合わせて8社あった。テレビのニュースで為替相場を伝える上田ハーローの名前は笹子も知っていたが、業界最大手はトウキョウ フォレックスで、2番目が日短エーピー、そして上田ハーローがつづいた。これら上位の会社は基本、中途採用の募集をしていなかった。

大学生のときに出かけた海外旅行で為替に強い興味をもったのを思い出し、住専より惹かれるものがあった。手はじめに八木ユーロの面接を受けた。大阪にある八木短資とロンドンのユーロブローカーとの合弁会社だった。外国為替を取り扱うのに、日本の会社と海外の業者でタッグを組んでいた。

「来月からきていいよ。銀行員を辞めてうちにくるのはいいけど、2度と辞めるんじゃないよ」

とても投げやりで事務的な面接だった。会社の雰囲気や業務内容を知りたいのに、居丈高でまともに相手をしてくれない。さすがにこれはないと笹子は感じた。為替ブローカー業界は人手不足らしく、ほかにも引き合いが来ていた。メイタン・トラディションというカタカナ名の会社で、てっきり外資かと思ったら、やはり日本と海外の合弁会社だった。メイタンは名古屋短資の略で、トラディションはスイスの会社である。八木ユーロとちがい、三人がかりで笹子を面接した。東京銀行と東海銀行、それに日銀の出向者なのだが、どうも様子がおかしい。

「あのね、君。銀行に入ってまだ間もないんだから、ご両親が悲しむよ。もっとがんばりなさい」

東京銀行の人が言ったと思えば、

「いますぐ帰って、銀行業務に戻りなさい。来年でも、再来年でも、どうしてもだめだと思ったら、また来なさい。こんな会社、バカでも採用されるんだから」

東海銀行の人が畳みかけてきた。出向者とはいえ自分の勤めている会社をそこまで卑下するのが解せなかった。ほんとうに銀行勤めの長い先輩が見下さざるをえない仕事なのか、笹子ははかりかねていた。だいたい面接するのが全員、銀行からの出向者というのも妙である。どうも経営陣は出向者でしめられているらしいのだ。なんて答えればよいのかわからずに戸惑っていると、「そうはいっても、辞めたいと言っていますし」と日銀の出向者が笹子の気持ちを汲み、業務内容をていねいに説明したうえで、社内を案内してくれた。殺気立った男たちが電話の受話器を何本も手にし、なにやら叫んでいた。なにを言っているのかはっきり聞き取れないが、売りの希望と買いの希望を結びつけているのだという。青果市場の競りや証券取引所の立会場に似た雰囲気を感じた。ほかにも各部署の仕事内容を教えてくれるものの、聞いてもよくわからず、黙ってうなずくしかなかった。

面接の帰り、人材紹介会社の人に八木ユーロは採用だと聞かされた。いつ来てもかまわないと言われても、面接の印象が悪く、働きたいとは思えなかった。親切にしてくれたメイタン・トラディションのほうが気になったが、面接で言われたのと同じことを言われた。合格だけど不合格だと言われ、かえって奮起させられた。

埼玉銀行の内定を受け、人生は上がったのも同然だと錯覚させられた。年功序列を守り、この仕組みを敬えば先々の長い幸せにつながり、銀行員としての未来は約束されている。疑いをはさむ余地はどこにもない。指示通りにしていれば、順繰りに出世していく。余計なことはなにも考えなくていい。

「辞める？　お前、なにかしでかしたのか？」

笹子が辞表を渡すと、上司は言葉を失っていた。横領を疑われ、取引先となにかあったのかと勘ぐられた。不祥事でも起こさない限り、銀行を辞める人はこれまで支店にはいなかった。定年退職するか、寿退社するか、どちらかしかありえない。支店長の責任問題になりかねず、引き留め工作がはじまった。支店中、上を下への大騒ぎである。気持ちをひるがえすように、会う人ごと、口々に説得された。

「人生、成功しているのに、どうしてここで辞めるんだ？　行内事情がいろいろ見えてきたのもあるだろうけど、もう少しがんばってみろよ」

きびしく言う人もいれば、なだめすかして言う人もいた。安定した銀行員を辞めて転職してもうまくいくはずがない。支店が勤まらないのでは社会人失格だ。

「おれたちは死ぬまでお金に困らないのが決まっているのに、聞いたこともないちっぽけなところに行って大丈夫なのか？」

同期に心配される裏で、女子行員に手を出し、いるにいられなくなったとの噂が行内に流れた。だれもが真意を推し測りかね、常々感じていた変額保険への問題意識を共有する行員はいなかった。そんな姿勢だからだめなのだと、笹子は銀行に未練を感じることはまったくなかった。

第3章

ブローカー

1988 ~ 1998

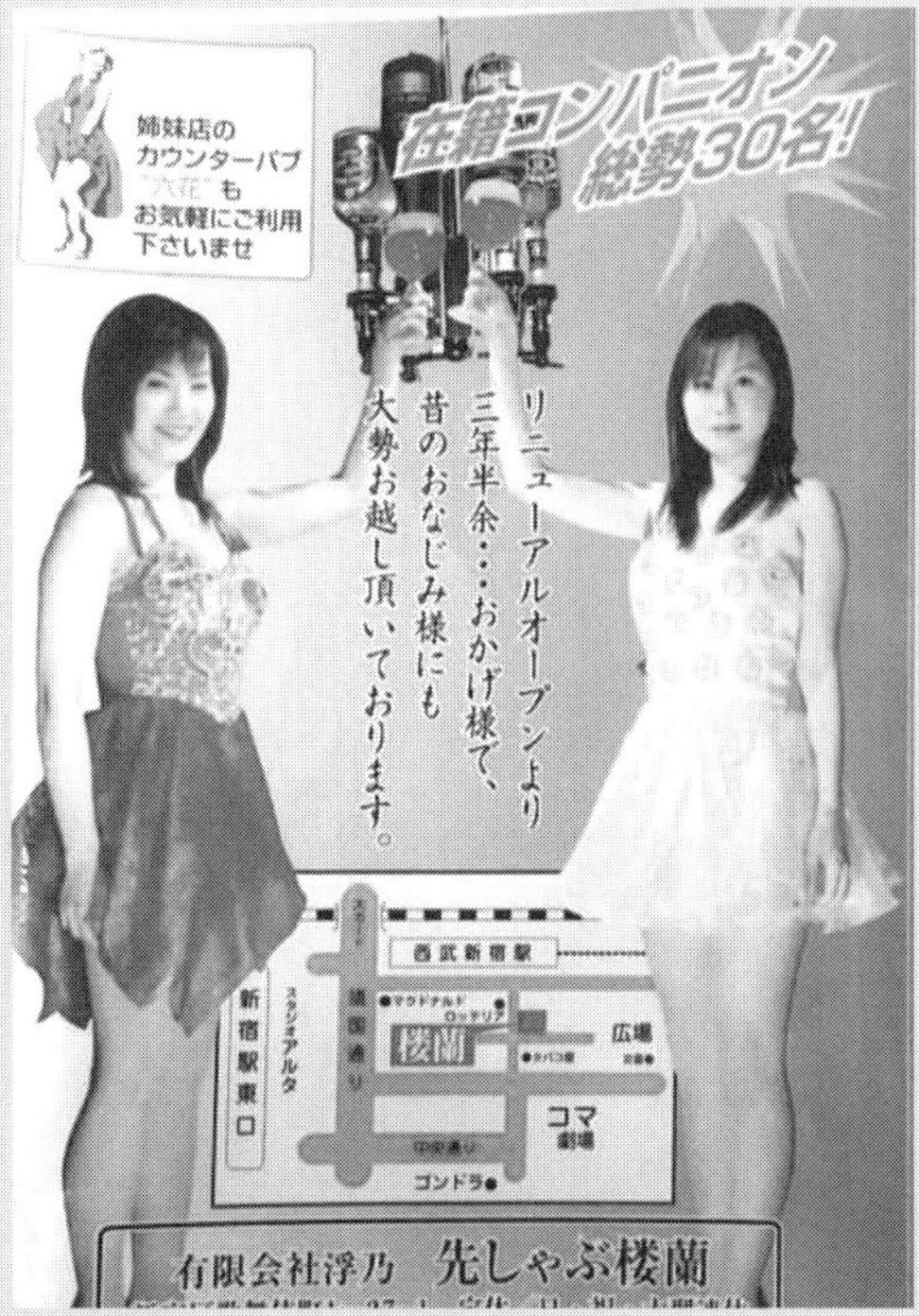

当時の「ノーパンしゃぶしゃぶ」のチラシと会員権

平成へ

1988年9月に昭和天皇の重体が報じられ、日本中が自粛ムードに包まれた。皇居には記帳で訪れた人で長蛇の列ができ、異様に張り詰めた空気が街に漂っていた。祭りが各地で中止になり、芸能人の結婚式が延期された。娯楽番組が打ち切られ、テレビCMが差し替えられた。プロ野球は祝勝会のビールかけをやめ、スーパーの弁当売り場から赤飯が消えた。企業は服装を地味にする訓示を社員にした。埼玉銀行でもまんいちに備え、崩御を悔やむ大きな看板が各支店に配られた。人目をはばかって外回りの営業を控え、行内で仕事した。漠然とした日々が静かに、狂信的に過ぎていった。

埼玉銀行は都市銀行とはいっても、あくまで埼玉県を地盤にした銀行で、13行のなかではいちばん下位のグループに位置していた。しかし、外国為替取引の業界では大きなお金を動かしていることで知られた。同じ序列の協和銀行や大和銀行を大きく上回り、住友銀行などトップグループと肩を並べるほどである。支店で地味に外回りの営業をしていては見えてこない、埼玉銀行のもう一つの顔だった。

メイタン・トラディションにとっても埼玉銀行は重要な取引先で、笹子の転職にあたって引き抜いたと誤解されるのではないかとの懸念が役員のあいだで出た。取引に影響があるかもしれず、採用を見直すべきだとの意見もあった。ちょっとした気遣いに、銀行と為替ブローカーの関係が見て取れた。それで埼玉銀行の担当にならないこと、埼玉銀行に転職先を言わないことが採用の条件に加えられた。面接した日銀と東海銀行の出向者が笹子を買っていた。

辞めてすぐだと埼玉銀行と揉めるかもしれず、4月出社にするとの連絡がほどなく人事部からあった。せっかく3カ月も休めるのなら、海外旅行に出かけたいと笹子は思い立つ。アメリカとヨーロッパは回ったので、アジアの国々がいい。アフリカも旅してみたい。銀行では働きづめで、お金を使う時間もなかった。1週間もしないうちにまた電話があり、出社は来週からになったと告げられた。だれかが辞め、人が足らなくなったらしい。

時間は限られているがせっかくなので近場で妥協し、香港に出かけた。予定はとくになかった。観光したいところもない。飯能支店で仲のよかった女子行員に、シャネルのバックを頼まれていたのが用事といえば用事だった。雑誌『Ｈａｎａｋｏ』でブームに火がつき、女性はこぞって欲しがった。日本にはまだ直営のブティックがなく、イギリスの統治下にある香港で観光がてら海外ブランドの旗艦店を見て回るのが定番だった。

香港で見る日本は、はるか北に、群島としてぽつんと浮かんでいた。その距離感は、東京で思い浮かべるサハリンに似ていた。細長い島影も、なんだか相似をなしている。とても寒そうで、なによりさびしそうだった。それに引き替え香港は、中国、ベトナム、ラオス、カンボジア、タイなどの国々と陸つづきで、台湾やフィリピンが目前の海に浮かぶ。さらに先にはシンガポール、マレーシア、インドネシアがある。ただ沖縄の島々だけが、アジアの仲間に見えた。日本では気づけない地理感覚が新鮮だった。

年が明けて天皇が崩御し、元号が昭和から平成になった。新たな時代は変化の多い1年ではじまった。銀行の完全週休2日制がはじまり、土曜日も毎週休みになった。１９８７年の労働基準法改正で48時間だった1週間の法定労働時間が最長40時間に変更され、1日あたりの上限が8時間に決められたことで、自ずと週休2日になった。不公平が出るとの声が強まり、ＡＴＭの機械ごとに並んでいたのを1列に並ぶルールもできた。

また、消費税がこの年に導入され、当初は3％だった。直接税と間接税のバランスをとるのが目的で、物品税や娯楽施設利用税、トランプ類税が廃止され、酒税やたばこ税が改正された。もっとも恩恵を受けたのが自動車で、税負担が大幅に減った。もともと3ナンバーの乗用車には23％、5ナンバーには１８・

5％、軽乗用車には15・5％の物品税がかかっていたのが、3％の消費税に取って代わられた。実質的な値下がりにより、自動車の新車登録台数は1988年の672万台から89年の726万台に急増し、90年の778万台でピークを迎える（乗用車・軽自動車・トラック・バス。日本自動車販売協会連合会と全国軽自動車協会連合会のデータを合算）。勢いに乗って1989年に登場したのがトヨタのセルシオだった。1960年代にアメリカに進出して30年が経ち、安くて壊れにくいので人気だった日本の自動車メーカーが、世界に認められる高級車を生み出すまでになっていた。イギリスのジャガーがセルシオをばらばらにして研究し、開発に活かしたことが話題になった。

世界のトップメーカーを追い越した手応えを、当然のものとして日本中が酔いしれた。日本の技術はまだまだ好景気を牽引する。給料は上がりつづける。土地はもっと値上がる。お金がお金を生む。勢いは止まらず、暮れの12月29日には日経平均株価が3万8957円44銭をつける。年明けには4万円の大台に乗ると見られていた。5万円台になるとする経済評論家もいた。漫画家わたせせいぞう（1945～）の描くおしゃれなイラストが時代の空気に妙にフィットしていたバブルの真っ直中に、笹子は外国為替業界に転職した。ちょうど沢田研二（1948～）が主役を演じるテレビドラマ『ザ・ディーラー――マネー戦士の愛と野望』（1988年）が放映されるほど、為替ディーラーが脚光を浴びていた。

BtoB

メイタン・トラディションは笹子が転職する3年前、1985年に創業したまだ新しい会社だった。80年の外国為替及び外国貿易法（外為法）改正で規制が緩和され、対外取引が原則自由になったのが背景にあった。親会社の名古屋短資は1963年に名古屋で、トラディションは1959年にスイスのローザンヌで、ほぼ同時期に産声を上げている。短資会社には銀行を仲介し、短期的な資金の過不足を融通しあう役割があり、ほかに上田短資、東京短資、日本短資、山根短資、八木短資の合わせて6社あった（93年にハトリ・マーシャルが加わる)。これら短資会社が外国為替を扱うのに、外資と設立したのが為替ブローカーである。

事務所はレンガ造りの建物が威容を誇る日本銀行のすぐ近くにあり、100人あまりが働いていた。仕事場となるブローキングルームはずいぶん狭く、たいして大きくもないテーブルが置かれていた。20人近くのブローカーが1日中そこに籠もり、肩を寄せ合って仕事をするのである。初日、面接でよくしてくれた日銀の出向者が笹子を昼食に誘い、日本橋にあるウナギの老舗に行った。仕事中なのにビールで乾杯した。がんばれと言われている気がしたが、はじめのうちはとくになにをするわけでもなく、なにができるわけでもなく、ただ先輩たちの仕事ぶりを見ていて1日が終わった。来る日も来る日もそうだった。だれかが横について、手取り足取り面倒を見てくれるわけではない。だれも気に留めてくれなかった。説明を求めても、「盗め」「慣れろ」「調べろ」で終わる。そうは言われてもなにをどうしてよいのか、さっぱりわからない。早業すぎて、とても真似できそうにないのである。為替ブローカーとしてとりあえず一通りできるまでに1年かかり、一人前になるには数年を要するといわれる。長い修行にうんざりして辞める人があとを絶たず、出入りの多い職場だと面接で言われたのを笹子は思い出していた。

鉄火場のような会社だった。背広を着る者は一人もいない。ネクタイも締めていない。ブローカーは知力より体力が求められ、ラグビー部や柔道部で鍛えた屈強な体育会系が集まっていた。血の気が多く、四六時中、怒鳴り合っている。スタッフ同士で胸ぐらをつかみ合い、殴り合いになる事態もままあった。みながみな、ライバルだった。ほんの些細なことで衝突した。その雰囲気にまず圧倒された。

一人ひとりの前に、小さなボタンがいくつも並んでいた。いずれも銀行との直通電話になっていて、200近くもの回線がつながる。地方銀行だと1回線のところがほとんどだが、都市銀行は部門ごとに電話を引くので、合わせて5、6回線あるのが普通だった。取引の多い大手銀行とは、受話器をもたずに話のできるボイスボックスでやりとりする。それが5つほど、各ブローカーの目の前に備え付けられていた。ブローカーは電話の受話器をいくつも手にし、「マイン」「ユアーズ」と英語混じりに大きな声で取引を進める。部屋が狭いのは互いの声を聞き、取引の進行状況を銘々で把握するためだった。売買の注文は赤と青のマジックでホワイトボードに書いていく。赤が「買い」で、青が「売り」を意味した。売買その横に丸数字で注文が何本あるかを明記し、注文者が富士銀行なら「f」、三菱銀行なら「m」と略号を添えていく。

こうして集まる銀行の売り注文と買い注文をつなげるのがブローカーの仕事だった。取引は早い者勝ちで、だれかが銀行の注文を受けたら、ほかの人は回線のスイッチを切って重複を避けた。取引単位を1本といい、100万ドルに相当する。日本円にすれば1億円前後の大きな金額だ。それを10本、50本、あるいは100本という具合に銀行から注文が来る。大きなお金を動かすだけあり、気性の激しさでは銀行のディーラーも負けていなかった。2行が同じタイミングで注文を出しても、売買が成立するのは1組なので、だめだったほうは腹の虫が治まらない。遅い早いといっても、0・5秒とか、ほんのわずかな差しかないときもあり、銀行員がやくざまがいの口調で怒りをぶつけてくる。売買の判断をするのはあくまでディーラーで、ブローカーは手足となって動くにすぎない。転職の面接で、銀行の出向者がこぞって再考をうながしたのは、銀行を辞めてまで銀行員の下につかなくてもよいのではないかと考えてのことだった。外国為替に関する専門知識もブローカーにはたいして必要とされていない。

売買注文が集中して混乱し、ミスが頻出した。ブローカーの側に問題があれば謝罪ではすまされず、損害を埋め合わせなくてはならない。億単位のお金が動くディーリングでは、弁償するにも額が非常に大きくなる。最低でも100万円単位で、下手すれば1000万円単位である。

為替も株と同じく相場で動くのもあり、為替ブローカーの仕事は証券取引所の場立ちに似ていた。やはり身体の大きい、体育会系が多かった。場立ちは証券会社の指示を手サインでやりとりし、ペロと呼ばれる伝票を投げ入れて注文を出すのが仕事だった。早い者勝ちで、成立すれば手数料が落ちるが、他社に取られたら1銭にもならないのも為替ブローカーと同じである。いずれも手数料ビジネスで、1回の取引で数十万円から数百万円にはなる。このあたりは支店勤務の銀行員と大きくちがった。

それに為替ブローカーの仕事はB to B、つまり企業間取引で、プロ同士の駆け引きになる。一般を相手に変額保険のような訳のわからないものを押し付け、対面仕事に疲れることはない。先輩の仕事ぶりを見学しながら、為替ブローカーこそ自分の求めていた仕事であり、性格にも合っていると笹子はぼんやり感じていた。

聖徳太子

最初の1週間、ブローキングルームの片隅で見学するだけの日々がつづき、それからようやく練習がはじまった。動くお金が大きすぎて、ちょっとした間違えでも大事になる。育てる会社側も慎重だった。電話を取って大丈夫だと認められるまで、ひたすらシミュレーションをさせられた。

電話でなにをするかといえば、外国為替を買いたい銀行と売りたい銀行を探しだし、取引を結びつけていくのである。それが為替ブローカーの仕事だった。売り注文や買い注文のレート（交換比率）とアマウント（本数）を各銀行に伝えて取引相手を待ち、現われれば約定する。テレビのニュースではたとえば「現在の外国為替市場は、1ドル128円50銭から57銭のあいだで取引されています」とアナウンサーが報じるが、厳密には128円50銭の買い注文と、128円57銭の売り注文がある状況を意味する。スプレッドと呼ばれるこの金額差が小さければ小さいほど約定しやすく、反対に差が大きければ反応が薄くなり、膠着しがちになる。タイミングを見計らい、注文を流すのがブローカーの腕の見せ所だった。

頭では仕事の流れがわかったつもりでいても、身体がついていかなかった。銀行の注文を電話で取り次ぐには、片方の耳に売り手とつながる受話器を当て、もう片方の耳に買い手とつながる受話器を当てる。

その際、会話を他行に聞かれないように、ボタンを操作して相手を切り替えながら話を進めなくてはならない。しかし、一人と話すのがやっとで、売り手と買い手と同時にやりとりしているうち、耳にする言葉と話す言葉がこんがらがり、動作がちぐはぐになった。

「なにかを考えていてはだめなんだ。頭を真っ白にして、はじめて身体が自然と動くんだよ。みんながどうやっているか、よく見て盗め」

見るに見かねた上司や先輩が助言してくれるたび、どういう意味なのかをつい考えてしまい、頭を真っ白になんてできなかった。

「耳の回線をラフに開けておけばいいんだよ。そうすれば両方の耳ですべてを聞いて理解し、判断できるようになる。まあ、言ってもわからないだろうけど、とにかく早く慣れるんだな」

10人の言っている話を1度に理解して答えたと伝わる、聖徳太子みたいな技能が求められていた。しかし、理屈で考えているあいだ、事態はまったく好転しなかった。一人前のブローカーになるまでに時間がかかると言われたが、こういうことかとようやく合点がいった。

取引に英語を使うのも、英語に苦手意識のある笹子には混乱のもとだった。買いは「マイン」、売りは「ユアーズ」、取引が成立すれば「ダン」と言うのだが、はじめのうち、この人たちはなにを格好つけているのだろうと感じていた。もともと「買った」「売った」「できた」と日本語で言っていたのが、語尾の「た」しか聞こえずに誤発注になる事故が多発したのにはじまる決まりだった。

為替ブローカーは身体的な能力を最大限に発揮しなければ務まらなかった。普段は眼鏡をかけない笹子が仕事中、度のきつい眼鏡をかけ、ホワイトボードの文字を見間違えないようにしたのもそのためだった。為替相場は国内外の政治や経済、社会の状況で、潮目がいつどう変わるかわからず、仕事のあいだはトイレに行くのもはばかられた。尿意を抑えるのも為替ブローカーに求められる身体能力の一つなのである。

銀行は企業などの注文を受け、外貨の取引をする。たとえばアメリカに進出して工場をつくるには、資金をドルで調達する必要がある。工場でつくった製品が売れたら、今度はドルを円に替える注文がくる。その仲介をするのが為替ブローカーで、銀行のディーラーからの注文をひたすら処理していく。為替相場がいくらであっても依頼のあった額の外貨を調達するのがディーラーの役目で、ほとんどの場面では現在の相場がいくらかなどと悠長に考えてはいられず、取引は淡々と進んだ。1日の取引が終わった段階で、今日はよく動いて円高になった、円安に振れたと感じるくらいのものである。ニュースでは円高と円安という言葉がとかく強調されがちだが、ブローキングルームではほとんど話題にならなかった。ただし相場が動かなくなるとディーラーが注文を出さなくなるため、ブローカーも相場のおおよその動きをつかんでおく必要はあった。

為替相場は本来、貿易の需要で自ずと決まり、国ごとの経済状況を反映していた。経済力のある国の通貨が当然、強いのだが、実際には金利のちがいをはじめ、経済的な要素や政治的な思惑、社会的な事件などが複雑に絡み合い、実体経済とは懸け離れた動きを示す。為替情報が大きなニュースになる背景には、ロンドンを本拠地とする国際的な通信社ロイターの存在が大きい。報道部門の赤字を補うのに、1981年から外国為替の電子取引に参入し、経済ニュースや金融情報に力を入れたのである。『日本経済新聞』の隆盛とも軌を一にしている。

弱小

1カ月で基本的な流れをざっくり覚えた笹子は、なんとか電話に出させてもらえた。しかし、受話器を取るのが遅れてほかのブローカーに先を越されたり、ぐずぐずしているうちに相場が動いてしまい、なにもできずに1日が終わる日がつづいた。

為替ブローカーは銀行をいくつも掛け持ちで担当する。全国にある都市銀行と地方銀行をあわせ、一人あたり20行にはなる。そのなかで毎日、注文を出す銀行もあれば、散発的なところもあった。対する銀行のディーラーは8社ある為替ブローカーすべてと取引していた。シェアで見ればトウキョウフォレックス、日短エーピー、上田ハーローの大手3社で取引全体の7割から8割を占め、残りをほかの5社で奪い合った。メイタン・トラディションはなかでもいちばんの弱小で、マーケット全体で見ればわずかな注文しか集まらず、せいぜい3％あるかどうかである。都市銀行は売りも買いも扱い額が大きく、どうしても取引の多い大手ブローカーが有利になり、小さな業者には地方銀行や相互銀行が集まりがちだった。売りと買いがあって、はじめてディーリングが成立するためである。大手のスケールメリットを打ち破る鍵が、銀行の出向者だった。受け入れれば注文が来る、持ちつ持たれつの関係にあった。

メイタン・トラディションの近くに、埼玉銀行の日本橋支店があった。外国為替を扱うことから、看板にほかの支店にはない欧文表記があり、格のちがいを見せつけた。そこに笹子の同期が異動になり、ディーリングルームに配属された。新人研修でコーラを飲んで叱られた男が、いつのまにかディーラーに抜擢されたのである。さらに飯能支店の融資係で稟議書の書き方を教えてくれた上司まで転勤してきた。採用にあたって転職先を言わない約束があって知らないふりをしてきたが、ある日、ばったり二人に道で出会った。

「お前のところに注文を全部回すよ。だから接待しろ」

同期は冗談めかして言った。接待は出向者に並び、為替ブローカーが銀行から仕事をえる重要な手段だった。ブローカーの先輩たちは夜ごと飲み歩いていたが、半人前の笹子には接待するほど懇意にしているディーラーがまだいなかった。いささかさみしい気持ちもあった笹子はあるとき、埼玉銀行のボイスボックスで呼び出された。回線が切られているとばかり思っていたので、慌ててスイッチを切ろうとした。

「電話するの、面倒くさいから、こっちでいいだろ?」

「いや、ここにいるのは言っちゃいけないことになっているのに、みんなに聞こえているんですけど」

話を遮ろうにも「構わないだろ」と同期はつづけた。飲みに誘う声がブローキングルームに響く。やりとりのあと、聞き耳を立てていたチーフは埼玉銀行側が転職したのを怒っているわけでも、関係が切れたわけでもないのを知り、「お前が埼玉銀行を担当しろ」と言ってきた。このときから笹子のもとに埼玉銀行の注文が次々と舞い込み、元上司と同期が的確な指示をくれるようになった。

「上田ハーローに三菱銀行が大きな売り注文を出している。買いの注文をこれから入れる。ちょっと電話してみろ。すぐ約定できるはずだ」

為替ブローカー各社の注文が集まる銀行は、マーケット全体の動きを俯瞰できる立場にある。どんな取引がいま動いていて、出来高がいくらかもつかめている。その点、ブローカーは注文のあった取引をするだけで、目の前の動きしか見えていない。さっそく三菱銀行に連絡してみたところ、ずいぶん怪訝な反応をされた。大手の都市銀行はメイタン・トラディションなど鼻にもかけていなかった。しかし、三菱銀行の注文に合わせて埼玉銀行がすかさず買い注文を出し、売買が成立した。30本、つまりは30億円もの大きな取引だった。ビギナーズラックにしては上出来で、先輩たちは驚きのまなざしを新入りに向けた。

支店に勤める銀行員とは比べものにならないくらい、ディーラーは大きなお金を動かしていた。埼玉銀行で笹子が書いていた稟議書はせいぜい住宅ローンの5000万円止まりで、億を超える大きな金額を扱った経験はなかった。そこまでになると支店では決済できず、本部稟議になる。しかし、ディーリングの世界では平気で億単位のお金が飛び交っていた。取引単位自体、1億円を1本とするのが習わしである。地方銀行は数本程度が多いが、大手都市銀行は10本単位で注文していた。日本興業銀行は50本、東京銀行や第一勧業銀行ともなると100本も珍しくなかった。最小単位になる1本以下には「小玉」との言い換えがあった。「小玉でよろしくお願いします」と申し訳なさそうに断りを入れるのだが、それでも数千万円である。

以来、笹子は埼玉銀行1行を担当すればよくなった。それだけ大きな取引先だった。弱小のメイタン・

トラディションに注文を出すのは、埼玉銀行にとっては大きなリスクだった。取引量が大手に比べて圧倒的に少なく、思い通りに取引できないからである。それでもほかにはない変わった注文がたくさんあると評判になり、相手にしてくれなかった大手銀行も次第に注文を出すようになる。銀行出身ならではの強みを最大限に享受し、笹子は出向者と同じ立ち位置をえていた。転職に際して役員の抱いた懸念は、よい方向に転んでいた。

接待

銀行でも朝から晩まで働いていたが、為替ブローカーに転職してもっと忙しくなった。朝7時には出社して準備し、仕事が終われば夜ごと、接待に明け暮れ、家に帰る時間がなかった。

仕事は朝、ディーラーとの打ち合わせにはじまる。そこで今日は売りが多いとか、大口の買い注文があるといった予定や注意事項を確認しあう。国内の取引は株式市場▼[1]とほぼ同じ時間帯、9時から12時の前場と、13時30分から15時の後場におこなわれた。国内市場が締まったあと、海外市場がひらく。まず欧州市場が17時（夏時間は16時）、ロンドン市場が18時（同17時）、ニューヨーク市場が23時（同22時）、そしてシドニー市場が翌朝7時（同8時）にはじまる。こうして世界のどこかの市場が開いていて、月曜日の午前7時（同6時）から土曜日の午前7時（同6時）まで取引が休みなくつづく。

もっとも株式市場とは異なり、為替の市場はブローカーが取引を仲介する時間帯を便宜的に市場と呼んでいるだけで、実際には特定の取引所があるわけでも、決まった取引時間があるわけでもなく、ここに並べた時間は目安にすぎない。24時間、途絶えることのない市場であるとしたほうが実態に沿っていて、ブローキングの現場感覚ではそもそも時間の概念がないのである。

同じトラディションの会社がスイスやロンドン、ニューヨークなどにあり、ボイスボックスでつながる。海外とは英語でのやりとりになり、リンクマンと呼ばれる外国人スタッフがホワイトボードに注文を書き出し、状況をひと目でわかるようにしていく。

なにより為替ブローカーに求められているのは反射神経だった。ほんの数秒でレートが動くこともあり、もたもたしていたらディーラーに「オフ」と言われ、やりとりを取り消されてしまう。そうしたら最後、「オフ」と答え、申し出を認めなくてはならない。クレジットラインと呼ばれる信用与信枠のちがいで、取引のできない銀行もあった。都市銀行同士であれば問題なくとも、都市銀行と地方銀行には壁があった。取引が約定したら、レートや金額を書いた伝票を、随時、事務を受け持つバックオフィスに回していく。その伝票にもとづき、銀行に電話して取引内容を確認するのである。それではじめて正式な取引となり、お金のやりとりが発生する。

多いときは取引が50件、100件とつづいて伝票への記入が後回しになり、ミスが頻出した。笹子も書き漏らしを何度も繰り返し、伝票の記載を間違えた。相場の勢いにまかせているうち、能力の限界を超えていた。ダブルチェックを徹底する銀行とちがって事務フローがとくに決まっておらず、問題はいつまでも解決しなかった。

埼玉銀行には規定類集と呼ばれる、業務上の決まりごとを明文化した文書が用意されていた。100冊近くもある百科事典のようなもので、伝票の起こし方をはじめ、なにをどうすればよいか、事務フローに関する決まりが事細かに書いてあった。銀行全体でやり方や考えを共有し、組織運営をはかったのである。メイタン・トラディションにはとくに決まりはなく、それがミスをする一因だと気づき、銀行での経験を活かして簡単な確認シートをつくり、チェックした。ほんの少し工夫するだけで状況はずいぶん変わり、ミスが減った。

為替は相場で動くが、仕事は接待で動いていた。飲むのが仕事だった。接待すればするほど、注文が入ってくる。お金を使い、仕事をもらう。その繰り返しだった。13行ある都市銀行のディーラーを接待するには、一巡させるのに2週間はかかり、どうしても毎日飲み歩くことになる。担当は埼玉銀行だけとはいえ、ほかの銀行のディーラーとも密な関係が欠かせない。ブローカーの仕事は売り手と買い手がいて、はじめて成り立つからである。

会社のお金なので、互いになにも気にせず、派手に遊んだ。定番は銀座と六本木で、食事のあと、二次会でクラブに行く。食事の予算は一人あたり３万円でクラブは５万円。合わせて一晩、何十万円と使うのが普通だった。１００万円単位の手数料が入り、接待にいくらつぎ込んでも、すぐに回収できた。取引先に喜んでもらうのに趣向を凝らし、競って予約のとりにくい店や、だれも知らない珍しい店を探して予約を入れた。金融に限らず、程度の差はあれ、どの業界も接待に明け暮れ、人気店はどこもいっぱいだった。為替ブローカーが銀行のディーラーを接待し、逆はありえない。銀行の支店ではなかった、華やかな世界だった。「花の金曜日」を略して花金と呼び、金曜日は明け方まで飲み明かした。家に帰って死んだように眠り、目を覚ますのは日曜日というのが笹子の日常だった。栄養ドリンク「リゲイン」（三共、現・第一三共ヘルスケア）の広告コピー「24時間戦えますか」が、日本中の人びとの頭のなかをぐるぐる回っていた。言葉が人びとの心を縛りつけた。

夜のうちに翌日の取引が決まるといっても過言ではなく、接待のあいだにディーラーは情報を耳打ちしてきた。

「明日はここところで注文をだす。それに合わせて動け。いつも富士銀行のレートが入ってこないけど、時間になったら、担当者に連絡して少しはいいレートを回してもらえよ」

接待の効果は絶大で、露骨に一人のブローカーに取引が集中する日もあった。うまくいかずにもたもたしていても、接待の翌日は条件が甘く、約定するまで待ってもらえた。そんなときはよほどいい思いをさせたにちがいないとブローカー同士で噂し合った。

月末は挨拶がてら、銀行のディーリングルームに差し入れをした。ブローカーごとに時間を決め、おにぎりやカツサンド、ケーキをもっていくのである。接待や差し入れが横行し、ディーリングルームにいると太るとさえ言われた。お中元やお歳暮も欠かせない。3万円する伊勢エビといった高価で、見栄えのするものを贈った。デパートの外商が会社に出入りし、選りすぐった。日短エーピーは紀州の梅という具合に、会社によっては贈るものが恒例化していた。銀行のディーラーは管理職を含め、各行合わせてざっと500人はいる。しかも8社ある為替ブローカーすべてが贈るため、デパートは大きな売上げが期待できる。接待ゴルフも盛んで、予約を取る代行屋までいた。転職のときに面接をした東京銀行から出向してきた役員はほとんど毎日、各都市銀行の為替担当役員とゴルフをしていて、顔を合わせることがほとんどなかった。それもこれも手数料が高く設定されているからこそできることだった。

▼1 株式の売買立会時間には時期によって変遷があり、1950年9月~54年3月は前場が9時から11時で後場は13時から14時、54年3月~91年4月は前場が9時から11時で後場は13時から15時、91年4月~2011年11月は前場が9時から11時で後場は12時30分から15時、そして2011年から現在は前場が9時から11時30分で後場は12時30分から15時となっている。

1989

平成が幕を開けて3カ月後の春、コンクリート詰めにされた女子高生が東京湾15号埋立地（現在の若洲）で見つかった。7カ月後の夏には飯能や入間を舞台に4人の幼女を惨殺した誘拐殺人事件の犯人として、宮崎勤（1962~2008）が逮捕される。新聞社に送られた犯行声明には「所沢市」とだけ住所が記され、差出人は「今田勇子」とあった。「いまだから言う」をもじっていると推測された。弁護士の坂本堤（1956~89）一家殺害事件から、オウム真理教が暴走をはじめる。社会の歯車がすっかり狂い、膿がにじみだしていた。

世界も大きく動いていた。6月に中国で民主化を求める天安門事件が起きたのに次いで、11月にドイツでベルリンの壁が崩壊してから東欧諸国が次々に民主化し、冷戦が終わる。資本主義は社会主義に勝ったのだと日本人の多くは事態を単純に受け止めた。これで東西に分断されていた世界は一つになり、平和が訪れる。第３次世界大戦は回避された。冷戦の終結を、諸手をあげて喜んだ。希望にあふれる世界に導かれ、暮れには日経平均株価が史上最高値の３万８９５７円４４銭をつける。株や土地がいくら値上がったところで、ほとんどの者には関係なかったが、経済大国としての日本の繁栄は揺るがないとはだれもが思っていた。自粛ではじまった１９８９年はお祭り騒ぎで終わり、平成の幕開けは新たな世界の幕開けと重なった。元号は日本だけのものであるにもかかわらず、世界の歯車が噛み合い、なにかがどこかへと動き出していた。

大方の予想に反し、年を明けて株価は下がりはじめるが、「バブル」という言葉が流行語になり、好景気が盛んに喧伝された。ピークはとうに過ぎていたにもかかわらず、メディアはいつも遅れて事態に反応するものだ。いや、自らつくりだしたものをまるで他人事のように客観的に書き出したとするほうが実態に合っている。流行現象などを追うメディアの宿命だが、かつてそうして戦争協力をしたのである。

地価の高騰により、都心の戸建て住宅やマンションには軒並み億単位の値段がついた。1億円で売りに出た公団の一戸建ても、約80倍の高倍率となった。一方で新所沢団地は老朽化により、建て替えがはじまった。高齢化した古い住人には暮らしを立てるのが困難になるとの理由で、団地の自治会は長らく家賃の値上げや公団の民営化に対する反対運動を展開していたが、わずか30年であっけなく取り壊され、モダンな印象のあった街並みが一変していく。81年に日本住宅公団から改称された住宅・都市整備公団が担い手だった。

銀行も変わりはじめた。最初の異変は岡山に風変わりな名前の銀行が誕生したことだった。山陽相互銀行が１９８９年、普通銀行になった際、トマト銀行と改称したのである。１９９０年には太陽神戸銀行と三井銀行が合併し、太陽神戸三井銀行になった。単に名前が並ぶ長い行名に、複雑な行内事情がにじみ出ていた。金融の国際化が目的だと報じられた。それがなにを意味するのか、具体的にははっきりせず、せいぜい海外支店ができるくらいのイメージだった。この時期、日々の生活で銀行の存在感が強まっていた。給料の振り込みや公共料金の自動引き落としが当たり前になり、クレジットカードを使う機会も増えた。銀行はリテールという言葉を盛んに使いだすが、日常の会話では使われないカタカナ言葉がなにかを隠し、見えにくくしていた。

ゾーンと呼ばれた新宿の広い空き地（都有5号地）に東京都庁舎が少しずつ姿をあらわにしたのもこの年で、バブルの塔と呼ばれた。

「ここに都庁が建ってしまったら、きれいな夕陽ともさよならしなくてはならなくなる。ｚｏｎｅを失いたくない」

工事がはじまる前、都庁が建つ敷地を見下ろす歩道の欄干に落書きがされていた。ゾーンは１９８３年、甲斐バンドがライブをおこない、３万人が集まったことで知られた。そこに地上48階地下３階建てのビルがまたたくまにできた。街が、東京が生き急いでいた。有楽町から移転して、都庁職員の意識は一変した。47都道府県の東京が、世界の東京になるのである。そのなかで１９８０年代までは声高に叫ばれていた地方自治という言葉が影を潜め、気づくとあまり耳にしなくなった。

ライフスタイルも変わり、結婚しても仕事を辞めず、子どもはつくらない価値観が広がっていた。ダブルインカム・ノーキッズの略で「ＤＩＮＫｓ（ディンクス）」と呼ばれ、子どものいない共働き夫婦を意味した。子どもを育てるには最低でも20年はかかる。その分、責任があり、お金が要る。それよりずっと恋人気分で楽しく遊び、人生を謳歌したい。男女雇用機会均等法の成立で女性の意識が大きく変わり、結婚したら家庭に入る親の世代の価値観が崩れていた。社会が急速に、確実に変わっていた。自然とそうなったのもあるし、メディアの影響も大きかった。

他通貨

為替ブローカーの仕事はもっぱら外貨を調達する取引で知られるが、笹子は外国為替のなかでも複雑な計算が要求される金利の取引を得意としていた。為替より手数料が高い分、儲けの多いマーケットだった。金利と一口にいっても、1日、トゥモローネクスト（約定日の翌営業日にはじまり、翌々営業日に取引が終わる）、ワンウィーク、1カ月、2カ月、3カ月、半年、1年と、細かく設定されていた。期間が長ければ長いほど金利がかさむわけだが、そこにディーリングの入り込む余地がでてくる。短期・長期の金利をうまく組み合わせたり、金利の安い国でお金を調達して金利の高い国で貸し出すなど、隙間を縫って利益を生み出していくのである。

なにをどう組み合わせるかはディーラーの判断で、ブローカーはあくまで注文を受ける立場にある。しかし、笹子はより積極的に動いてみた。日ごろの取引状況でディーラー一人ひとりの関心を予測し、だれも思いつかない提案をしたのだ。得意の数学を活かして一手間も二手間もかけ、自分の頭で考え、収益を細かく計算し、複雑に組み合わせたパッケージを練り上げた。そのうえで手数料の一部を無料にするといった営業面での工夫をし、収益を増やそうとした。金利は貿易収支や雇用統計といった指標に応じて変わる局面が多く、順次、手を加えていくのも怠らなかった。

為替は公明正大なマーケットだと笹子は常々、感じていた。世界中で取引され、土日を除く24時間動いている。どう動くかははっきりしないが、世界情勢が安定していれば大きく動くことはなく、動くにしてもなめらかだ。逆に社会が不安定になれば動きが大きくなる。市場の規模が大きすぎて、インサイダー取引はまずありえない。国が介入して動かすのもむずかしい。一時的には狙い通りに反応しても、歪みは必ず来る。株と性格が大きく異なる点だった。

為替ブローカー各社の取引状況を可視化するため、笹子は埼玉銀行の同期に頼み、各銀行の売買情報をひそかにファックスしてもらった。業界下位に甘んじている状況が具体的な数字をともなって見えてくることで、もっとがんばろうと意識を高めるブローカーも現われる。業界でのシェアが少しずつ上がるほどの効果があった。アイデアを次々に出す笹子を役員は高く評価し、広報の窓口に抜擢する。取材を受けても専門的な知識を備えている記者は稀で、為替に関するごく基本から仕組みを説明せざるをえなかった。的外れな質問ばかり聞いてくる記者もいた。できる記者はどうも株式に配属され、為替には大学を卒業したての新人が回されるらしかった。笹子が冗談半分、でまかせに言った相場情報が、裏取りもせず、そのまま記事になることもあった。ベテランはベテランで、こうしたい、こうなるだろう、こうすべきだと変に読者を誘導する記事を書きがちだった。メディアの為替情報は時にマーケットを混乱させたが、どうしてそんなことが起きるのか、舞台裏を見る気がした。

いつしか並み居る先輩をさしおいて稼ぎ頭となった笹子は、ブローキングルームをリードするまでになっていた。転職したばかりのころ、習うより慣れろと言われながら、早く仕事を覚え、先輩たちに追いつかなくてはと焦っていた日々が嘘のようだった。社内事情が見えてくるにしたがい、大きな声を張り上げているブローカーが実はたいして約定していないのにも気づかされた。「盗め」などと言っていたのは、合理的に説明できるほどにはわかっていないのを、体よくごまかしていただけだったのである。

「もういい加減にしてくださいよ。いつもレートをもってくるのはぼくばかりで、あなたたちはなにをしているんですか」

中途採用の笹子が年俸制であるのに対し、ほかのブローカーは給料制のサラリーマンで、手数料をいくら稼いだところで、年収は大きく変わらない。笹子は先輩に食ってかかり、先輩は先輩で笹子は生意気だと腹を立てた。埼玉銀行から送られる売買情報で担当者の優劣がはっきりし、これまでうやむやにすまされてきた不満を見過ごせなくなるなか、溝が広まっていた。東京銀行から出向してきた役員が見かねて割って入った。

「新しいセクションをつくって、お前はそっちに移れ。ドルはもう卒業だ。お前がチーフになって、好きな奴を5人でも6人でも連れてはじめろ」

その一言で笹子は他通貨セクションを立ち上げることになった。ドイツのマルクやイギリスのポンド、スイスのフラン、イタリアのリラなど、円とドル以外の通貨を扱う部署である。大手の為替ブローカーが独占し、メイタン・トラディションはまだ参入していなかった。チームに選んだのは入社して間もない、トレーニング中の新人だった。電話も満足にとれないので、役員は不安を隠さなかった。

「どうせろくに使えない奴しかここにはいないんで、この4人でいいですよ」

日ごろの鬱憤から啖呵を切った笹子が最初の結婚をしたのはそんな折、30歳のときだった。式に招いた150人ほどのうち、30人が銀行のディーラーだった。仕事を休めないので、新婚旅行はディーラーの夏休みに合わせた。相手は埼玉銀行のひばりヶ丘支店で一緒だった女性で、6歳年下の同期だった。銀行員と結婚するために入行する女性が少なくなかったが、二人ともすでに銀行は辞めていた。結婚しても子どもはつくらず、自由に生きたいとお互い考えていた。旅行やスキーをして楽しみたいが、子どもができたら遊べなくなる。彼女の実家は自動車で使うベアリングをつくる町工場だった。高い精度が求められ、そこでしかできないモノを、誇りをもってつくっていた。実力ある職人気質の町工場がこのころはまだ、かろうじて大切にされていた。

外資

新たなセクションを立ち上げるにはまず銀行とかけあい、他通貨を担当するディーリングルームとダイレクトラインと呼ばれる直通回線を引かなくてはならなかった。埼玉銀行はすぐに了承してくれた。出向者のいる東京銀行も問題ない。ほかの都市銀行はメイタン・トラディションを見下し、相手にしてくれなかった。他通貨はドルに比べてはるかに小さなマーケットで、大手で十分、間に合っている。失意のなかで太陽神戸三井銀行が手をさしのべてきた。

「ああ、いいよ。サポートしてやるよ」

太陽神戸銀行と三井銀行が合併してまだ日が浅かったが、三井銀行には弱きを助け強きをくじく気っ風が他行に比べて強かった。同じに見えても、銀行にはそれぞれ明確なカラーがあり、その多様性が日本の経済を支えていた。ある銀行で融資を断られても、別の銀行には認められる可能性があったのである。なんとか集まった3行を相手に、他通貨セクションを旗揚げした。笹子に思い入れのある埼玉銀行と太陽神戸三井銀行は注文をどんどん出してくれたが、出向者絡みの東京銀行は傍観していた。2行ではなかなか約定にまでこぎ着けず、見かねた太陽神戸三井銀行のディーラーが助け船を出してきた。

「住友銀行がなにかやろうとしているぞ。すぐに電話してみろ」

そうは言われても直通回線がなければ連絡はとれない。すると「外線でいい。やってみろ」とはっぱをかけてくる。ディーリングルームの電話番号はわからないので、仕方なく代表番号にかけ、回してもらった。つながった電話口にドイツ・マルクの取引を持ちかけた。

「なんだ、お前？　外線での注文なんて受けてないぞ」

電話を切られそうになるが、思い直したのか、レートを尋ねてきた。そこでいくつか手持ちを紹介したところ、「すごいな、お前。ちょっと来い」と呼ばれた。すぐに取引できたわけではなかったが、ダイレクトラインの申込書を渡された。何度か行き来しているうち、「今日、回線がつながる。現場の担当者にプライスを流すように伝えろ」と言われた。どうやら笹子を営業スタッフと勘違いしていたらしい。改めて自分が他通貨セクションのチーフだと自己紹介したところ、ブローカー自ら営業に出るのは普通ありえず、ひどく驚かれた。

金融業界全体がある意味、ルートセールスで成り立っていた。銀行では稟議書を書き写すのが仕事だったが、為替ブローカーは直通回線のボタンを押せばいい。新たに開拓しなくとも、すでに取引実績のある銀行とうまくやっていれば黙っていても仕事は回る。銀行と同じく、為替ブローカーも序列が変わるのを嫌った。既得権益が強固に守られるなか、大手は大手で安泰で、弱小はいつまで経っても弱小のままだった。しかし、営業してはいけないとのルールはどこにもなく、いとわずやれば現状を変えられるのを笹子は実践してみせていた。１９８０年代まではさまざまな参入障壁に阻まれていた外資が日本のビジネス環境を、根元から変えようとしていた。メイタン・トラディションで働く外国人のブローカーにとって、日本ならではの慣例や暗黙の了解も、昔ながらの年功序列も、別にどうでもいいことだった。

他通貨セクションの仕事はヨーロッパ市場がひらく日本時間の17時（夏時間は16時）にはじまり、ロンドン市場が閉まる2時（同1時）に終わる。そして接待で飲みに行き、4時に帰宅する。六本木に明け方までやっているスタンディングバーがあり、テレトートという為替をチェックできる情報端末を備え付けていることから、ディーラーの溜まり場になっていた。外国人ホステスのつく高級クラブも夜通しで営業していた。少し仮眠してシドニー市場のはじまる朝7時（同8時）までに会社に行き、取引に備える毎日を過ごした。新婚とはいえ笹子にとって家は寝るだけの場所だった。不眠不休でがんばった甲斐あり、素人同然の新人と他通貨セクションを立ち上げ、またたくまに業界トップに躍り出た。０からのスタートで50％以上のシェアをとり、「独占禁止法違反」と冷やかされた。

西ドイツと東ドイツが１９９０年に再統一し、ドイツ・マルクが大きな市場になったのが追い風になっていた。笹子ひとりで毎月コンスタントに６０００万円台の手数料を売上げ、1億円を超える月も珍しくなかった。それにともない、接待はよりいっそう派手になる。身体は一つなので、埼玉銀行の同期だったディーラーには好きに飲み食いしてもらい、メイタン・トラディション宛ての領収書を切って送ってもらっていた。いい加減なことをしていたので、同じ日付のものを何枚も請求しては、総務に問いただされた。ディーラーに頼まれたヘアヌード写真集を為替の教本と偽って大量購入したときも、ニュース番組にインタビューされている笹子の姿がテレビに映って会社にばれた。

接待の支払いで、月々のカードの請求は500万円近くにもなった。5枚のカードを使い分け、やりくりしていた。額が多いので事前に支払い確認の連絡がきた。

「ずいぶん羽振りがよさそうだけど、いまなにをしているの?」

UCカードから問い合わせがあったと思ったら、聞き覚えのある声でいぶかしげに質された。埼玉銀行飯能支店でジョブローテーションをしているときの直属の上司だった。働いていた当時はどうして銀行がカード会社の仕事をしなくてはならないのかとくってかかったりもしたが、天下り先の一つだったのかといまさら合点がいった。

ブローカーはみな似た毎日を過ごしていた。接待費と自分のお金の区別がつかなくなり、自己破産するブローカーもいた。飲みすぎて身体をこわしたり、ディーラーに怒鳴られすぎて心を病んで退職する人も相次いだ。ほかのブローカーは勢いに乗る笹子を、「どうせそのうちなにか大きな失敗をしてクビになる」と影で冷笑していた。

●バブル崩壊

1989年の時価総額ランキングでは、世界の上位50社に日本企業が32社も入っていた。1位は民営化で1987年に上場した日本電信電話（NTT）の1638・6億ドルで、2位の日本興業銀行を倍以上、引き離した。このほかベスト10に、住友銀行、富士銀行、第一勧業銀行、三菱銀行、東京電力が名を連ねる。年明けには4万円台になると見られた日経平均株価は3万8957円44銭をピークに逆に急落し、9月には2万9983円50銭にまで半減する。

逆風のなか、1991年4月、埼玉銀行と協和銀行が合併し、協和埼玉銀行になった。協和銀行が存続行になるのは埼玉銀行にとって屈辱でしかないはずだが、持ちかけたのは埼玉銀行のほうだった。都市銀行には明確な序列があり、預金量では上位行が4に対して中位行が2、下位行が1の割合で分かれていた。埼玉銀行と協和銀行はともに下位行に属していたが、合併により国内の支店数が400あまりになり、太陽神戸三井銀行に次ぐ2位に浮上した。93年に予定される金融自由化をにらみ、個人向けのリテール業務を強化するのが合併の狙いとされた。

しばらくして埼玉銀行が296億7000万円を迂回融資した経済事件が発覚する。小谷光浩の率いる仕手集団「光進」に脅された蛇の目ミシン工業に資金供給したのである。仕手とは人為的な相場で価格操作をして利益を上げることを指す。頭取が常務のときに関与したのが公判で明らかになり、辞任に追い込まれた。さらに埼玉銀行の行員が架空預金証書を担保にノンバンクから40億円の迂回融資を引き出し、詐欺の疑いで捕まる。地味でお堅い印象が強かっただけに、県民には意外な出来事として受け止められた。

銀行崩壊の序曲にあたる時期だが、引き金を引いたとされるのは大蔵省銀行局だった。護送船団方式と呼ばれる保護政策がとられてきた銀行に対し、地価を抑える目的で出した「土地関連融資の抑制について」との通達に、驚くべき効き目があったのだ。不動産への融資を総貸出の伸びの範囲に収めるとの行政指導は、のちに「総量規制」と呼ばれる。わずか15行の短い文面には、お役所言葉が並ぶ。

当面、不動産業向け貸出については、公的な宅地開発機関等に対する貸出を除き、その増勢を総貸出の増勢以下に抑制することを目途として各金融機関においてその調整を図るよう、貴傘下金融機関に周知徹底方取り計らい願いたい。

（「土地関連融資の抑制について」1990年3月27日付）

この総量規制によって銀行が中小零細業者を相手にしてきた、元本は返さずに金利を返す商習慣がすたれていく。「サイギンさん」と呼び親しまれてきた県民との長いつきあいは、合併とともに終わろうとしていた。総量規制に先だち、日銀は公定歩合を5・25％に変えた。1989年5月まで2・5％だったものを段階的に上げ、一年足らずで倍以上になった。

地価高騰や三公社の民営化といった要素が複合的に絡まって生じたバブルは、総量規制と公定歩合の引き上げが重なり、一気に崩壊していく。とはいえすぐになにかが変わったわけではなく、すべては一時的なもので、いずれ持ち直すとだれもが楽観的にとらえていた。そもそも渦中にあってはバブルをバブルであると気づく者も、崩壊しても崩壊したと気づく者もいなかった。

銀行はつぶれない、合併するはずがないといわれていたが、1980年代には13行あった都市銀行が11行に減っていた。すでに銀行の経営はすっかり行き詰まり、42～56兆円の不良債権があると、イギリスの経済新聞『ファイナンシャル・タイムズ』が1992年5月16日付ですっぱ抜いた。日本ではほとんど表だってはいなかったが、海外のメディアは状況をいち早く正確に分析していた。事態解決に向けて国がなんらかの対策に乗り出すのではないかと金融業界はもちろん、財界も警戒した。

当時、株価は相当悪くなっていました。私自身は総理になって、経済というものがどういうふうになっているのか本当に分からなくて、〔……〕なかなかちゃんとお答えできないんですが、ちょうど同じ時期、92年夏でございますか、私は軽井沢で株価下落の背景には、金融機関の不良資産というものがあって、政府が何か公的な関与をしないといけないんじゃないかということを言ったわけです。当時、そういう認識は何となくぼんやり持っていたわけです。

（『90年代の証言　宮澤喜一――保守本流の軌跡』五百旗頭真・薬師寺克行・伊藤元重編、朝日新聞社、2006年）

宮澤喜一（1919~2007、首相在任1991~93）は大蔵省の出身で、〝政界きっての経済通〟として知られた。その宰相をして「経済がどうなっているかわからない」と本音を漏らさせるほど、日本は混迷を深めていた。

特別扱い

湯水のようにお金を使って接待に明け暮れていたのが一転、接待や付け届けはよくないとの考えが広まった。銀行はお中元やお歳暮を禁止し、為替ブローカーも応じたが、あいにく日短エーピーは恒例の梅を仕入れたあとだった。笹子が役員に呼びだされると、応接間にその梅が山積みにされていた。「同業のよしみで、手伝ってやらんとな」と言われ、欲しくもないのに自腹で買わされた。

煽りを受けたのがデパートの外商で、何千万円分かの売上げをいきなり失った。こうしたことが積み重なり、だんだんバブル崩壊の足音が近づき、現実のものとなっていく。西武文化を率いた堤清二がセゾングループの代表を辞任するのもこの時期にあたる。

だからといって接待がなくなったわけではなく、水面下でおこなわれた。笹子は新宿にある楼蘭という割烹が気に入り、行きつけにした。選ばれた人しか入店できない会員制で、プライバシーが守れる個室を完備し、「不可能を可能にする、商談成功率120%！」を謳い文句にした。人気で予約を取るのがむずかしいことから、月曜日から金曜日まで毎日、笹子は部屋を抑えていた。京都で料亭を経営していたオーナーがはじめたのもあり、名物のしゃぶしゃぶとステーキは味に定評があった。２時間で税込み１万９４２５円のコースになっていて、１軒で１次会も２次会もすませられるのを売りにした。芸能人、スポーツ選手、国家官僚も常連だった。世界的にも有名で、ニューヨークやロンドンの金融関係者が日本への出張を決めるたび、わざわざファックスやテレックスで「スペシャルしゃぶしゃぶ」をリクエストしてきた。地下にある秘密の店で、日本の中枢が動いていた。

笹子の年俸は１９８８年に埼玉銀行から転職したときは５００万円だったが、年を重ねるごとに昇給し、4年後には２０００万円にまで上がり、接待費も無制限に使えた。しかし、他通貨セクションで一緒に働くブローカーの給料は据えおかれていた。同じ年俸制で働き、「やれば給料が上がる」との思いでがんばり、きちんと売上げていたにもかかわらず、会社は年功序列の考えで都合よく判断し、半人前扱いした。東京銀行から出向している役員に笹子がいくら掛け合っても無駄だった。

「お前がつくったセクションで、お前が仕事のやり方を教えたんだろ？　だったらお前が一人で稼ぎを取ればいいんだよ。銀行にいたお前なら、そのくらい、わかるよな。どうせほかの連中は挨拶もろくすっぽできない、バカばっかりだ」

銀行の出向者はみな、「銀行員でなければ人間ではない」とのものの見方をしていて、笹子を特別扱いした。多くは支店長まで登り詰め、50歳を過ぎて出向してくる強者だった。当然、自分のおかげで弱小ブローカーでも銀行と取引ができる、自分がいなければこんな会社は成り立たないと、傲慢な考えを隠さなかった。

「お前は銀行員だっただけによくできるよな。お前の給料をもっともっと上げるから、ほかのつまらない連中は黙らせろ。一人じゃなにもできない奴らの給料を上げるわけにはいかないんだ。会社というのはそういうもんなんだよ」

出向者はたたみかけてくるが、笹子には出向者たちこそコストに思えてならなかった。出社しても一日中、新聞を読んだり、社内をぶらぶらしていてとくに仕事はせず、銀行員としてのプライドだけで生きている。東海銀行からの出向者は元ディーラーで、外国為替に詳しいにもかかわらず、課長止まりだったので他の出向者にあなどられ、影が薄かった。その姿を見ていて、一生安泰だと信じ切っていた埼玉銀行の同期や先輩の行く末が気になった。合併でポスト争いやリストラがはじまるのは目に見えている。協和銀行の行員は埼玉銀行なんて名ばかりの都市銀行で、ただの地方銀行にすぎないと見下していた。笹子が埼玉銀行から転職してきたのを知る協和銀行出身のディーラーは、損をしてでも取引するのを露骨に避けていた。

他通貨セクションを切り盛りして、ほかのセクションとの軋轢はなくなったが、今度は会社と対立しはじめた。キリのないやりとりにうんざりしていた笹子はある日、外資系の金融会社に香港で仕事をしないかと声をかけられた。インターマネーという1991年にスイスで設立された新参である。

「ここにいたら、どうしてもおれの給料しか上がらない。いくら役員と交渉しても埒が明かないんだ。いっそみんなで辞めて、香港に行かないか？　このチームならなんとかなると思う」

半ば冗談のつもりだった。笹子自身、英語が不得手で、外国で仕事ができるとはとても思えない。ほかのブローカーも似たり寄ったりだったが、答えは全員一致でYESだった。外国為替の仕事には外国語に堪能とのイメージがあるが、実際には知力より体力勝負で、語学力は求められていなかった。

それからすったもんだがはじまる。笹子のつくりあげた他通貨セクションはいまや業界のトップで、メイタン・トラディションのドル箱になっている。チームに辞められたら会社としては大打撃だ。

「1000万円でも、2000万円でも3000万円でも好きな金額を書いていい。言われた通り、いくらでも出す。だから外国に行くのはやめなさい。ほかの奴らなんてどうでもいいが、ここにはお前が必要なんだ」

日銀の出向者である役員が小切手をちらつかせ、引き留め工作をはじめたが、笹子は譲らなかった。みなどがんばってきたのに、自分一人がお金を手にすればいいとはどうしても考えられなかった。

妨害

転職したときは親身になってくれた日銀の出向者が手のひらを返し、ありとあらゆる手段を使って妨害すると脅してきた。言葉だけではなく、ほんとうに実力行使がはじまった。

「上に呼ばれて、なんか知らないけど、笹子とは取引するなって言われたんだぜ。おたくの役員が言ってきたらしいけど、なんで俺が命令されなきゃいけないんだよ？　日銀だか東大だかなんだか知らねぇけど、おかしいよな。そんなの、ヤクザじゃん」

笹子の味方をしてボイスボックスのスイッチを切り、メイタン・トラディションとの取引を一切やめるディーラーもいた。すぐに笹子の指示だとの噂が広まった。言った覚えはないし、頼めるものではないのに、噂が噂を呼んだ。為替ブローカー各社の役員は、日銀を筆頭とする銀行の出向者で占められている。天下りという既得権益を守るのにみな必死だった。高額な給料やボーナス、退職金を確保するには、高い手数料を堅持しなくてはならない。そのためにも競合を避けて手数料を均一化し、各社とも決められた額を守ってきた。銀行がブローカーに支払う手数料がいくら高くともディーリングで吸収でき、どのみち出向者の懐に収まる。巡り巡ってすべては銀行員のものになる。片やブローカーは同業他社に転職できず、引き抜きもしないとの不文律で縛られてきた。稼げないブローカーは遅かれ早かれどのみち自滅し、自ら辞めていく。使い捨てのコマがどうなろうと知ったことではない。

出向者の思惑とは裏腹に、手数料をめぐって、現場のディーラーから値下げを求める声が日増しに強まっていた。そこで外資系の金融業者は香港に目をつけた。ロンドン、ニューヨークに並ぶ世界３大市場といわれながら、東京はとても閉鎖的な市場だった。内輪向けの業界規制でがんじがらめになっていて、外資系の金融業者は進出したくてもできずにいた。しかし、香港を拠点に注文をとれば日本の規制をかいくぐり、手数料を安くできる。日本と香港を常時結ぶ直通の電話回線による通信費がかさむが、手数料を従来の半分にしてもまだ利益が見込めた。それくらい日本の市場は大きく、おいしかった。

すでに4社ほどの外資系為替ブローカーが香港に事務所を構え、日本の銀行を相手に営業をはじめていた。手数料が安くなるとあって、どの銀行も飛びついてきた。そこにインターマネーも新たに参入し、オフバランスセクションを立ち上げる計画だった。笹子のチームがメイタン・トラディションを去ろうとしていた時期と、インターマネーが人を探す時期がたまたま合致し、話はトントン拍子に進む。取引相手は日本の銀行なので、各社とも日本人のブローカーを探していた。

香港にはよりよい条件を求め、外資に活路を見出した一匹狼が多かった。会社にいくら利益をもたらしたところで、年功序列を重んじる日本では給料がなかなか上がらない。その点は笹子も似たようなもので、懇意にしてきた銀行のディーラーとこれまで通り、ヨーロッパ通貨の取引をした。ディーラーは会社ではなく、笹子個人についていた。とくに第一勧業銀行のディーラーとは笹子にしか注文を出さないほどの信頼関係を築いていた。その代わりに24時間、臨機応変の関わりが求められ、ドイツ・マルクの先物レートを15分ごとポケットベルに連絡したり、ヨーロッパ市場の終わる真夜中に終値を知らせたりした。海外の窓口にはロンドンのハーローを選んだ。日本では上田ハーローの提携先だが、新興の独立系であるインターマネーは、どことでも自由に取引できた。ハーローにも手数料が落ち、大いに喜ばれた。割を食ったのがロンドンやニューヨークのトラディションで働くブローカーで、売上げが半減だとの恨み節が聞こえてきた。

しかし、一緒に香港に来たチームのメンバーは思うように仕事ができずにいた。ディーラーとの人間関係が密接ではなかったため、日銀から出向した役員の脅しがきき、妨害の影響をもろに受けていた。香港に支店を置く銀行に営業をかけても、どうにもならない。表面的には仲よくなって飲みに行く間柄にはなれても、仕事に結びつかないのである。絶対的な権力を握る日銀は、どの銀行にも出向者を送り、目を光らせていた。

「すみません。上の指示で、おたくとは取引できません」

なんとかしなければとあがいても、どうにもならなかった。為替ブローカーの仕事は、売りと買いの注文が集まれば集まるほど、うまく回る。いくら笹子がひとりでがんばっても、売上げは頭打ちだった。だからといって香港市場は当時、東京ほどには活発ではなく、仕事にするのはむずかしかった。最初は来てくれるだけでいいと言っていたインターマネーも、3カ月経って態度を一変させる。ノルマは決められていなかったはずなのに、急にシビアになり、結果を求めてきた。

「東海銀行のディーラーと組めると言っていたこのブローカー、いつまで経っても売上げがないじゃないか。その約束で給料を決めたのだから、もうこれ以上は払えないよ」

日銀に妨害されているので、いましばらく待って欲しい。結果を出すのに1年は様子を見てくれないか。笹子がいくら頭を下げて頼んでも通用しなかった。

「そんなに待てるはずがないじゃないか。ほんとうに東海銀行と取引できるようになったら再就職してくれ。いつでも歓迎する。お前が売上げているのはわかっているけど、お前はお前、彼は彼だ。ほかの奴はもういらないよ。全員クビだ」

外資にとって数字がすべてだった。がんばっているだとか、将来の見込みがあるだとか、チーム力だとかいった戯言はまったく通用しなかった。

上田ハーロー

香港を拠点にして日本の銀行と取引できるのは、手数料が日本より安いのが唯一の売りだった。しかし、国内でも手数料の引き下げがはじまり、笹子は窮地に追い込まれる。挽回をはかるのに接待攻勢をかけるにも、遠くてできない。ブローカーはディーラーとのつながりがすべてなので、関係が希薄になれば注文がこなくなる。そうなればもはやどうにもならない。

仕事の体制づくりにも苦労させられた。ブローカーは、事務を担当するバックオフィスと二人三脚で仕事を進める。伝票を切ればあとは任せるしかないのだが、ミスが続発し、銀行からクレームが相次いだ。改善を求めて問いただしても、手を替え品を替え、負けじと言い訳をしてくる。給料を上げてみても、事態はなにも変わらない。個人の能力を重視する香港では分業制のなじみが薄く、どうしても日本のようにはいかないのである。苦い経験を通じ、日本の会社は組織づくりにいちばんコストをかけているのに気づかされた。銀行が週末にスポーツをしたり、為替ブローカーが銀行の出向者を受け入れるのもそのためだったのである。

1993年、イギリス統治下の香港には1万7475人（「海外在留邦人数調査統計」外務省）の日本人が暮らし、香港日本人商工会議所に所属する日系企業だけで643社あった。企業数も邦人数も実際には統計より多かったと見られる。金融関係が多く、ディーラーもたくさんいた。3LDKの部屋を借りたが、妻は外国生活を嫌って単身赴任になった。日本語でなんとかなる場面が少なくなかったが、外国であるのに変わりはない。ホテルにある高級店でも行かなければ、まともな日本料理は食べられなかった。日本のテレビは映らず、新聞の朝刊が届くのは夕方だった。毎晩、飲み歩いたが、日本人の行く店は限られ、どこに行っても顔見知りと鉢合わせた。接待ではないので経費では落とせず、香港でお金を貯めるとの思惑はすっかりはずれた。

仕事はうまくいかず、借金は膨らみ、ついには撤退が決まる。1年もたず、予期していたより閉めるのが早かった。日本に帰ることになったと笹子がハーローのイギリス人ブローカーにこぼしたところ、辣腕でならした他通貨チームが宙に浮いているとの情報がすぐ東京に伝わった。普通なら笹子たちの抜けた穴を他社が奪って終わるのに、マーケットを掻き回したあげくに突然いなくなり、混乱がつづいていた。

さっそく上田ハーローの外国人役員が日本から笹子を訪ねてきた。ブローカーの溜まり場になっているホテルのバーで会ったので噂がすぐに広まり、トウキョウ フォレックスも接触してきた。いずれも業界大手である。ドイツ・マルク市場の発展を見込み、どのブローカーも他通貨セクションをテコ入れしていた。引き抜きをしないルールはいったん海外に出れば、1年の猶予ののちに認められると改められていた。為替ブローカー業界では大勢の外国人が働いているので、国際問題になりかねない。打診があるたび、笹子は9人いるチーム全員をまとめて受け入れるとの条件をつけた。みんなを引き連れて香港にきた手前、自分さえよければいいとはとても考えられなかった。各社ともすでに他通貨セクションがあり、9人も入れたらだれかを辞めさせざるをえなくなる。新規に立ち上げたインターマネーとは状況がちがった。

「チーム全員を受け入れる会社はどこにもない。別々に転職し、各自がそこでがんばるしかなさそうだ」

異存のある者はいなかったが、妨害してきたメイタン・トラディションだけはいやだと口々に言った。笹子もそれだけはないと思った。東京で為替ブローカー各社を訪ね、笹子は受け入れ先を探した。そして、この人はドイツ・マルクが得意、この人はスターリング・ポンドを熟知していると説明していくうち、うまく全員の行き先が決まっていった。一人、あるいは二人、あるいは三人と割り振ったのである。笹子は上田ハーローが引き抜いた。有力な顧客をいくつか抱えているのが買われた。とくに第一勧業銀行からは毎日、何千本もの指値注文があり、何百億円という大きな取引をしていた。

「第一勧銀のプライスが欲しいのだと思いますが、有名なあのディーラーさんは今年いっぱいでロンドンに異動します。これまでのような成績は出せないかもしれませんが、かまいませんか？」

内々に聞いていたディーラーの転勤を正直に告げても、会社の意向は変わらなかった。笹子の香港での仕事ぶりを目の当たりにした海外のブローカーたちが、絶対に引き抜けと迫っていた。今後どうなるかわからなかったので遠慮がちに条件を交渉していたら、海外のブローカーはもっと年俸を上げるべきだと焚きつけてきた。売上げの2割を要求して当然だ、3割でもかまわない。海外ではそうした契約をしているのをはじめて知った。月5、6000万円は一人でコンスタントに手数料をあげてきたので、その3割は

１５００〜１８００万円になり、年俸にすれば2億円近くになる。２割でも1億５０００万円だ。プロ野球選手ではあるまいし、頼めるはずないと笹子は苦笑いさせられた。しかし、そうしなければ下はもっと増えないと、一歩も引かなかった。

全員の転職先を無事に見つけられたのに安堵しつつ、失意を胸に秘めて笹子は帰国した。香港をあとにするにあたり、ほんとうは税金の精算などさまざまな手続きをしなくてはならないのだが、なにもせずに放っておいた。出国時にとがめられることもなく、２度と香港には戻らないと思って気に留めなかった。

大手の力

１９９３年10月、1年ぶりの東京はすっかり様変わりしていた。バブル崩壊がメディアで大きな話題になるなか、街にタクシーが列をなして客待ちしていた。その光景に笹子はなにより驚かされた。接待客を歩いて帰らせるわけにはいかず、なんとかタクシーを手配していたのが嘘のようだった。就職氷河期がはじまり、1倍を上回っていた有効求人倍率がこの年を境に長らく低迷する。

心機一転、まきなおしをはかるつもりでいた笹子を、メイタン・トラディションでかわいがってくれた東京銀行の出向者がふたたび妨害してきた。笹子が辞めたのは92年の12月で、まだ1年過ぎていない。1年は転職を認めない紳士協定に抵触する。違約金として1億円を払え。思ってもいなかった問題を強く指摘され、上田ハーローは尻込みしてしまう。

「3カ月、ゆっくり休んでください」

引き抜き交渉をしてきた同じ東京銀行の出向者である役員になぐさめられ、働くのは年明けからになった。同じ銀行の出身でも出向先の社長の座をめぐり、競い合っていた。その間の給料は契約金の名目で補塡される。悪くない条件を提示され、アフリカを旅行することに決めた。就職直前にヨーロッパを回って以来の旅らしい旅になる。上田ハーローに転職した２人の仲間と一緒に、学生時にはとてもできなかった贅沢な旅をした。振り返れば為替ブローカーになって、1日も満足に休めなかった。注文はブローカー個人に来るので、へたに休めば信用を失いかねない。とにかく働きつづけるしかなく、どんなに身体の具合が悪くても出社した。仮眠室で休み、電話が鳴ったら叩き起こしてもらった。金融関係者の集まる病院に、高熱があっても、喉が腫れても、お腹が痛くても、疲れて身体が重たくても、10分でたちまち治る秘密の注射があった。土曜日の明け方、家に帰りついたところで効き目が切れ、週末はひどい熱にうなされるのが常だった。家庭もちのスタッフは、子どもが風邪を引いた、子どもの行事があると、あれこれ理由をつけては休んでいたが、部下の代わりはいても、リーダーである笹子の代わりはいない。強い責任感をもってやるしかなかった。

上田ハーローは業界3位の位置づけで、日本円セクション、米ドルセクション、それに笹子の配属された他通貨セクションがあった。主要通貨である円とドルを除く、すべての通貨を見る部署である。社内にはこの順番で優劣があり、大きな売上げが見込めない他通貨チームには成績の悪いブローカーがふきだまっていた。日本人が4名、外国人が3名いたが、一緒にやれるとは思えず、笹子は自分のチームで金利セクションを切り盛りするつもりでいた。銀行のディーラーもできる人は円やドルを受け持ち、他通貨には出世の見込みのない落ちこぼれが回されがちだった。世界中の通貨を取引するには、通貨の数だけ知識が必要になり、優秀な人が選りすぐられていてもおかしくないが、実態はむしろ逆だった。そのせいか取引量の少ない、活気のないマーケットになっていた。分の悪い他通貨セクションの強化が、笹子に課せられた使命である。

120人ほどいる社員は新卒で入社して会社が育てる終身雇用の正社員と、歩合制の契約社員に大きく分かれていた。契約社員のほとんどは外国人だった。やればやるだけ稼ぎになる反面、結果が出せなければすぐクビになる。毎週金曜日、「さよならレター」と呼ばれる手紙を渡されるのが恒例だった。日本人には日本語、外国人には英語で「来週から出社におよばず」と手短に書かれたひな形に、名前や日付を入れる事務的なものである。求められている営業成績を上げなければ、笹子もいつ渡されてもおかしくなかった。

期待に応えようと、がむしゃらに働いた。他通貨チームにもともといたブローカーは無視を決め込んでいたので、自分のチームで別世界を築いた。ものすごい金額の年俸をもらっているにちがいないと会社中で噂され、白い目で見られた。居心地の悪さを覚えつつも、仕事はしやすかった。担当してきた銀行のディーラーと引き続き取引していたが、売買の注文がたくさん集まり、右から左へ流れていった。名前も聞いたことのない銀行の引き合いも次々にくる。大手だとこんな楽にビジネスができるものなのかと笹子は感動を覚えていた。小売店とショッピングモールくらいの差がある。

「やっぱり上田さんは仕事が早いね。よかった、これで安泰だ。いままでお前をサポートするの、たいへんだったんだぜ。がまんしていないと取引にならなかったもんな」

銀行のディーラーを接待するたび、同じことを言われた。メイタン・トラディションでもインターマネーでも、懇意にしているディーラーが注文を回してくれても、思い通りには約定にいたらなかった。買い注文がいくらあっても売り注文がなければ取引は成立しない。逆に売り注文があっても買い注文がなければどうにもならない。

「せっかく回しているのに、なんでできないんだよ」

ディーラーにきつくあたられ、「もっととってこいよ」とほかのブローカーについ声を荒げた。終身雇用の社員とちがい、契約社員は売上げた手数料で年俸が決まる。約定しなければ、収入に響く。悪循環のなか、会社の雰囲気が悪くなる一方だったのを苦々しく思い出した。

バックオフィス

他通貨セクションの扱うヨーロッパ市場は、日本時間では夕方近くにはじまる。それまでブローカーは新聞を読んで国際情勢をチェックし、銀行のディーラーと世間話をしてディーリングに備えるのが常だった。親会社である上田短資は1918年にさかのぼる老舗で、上田ハーローは84年に設立された。伝統があるだけに泰然とした印象があり、きっとすごいブローカーがいっぱいいるにちがいないと笹子は期待した。社内事情が見えてくるにしたがい、会社のブランド力にあぐらをかいているのではないかと訝るようになった。

そうした人たちを横目に、笹子は日中も積極的に人と会って昼食をともにしながら情報を集めて回り、懇意にしているディーラーに為替情報をファックスで送った。パソコンはまだ会社が社員全員に支給するような必需品ではなかったが、NECのノートパソコンを自腹で買って情報の発信をしてみた。まだとても高価で、50万円もした。試行錯誤を重ねながら、低コストで情報を広める仕組みができたらマスメディアは大きく揺らぎ、新しい技術が世の中を変えていくにちがいないと確信した。

香港で痛い目に遭ったのに懲りた笹子は、事務処理をするバックオフィスの女性にかいがいしく差し入れをしてはご機嫌をとった。週刊誌や女性誌をまとめて買ってきて配り、お菓子を差し入れたのである。雑誌で紹介されている新しいスイーツの店に足を運んで一緒に渡すなど、とにかく芸が細かい。まるで顧客を接待しているかのようなのだが、あの手この手を使って懲りずになだめすかし、やる気を起こさせた。元来マメな性格もあり、一枚も二枚も上手だった。そうして笹子の案件を優先的に処理してもらう体制を整えていったのである。80人あまりのブローカーに対してバックオフィスには5人しかおらず、いつも取り合いになっていた。

約定するたびにブローカーが回すメモにしたがい、バックオフィスは銀行と詳細を確認して伝票を切る。それではじめて正式な取引となり、手数料が落ちるため、処理は少しでも早いほうがよかった。しかし、ブローカーとバックオフィスの女性たちとの温度差は大きかった。一般にはなじみが薄い業界なのもあり、なにをしている会社かわからないまま就職する人がほとんどだった。そのあたりは花形の銀行と事情がちがった。

為替ブローカーが取り扱う金額は桁違いに大きい。最低単位の1本は100万ドルで、伝票に「1」と書けば日本円にして1億円あまりになる。高校を卒業したばかりでは想像もつかない金額である。扱う金額が大きい分、振り込みが遅れるなどのミスで100万円単位の損失につながるにもかかわらず、その数字がお金だとの感覚は薄く、「今日も間違えちゃった」といった会話が平気で繰り返された。市場に活気があったので、それくらいで会社が痛手を被ることはなく、まして倒産を招く事態にはならない。いきおい鉄火場のような荒っぽさがつきまとった。

他通貨といっても、日本の為替ブローカーはおもに夕方からヨーロッパ通貨の取引をしていた。ヨーロッパ市場はクリスマスには休みになるが、イスラム圏はやっていると考えた笹子は、トルコ・リラやインドネシア・ルピアの取引をふいにはじめた。約定のルールが通貨によって異なるため、バックオフィスには確認事項がたくさんある。

「他通貨セクションの取引は面倒くさいと憎まれていました。気まぐれにつきあうにも仕事量が増えてしまいます。また笹子さんがなにかやらかすはずだといつも身構え、敵愾心さえもっていました」

バックオフィスの一人だった岡本容代は言う。早く帰れると思ってデートの約束をしても、そんな日に限って笹子は予期せぬ取引をして、バックオフィスの女性たちは泣きながら働いた。携帯電話はまだだれもがもっているものではなく、ポケベル（ポケットベル）で連絡を取り合っていた。いやいや残業したところで、約定しなければバックオフィスに仕事はない。ブローカーがいくら声を張り上げてがんばっても、半分の取引は流れてしまう。まして新たな試みがすぐにうまくいくはずがない。笹子にしてみればただ、ヨーロッパの市場が休みだから売上げがないなんて言い訳をしたくないだけだった。

はじめのうちOLに相当な恨みを買っていたが、部署全体の売上げが増えた分、バックオフィスの女性にもボーナスが上乗せされた。がんばったらがんばっただけ、見返りがあるのを実感するにつれ、笹子のペースに巻き込まれていく。面倒な取引に文句を言っていたのが一転、味方になって、笹子なら仕方ないと思われるようになるのだ。ついにはエリートの集まる米ドルセクションを上回る売上げを他通貨セクションにもたらし、会社の雰囲気を一変させる。ほかのブローカーにも一目置かれて、和気藹々とした雰囲気のなか、楽しく過ごしていた。

迷走

1993年、『埼玉銀行通史』という700ページ超の大部な社史が出版される。函入りクロス装の豪華な本の編者は埼玉銀行通史編纂室で、あさひ銀行が発行元になった。埼玉銀行は91年に協和銀行と合併して協和埼玉銀行となり、翌92年にはあさひ銀行に商号変更していた。合わせて『協和銀行通史』も96年につくられている。合併によって消えた会社の社史を存続会社がつくるのは、ずいぶん異例に思える。社史は未来の発展を願って過去を振り返るためにつくるのであり、名前を失った会社が出しては意味が薄れる。

埼玉銀行は『埼玉銀行十周年史』を1953年、25周年にあたる1968年に『埼玉銀行史』をそれぞれ出しているが、創立50周年記念事業の一つとして出版する計画に合わせ、1990年に準備をはじめたと「あとがき」にある。合併は急な動きで、まさか埼玉銀行がなくなるとはだれも予期していなかった行内事情がうかがえる。刊行の辞として挨拶を寄せた頭取の吉野重彦（1930〜）は埼玉銀行の出身で、言葉の端々に過去への慈しみが感じられる。

埼玉銀行のたどった約48年の歴史は、時の流れとしては決して長いものではないかも知れない。しかし、約半世紀にわたりたゆまず発展を続けてきたことは、埼玉銀行のよってたつ地域の発展、信頼と支援を寄せていただいた株主、取引先各位との強固な結びつき、先輩各位のこれまでの努

力の積み重ねの賜である。〔……〕

本書を通じて前身銀行のひとつである埼玉銀行の歴史に対する理解と共感を深め、われわれのめざすリテールトップバンク実現のために、何らかの教訓と示唆を読み取っていただきたいと思う。

（『埼玉銀行通史』あさひ銀行、１９９３年）

イメージを都会的にするのが課題だったが、地盤とする埼玉県への配慮で、合併にあたって行名から「埼玉」を抜かなかった。しかし、協和銀行の預金者は西日本で「埼玉」の名前がつくのに違和感を覚え、ダサイタマを冠する不満がくすぶった。合併してすぐ７００人近い交流人事をおこない、人事部も統合して一体化を進めるが、二つの異なる大きな会社が一緒になれば、どうしても派閥ができる。下位争いながら協和銀行のほうが埼玉銀行より格上との意識もつきまとった。そのうえ埼玉銀行は不祥事つづきで、悪いイメージが全国に広まっていた。

あさひ銀行に名前を変えるにあたり、埼玉県知事の畑和（１９１０～９６）は、「埼玉」が消えるのに難色を示したと噂された。その危惧通り、埼玉銀行とあさひ銀行とでは同じ銀行とは思えないほど、行内の雰囲気をたがえた。マスコットキャラクターのミッフィーが放つ愛らしさとは裏腹に、県民の銀行であるのにこだわった埼玉銀行時代の姿勢は全国区の銀行になることですっかり失われていた。

１９７２年から９２年まで20年にわたって長らく県政に携わった畑は、東京都知事を１９６７年から７９年まで務めた美濃部亮吉（１９０４～８４）と並び、社会党の公認を受けた革新系の政治家である。戦後の日本では、与党の自由民主党と野党の日本社会党の二大勢力が国の舵取りをする、55年体制と呼ばれる政治状況がつづいた。このなかでとくに地方自治では社会民主主義的な施策が盛んだった。

畑に次いで自由民主党に所属する元参議院議長の土屋義彦（１９２６〜２００８）が埼玉県知事（在任１９９２〜２００３）になる。自身の選挙区であった埼玉が「ダサイタマ」と呼ばれるのに長年、憂慮していた土屋は、全力を挙げてイメージの向上をはかる。「彩の国さいたま」との愛称が公募で選ばれたのはその一環だった。夢を意味する青、元気を意味する赤、それに自然を意味する緑を組み合わせた３人が手を取り合うロゴが合わせて使われた。一人のタレントの放った言葉は、深い後遺症を残していた。

１９９１年の統一地方選挙で日本社会党が大敗したのに次ぎ、バブル崩壊にともなう政治不信で支持を失った自由民主党も１９９３年の衆議院議員総選挙で過半数を大幅に割り込んだ。これにより日本新党の細川護熙《もりひろ》（１９３８〜）が連立政権を担い、55年体制が終わりを告げる。

自民党は90年の選挙で１５０億円、93年の選挙で１００億円を金融界に求めていたが、無担保融資になるため、この敗北で集金力がぐらつく。▼[1] バブル崩壊で財界も政治献金の斡旋から手を引こうとしていた。

バブル崩壊とはいっても、90年代前半はエアポケットのような状況がつづいた。株や地価が下がったとはいっても、一部の銀行や不動産業者の問題としか思われていなかった。少し息継ぎすれば、じきに持ち直す。だれもが軽くそう受け止めていた。細川内閣（１９９３〜９４）のもと、社会党の土井たか子（１９２８〜２０１４）が衆議院議長となり、政治に新しい風が吹いていた。細川にはこれまでの首相にはないスマートな印象があり、政治改革への期待で70％を超える空前の支持率を集めた。実際、リクルート事件からの懸案だった公職選挙法を改正し、衆議院選挙に小選挙区での比例代表並立制を導入する。癒着を招きやすい政治家個人ではなく、政党の政策を重視した選挙の実現が目的だった。しかし、国民福祉税を発表したかと思ったら撤回するなどの混乱を経て、佐川急便による献金疑惑が発覚し、1年足らずであっけなく辞任してしまう。細川の後を受けて首相となった新生党の羽田孜《つとむ》（1935〜2017）もわずか64日で退陣した。以後、日本の政治は深く迷走をはじめ、首相が次々に替わっていく。

▼1　『朝日新聞』2006年12月18日朝刊。

おじいちゃん村

パソコンの普及は為替ブローカーの世界を否応なしに変え、電話を使う従来のボイスブローキングに対し、電子ブローキングが少しずつ広まった。笹子が香港で仕事をした1993年は10％程度のシェアにすぎなかったが、バブル崩壊にともなうコスト削減により95年には40〜50％を占めるまでになる。

電子ブローキングはブローカーを介さず、コンピューターでレートの動きを見ながら、銀行のディーラーが自分で操作して取引する。売り注文と買い注文をどうつなげるかがブローカーの腕の見せ所だったが、希望するレートやアマウントを入力すれば、最適な取引を瞬時に結びつけられる。信用与信枠はあらかじめ設定してあり、取引できない銀行の組み合わせを意識する必要もない。一人前になるのに何年もかかるブローカーの技術がまったく不要になるわけだ。事務的なケアレスミスも防げる。

それでもまだ臨場感のあるボイスブローキングのほうがやりやすいと考えるディーラーが少なくなく、いいレートが集まりがちだった。売買注文やレートの動きが声に出して読みあげられるので、なにがどう動いているのかが手に取るようにわかるのが捨てがたかった。休憩中にボイスボックスから声が聞こえたら、ディーリングルームの席に戻ればすむ。その点、声のしない電子ブローキングでは、ぼんやりしているうちにレートが動いてしまうことがままあった。コンピューターは接待をしてくれないのも大きかった。

人と人との関係がボイスブローカーをかろうじて生きながらえさせていた。

インターネットが広く普及をはじめる1998年にはいっそう電子ブローキングにシフトし、手数料が10分の1にまで落ち込んだ。銀行の経営がきびしくなるなか、ディーリングで稼げば手数料はカバーできるとの発想が通じなくなくなり、ボイスブローキングが避けられるようになった。為替ブローカー各社は100人も200人もの人を雇う必要がなくなり、リストラが横行する。上田ハーローでも早期退職を募りはじめ、実力のある人はさっさと見切りをつけて転職した。ボイスブローカーのほかになにができるわけでもない人はもっとがんばろうと音頭を取り、どうすれば会社がもつのかを提案した。東京の株式市場に合わせ、9時から15時まで取引していた為替ブローカーが世界の市場も追い、少しでも手数料を稼ごうとしたのはその一例である。

若い人を切る前に、出向者を整理するのが先だとの意見もブローカーのあいだでくすぶった。歴史があり、業界の上位である上田ハーローには、銀行の天下りがたくさんいた。仕事もせずに一日中、日向ぼっこしていた。新聞を読み、おやつを食べているうちに勤務時間は終わる。そうして過ごすのが仕事で、咎める者はいなかったが、バックオフィスのOLたちは「おじいちゃん村」と影で悪く言った。不良債権に苦しむ銀行は体力が衰え、出向者がいるといって注文を出せなくなっていた。そうなれば出向者の意味は薄れ、疎ましいだけの存在になる。コンピューターのこともインターネットのこともなにもわかっておらず、電子ブローキングに押される状況を理解できていなかった。そもそも為替ブローカーに出向してきたのに、外国為替についての知識はほとんどなく、銀行員だっただけの理由で役員として天下っている。それでも自分がいてはじめて銀行間取引ができるのだと、相変わらず自負していた。

笹子の携わる金利市場は複雑すぎるため、電子ブローキングへの移行が大幅に遅れ、まだしばらくは安泰だと思われていた。しかし、ロンドンのブローカーから、ハーローが近いうちに身売りするとの情報がもたらされる。為替という世界相手の市場で莫大な収益を上げてきたが、電子ブローキングに淘汰され、会社を維持できないほどになっていた。

「儲からないので、撤退するらしい。ハーローがなくなるなんて思ってもいなかったけど、お前もいまのうちに次を考えておいたほうがいいぞ」

為替ブローカーは日本と外国が手を携えてはじめて成り立つ。もしハーローがなくなれば、どこか別の海外ブローカーを探すか、合併するか、辞めるかの三択になる。それがもはや避けられない事態になり、近々なにかしらの動きがあるはずだった。上田ハーローで穏やかに過ぎていった日々が終わりかけているのを知り、笹子はどこかまた別の会社に移らなくてはならないと考えはじめる。だが、業界全体が斜陽で、ほかの為替ブローカーに転職するのはむずかしい。業界を変えるにも、受話器を二つも三つももちながらちがう相手と話をする技能が役立つとはとても思えなかった。

埼玉銀行から転職するとき、銀行員はつぶしがきかないと人材紹介会社で言われたが、為替ブローカーはその上をいった。世界を股にかけた仕事とのイメージがあるものの、実際には語学力が求められているわけでも、世界経済についての知見が求められているわけでもなかった。考えて判断するのはあくまで銀行のディーラーで、為替ブローカーは手足となって注文通りに動いているにすぎない。電子ブローキングに取って代わられてもディーラーはなくならないだろうが、ブローカーがディーラーに転じるのは不可能に近かった。そもそも自他ともに認める優秀なディーラーは10人に一人いるかどうかで、そうした人でさえ半分以上のディーリングで負けているのだ。ブローカーとしてディーリングのことが少しはわかったつもりでいても、とても務まるものではない。

●1995年

1995年は大きな出来事が立て続けに起きた、変化の多い年だった。まず1月に神戸の街をマグニチュード7・3の大きな地震が襲った。ビルが倒れ、高速道路が崩れ落ちた。電車は脱線し、木造家屋に火の手が上がり、６４３４人におよぶ犠牲者が出た。３月にはオウム真理教による地下鉄サリン事件が発生する。地下鉄車内で神経ガス「サリン」が散布され、乗客や駅員ら13人が亡くなった。官庁街である霞ヶ関が狙われたのが象徴的だった。物質の豊かさより精神的なものを求める者たちを惹きつけ、バブルに合わせて発展した宗教団体が、その崩壊とともに暴走していた。金融の世界にも激震が走った。コスモ信用組合、兵庫銀行、木津信用組合が相次いで経営破綻し、取り付け騒ぎを起こしたのである。埼玉銀行が相続対策の目玉として販売した変額保険も裁判沙汰になっていた。保険の運用率が低下したうえ、地価が大きく下落したのが原因で負債だけが残り、自殺者も出た。

日本でのパソコン市場は日本語の処理が障壁となり、長らく国産のＮＥＣが90％近いシェアを占めていた。家庭用ビデオレコーダーでＶＨＳとベータマックスが規格争いを繰り広げたのが顕著だが、日本のメーカーは独自規格で囲い込み、シェアをとったうえで、テープや電池といった消耗品でも利益を上げる戦略が得意だった。しかし、１９９３年、マイクロソフトがWindows 3.1 の日本語版を発表したのを機に、世界市場を見据えた汎用性が優位に立って状況が少しずつ変わり、ＩＢＭやアップル、コンパックといったアメリカのメーカーが擡頭しはじめる。ハードもソフトもアメリカが標準となり、日々の暮らしに深く入り込んでいった。１９８０年代を通じて叫ばれた貿易摩擦の問題に、コンピューターが風穴を開けていた。95年のWindows 95 でこの流れは決定的になる。高価な専用線が必要なため、インターネットは一部の企業や大学、研究機関に導入が限られていたが、電話回線を通じて個人でも接続できるようになる。接続速度や処理速度の問題はあったにせよ、その後につづくデジタル社会の原型ができあがった。

コンピューターは労働環境を抜本的に変えていく。１９８０年代までやりたいことを実現するには、大企業に入るしかなかった。起業するにも、軌道に乗せるのは並大抵ではない。モノをつくるにも宣伝するにもお金がかかるが、銀行はそうやすやすとは貸してくれなかった。それがインターネットと組み合わせることで、資本がなくとも、技術が足らなくとも、アイデア次第で事業を立ち上げる素地ができつつあった。そうはさせないとばかりに、日本経営者団体連盟（日本経済団体連合会＝経団連の前身）は、1995年に「新時代の『日本的経営』――挑戦すべき方向とその具体策」を公表し、非正規社員の拡充と成果主義という新たな社会のあり方を提案した。労働力を「長期蓄積能力活用型グループ」「高度専門能力活用型グループ」「雇用柔軟型グループ」に大きく分け、人件費の削減をめざしたのである。

1947年から49年にかけて戦後のベビーブームに生まれた団塊の世代がちょうど中間管理職に就く年齢と重なった。戦後史は、戦争を知らない子どもたちとして生まれ育ったこの世代とともに成長したといっても過言ではない。社会の矛盾を感じやすい青春を過ごした1960年代から70年代にかけて学生運動が盛んになり、働き盛りの80年代はバブルへ突き進んだ。その勢いは1996年に出版販売額が2兆6563億円（出版科学研究所）でピークに達するのにも現われている。しかし、同時に90年代半ばには出世競争の結果がいやでも見えてきて、社会は失速をはじめる。

1996年、首相となった橋本龍太郎（1937～2006、在任1996～98）は、金融ビッグバンと不良債権処理、消費税を3％から5％に引き上げる財務改革を同時におこない、バブル崩壊で傷ついた日本経済の起死回生をはかろうとした。戦後日本では官僚主導の政治が長らくおこなわれ、大蔵省が金融行政を司って銀行の護送船団方式を率いていたのもその一つだったが、改革にはスピードが欠かせないとして行政改革会議を組織し、官邸の主導する政治を模索した。

金融ビッグバンには日本の金融市場をニューヨーク、ロンドンと並ぶ国際金融市場とする狙いがあった。改革の三原則としてフリー（市場原理が働く自由な市場に）、フェアー（透明で信頼できる市場に）、グローバル（国際的で時代を先取りする市場に）を掲げた。宇宙が大爆発によって生まれた説を意味する天文用語と結びつけたこの言葉が1997年の新語・流行語大賞になったのも、経済がいよいよ回復するとの淡い期待が寄せられていたのもあるだろう。大蔵大臣や経済産業大臣を歴任した橋本には経済に強いイメージがあり、頼りがいのある顔だちが期待をいっそう強めた。

この金融改革の流れで、97年に日本銀行法が改正される。戦後、高度経済成長からバブル崩壊まで、42年に制定された戦時立法がそのまま機能していた。改正により、銀行券を発行して金融の調節をおこない、物価の安定をはかるのが日銀の役割だと明示された。そのためには日本の中央銀行として政府とは独立し、自主的な運営が必要だとした。ほかにも外国為替法の改正でインターネット証券の新規参入が認められ、独占禁止法の改正で金融持株会社が設置できるようになる。

背景には貿易摩擦の解消を話し合う日米構造協議（１９８９年）に端を発する、アメリカの年次改革要望書の存在があったが、当時は決して表には出ず、あくまで日本がバブル崩壊を克服するのに、独自に取り組んでいるのだとだれもが思っていた。戦後45年を迎え、ドイツが東西統一に向かう一方、日本では敗戦国だった事実がことあるごとに突きつけられた。抗うように小林よしのり（１９５３〜）が雑誌『ＳＰＡ！』（扶桑社）で１９９２年から「ゴーマニズム宣言」の連載をはじめるなど、歴史認識をめぐる分断が芽生える。

しゃぶしゃぶ

金融はきれいな世界だと世間では見られてきた。お金のことなので、下手な真似はできない。とくに銀行のディーラーは紳士的で、接待の強要などしてはいけないといさめられていた。笹子にとっていちばんの太客である第一勧業銀行のディーラーはきわめて厳格な人で、接待はおろか、付け届けも一切、受け付けなかった。打ち合わせがてらに飲むときも、決まってディーラーが負担した。とはいってもそんな人は非常に稀で、為替ブローカーの仕事は接待で回っているのが実際だった。三洋証券に次いで北海道拓殖銀行、山一證券が立て続けに破綻するなか、相変わらず毎晩、新宿の楼蘭で笹子は銀行の関係者と飲み明かし、埼玉銀行の同期は付け回しをしてきた。

１９９８年の年が明けてまもなく、いつものように地下にある行きつけの店を訪ねた夜のことだった。ホステスの顔ぶれがいつもとちがい、懇意にしている中国人の女将も姿を見せなかった。接客がなんだかぎこちなく、どうしたのだろう、なにがあったのだろうと首をかしげながら飲んだ。ディーラーがいつも楽しみにしているスペシャルサービスも今日は休みだと言われた。家に寝に帰って領収書を確認したところ、宛先に「笹子ハーロー」とあった。社名と個人名を混同したら、なんとも間が抜けた響きになっていた。これでは会社に請求できず、変えてもらおうと店に電話した。いつも愛想よく対応してくれるのに、出た瞬間に切られた。ほどなくして東京地検特捜部が楼蘭を家宅捜索したとのニュースがディーリングルームのテレビに映し出された。すかさず銀行のディーラーから笹子に次々と連絡が入った。会社にばれたらクビになる。妻に知られたら離婚される。なんとか店の会員名簿から名前を消せないか。必死にすがってきた。

楼蘭は会員制の店で、「入会金３００万円、年会費30万円」との看板が入口に掲げられていた。一見には敷居の高い店だと見せかけたのは客質を保つためで、正会員の紹介があれば免除された。接待されるのに会員である必要はないのだが、みな会員になりたがった。ブローカーが銀行を接待して仕事をもらおうとしたのと同じく、銀行は官僚を接待して検査情報をえようとした。とくに管轄である大蔵省に対しては、ＭＯＦ担と呼ばれる折衝担当者が都市銀行や証券会社にいて、念入りにもてなした。

松阪牛のしゃぶしゃぶに、フォアグラやマスクメロンの出るコース料理が人気だが、ノーブラの女性がホステスとしてテーブルに就くスペシャルサービスが店の売りだった。５０００円のチップを払うとパンツを脱いで天井に逆さ吊りされたボトルで水割りをつくり、そのときミニスカートのなかが丸見えになる趣向だった。1本2000円で別売される懐中電灯で覗くオプションもある。ホステスにはアルバイトの女子大生が多かった。

会員名簿には1万人が名を連ね、国の中枢を担うエリートが勢揃いしていた。日銀、大蔵省、厚生省、農林水産省、通産省、運輸省、郵政省、労働省、建設省、食糧庁、水資源開発公団、地域振興整備公団、森林開発公団、石油公団、新東京国際空港公団、首都高速道路公団、国民金融公庫、住宅金融公庫、中小企業金融公庫など、実に幅広い。しかも総裁や事務次官、長官、理事クラスという錚々たる顔ぶれだった。

東京地検特捜部の取り調べに各銀行は黙秘したが、官僚が接待を要求する実態を三和銀行が暴露した。それにより大蔵省や日銀の関係者ら7人が逮捕され、自殺者まで出た。料亭の接待では犯罪にまではならないが、ノーパンしゃぶしゃぶは風俗なので過剰接待になる。官僚と一口にいっても、幹部候補のキャリアと、そうではないノンキャリアにわかれる。大蔵省の場合は約8万人のノンキャリアが800人あまりのキャリアを支える構造になっていた（本省、国税庁、財務局、税関の合計）。ノーパンしゃぶしゃぶに入り浸っていたのはキャリアでも、自殺したのはノンキャリアだった。

日本発の金融恐慌は絶対避けなくてはならないと金融ビッグバンを率いた大蔵大臣の三塚博（1927〜2004）は事件により辞任を余儀なくされ、日銀総裁の松下康雄（1926〜2018）も職を追われた。また、大蔵官僚から自民党の政治家になり、「平成の乱」を志向した新井将敬（1948〜98）にこの時期、日興証券からの利益供与疑惑が持ち上がり、謎の自殺を遂げている。他殺も疑われた。新井は大蔵省の元官僚で、このとき中期国債ファンドを導入したことで知られる。

こうして橋本内閣のめざした壮大な計画はもろくも瓦解していく。大蔵省は金融監督庁が分離されて財務省となり、民間金融機関との関係が断ち切られる。戦後長らく銀行を支えてきた護送船団方式が崩れ、銀行の破綻と再編につながっていく。経済社会の根幹である金融システムが揺らぎ、銀行による貸しはがしや貸し渋りが横行する。笹子が埼玉銀行に勤めていたころ、元本はそのままに金利分だけを返す中小零細が少なくなかったが、元本の返済を求められたのである。バブル崩壊後の1992年に倒産件数が急増し、1万4000～5000件で推移していたが、これにより1998年から2002年は1万8000～9000件とさらに大きく増えている（1999年のみ1万5000件台）。自殺者数も88年から97年まで2万～2万4000人だったのが、98年にいきなり3万2863人に跳ね上がり、2011年まで3万人台で高止まりした（厚生労働省自殺対策推進室）。おもに倒産やリストラといった経済的な理由による自殺で、心の病に苦しむ者も増えはじめる。橋本首相の友人も自殺し、経済の実態を十分に把握しないまま、消費税を5％にあげて不況に陥らしたことで国民に謝罪した。60年代のいざなぎ景気のようにはいかなかったのである。

夜逃げ

ハーローの身売りを知って心当たりに探りを入れても、笹子一人ならまだしも、ほかのブローカーはいらないとつれない返事がかえってきた。どの為替ブローカーも危機的で、統廃合の動きも出ていた。なかでもメイタン・トラディションは赤字にあえいでいた。笹子が働いていたときは5人いた銀行の出向者を12人に増やしてまで、注文を増やそうとしたのに、電子ブローキングの波に飲み込まれ、お荷物を抱えただけだった。

「メイタン・トラディションだけはやめましょうね。あんなに喧嘩をしたのだから、洒落になりませんよ」

行動をともにしてきた2人のブローカーは声を揃えて言った。笹子も同じ考えだった。日銀は公定歩合を操作して金融政策をおこなってきたが、1994年に横並びだった金利を自由化し、コールと呼ばれる短期金融市場に介入する政策に切り替えた。笹子が為替ブローカーの世界に足を踏み入れた1988

年、無担保コールの金利は4％前後あったが、介入をはじめた95年以降は0・5％前後にまで下がっていた。コールとは金融機関が融通しあう資金を指し、その仲介をするのが上田ハーローの親会社である上田短資をはじめとする短資会社の役割だった。銀行同士の貸し借りなので互いを信用し、無担保とするのが慣例だった。三洋証券が倒産した際にそれを反故にしたことで信用が収縮し、北海道拓殖銀行と山一證券、さらに日本長期信用銀行と日本債券信用銀行の破綻につながった。長銀は日建設計による凹字型の斬新なデザインが目を惹く、地上22階地下5階の高層ビルを1993年、日比谷に完成させて間もなかった。

もとより金融業界は金利差で利益を生み出し、短資会社も例外ではなかった。しかし、実質的なゼロ金利政策によって経営が悪化したうえ、外国為替市場も電子化によって手数料が激減した。それでメイタン・トラディションの親会社である名古屋短資はすっかり行き詰まっていた。ハーローに上田短資が必要なように、名古屋短資がなくなればトラディションも日本の拠点を失う。そこで外国為替法が改正されたのを奇貨に、トラディションが経営の主導権を握った。

トラディションはまず英語が堪能な東海銀行の出向者を一人だけ残して全員クビにする。笹子がいたときに世話になった東海銀行から出向した役員はすでに辞め、また新しい出向者が同行からきていた。給料に見合う仕事をしていないのが理由とされた。日本的な馴れ合いなど、世界を相手に展開する外資にはどうでもいいことだった。スイスのトラディションから外国人社長を立てたうえ、経営判断から出向者を日本代表として専務に就けた。それから為替ブローカー各社に籍を置く腕利きの外国人ブローカーを次々に引き抜いた。上田ハーローも例外ではなく、笹子と同世代で、利益率の高い長期金利を駆使していたライバルが移っていった。すぐに注文がトラディションに集まりはじめ、出向者がいなければ為替ブローカーは成り立たないといわれてきたのが間違いだったのを、いまさらながらに証明していた。

1年は同業他社に転職できないはずだったが、日本という縛りを抜け出たトラディションは、紳士協定からの離脱を一方的に宣言していた。慌てた為替ブローカー各社はトラディションに転職した場合、二度と業界に再就職できないとのお触れを出した。混乱するなか、トラディションに移ったライバルが笹子に、「力を合わせて盛り立てていこう」と引き抜きの打診をしてきた。さすがに出戻りになるので躊躇し、一緒に働いてきた2人もいやだと念を押したが、上田ハーローと心中するか、トラディションでもう一花咲かせるか、もはやどちらかしかなかった。上田ハーローで親しくなったブローカーにも笹子は声をかけた。遅かれ早かれ会社はなくなる。見捨てるわけにはいかなかった。だが、トラディションの引き抜きを為替ブローカー各社は警戒し、すんなり辞められる状況でもない。どうすべきか、笹子は日本代表と内密に相談した。

「私がいなかったときのことですし、なにがあったのかも聞いていません。いやがらせをしたという日銀の人は別の会社に出向して、もうここにはいません。ちゃんと処遇しますので、ぜひみなさんでいらしてください」

一つだけ条件が呈示された。夜逃げである。正式に辞めるとなれば面倒になるのは目に見えている。「会社にはなにも言わず、辞表を机のうえに置き、翌日からこちらにきてください。そうしてもらうのが転職の条件です。それくらいやらないと世の中、ダメなんですよ」

代表もまた銀行員としての影を背負っていた。国際的な金融マンになる夢を抱いて銀行に入行し、30年以上にわたって骨身を惜しまず働いた。アメリカの海外支店長にまで登り詰めたが、最後はつぶれかけた弱小ブローカーに出向のかたちで放り出された。なにげない言葉の端々に、笹子は強い怨念を感じた。

決行は金曜日の夜になった。社内では夜番のブローカーが働いていた。笹子たちがなにやらバタバタしているのに気づき、部屋を覗きにきた。大掃除をしていると返事をしてごまかした。部屋がすっかりきれいに片付いたのは夜の10時を回ったころだった。夜逃げするぞと目で合図し、荷物を持って出たら、廊下でばったり上田ハーローの社長と出くわした。とても疲れた顔をしていた。どうしてこんな時間まで残っていたのかはわからない。

「遅くまでどうもありがとね。じゃあ、来週」

上田ハーローは上田短資の創業者である上田家と田澤家、日銀の出向者が持ち回りで社長になるのが習わしだった。笹子が転職してほどなく、創業家にバトンタッチした。銀行の出向者はどうしたわけか、こぞって新しい社長をあからさまに無視した。社内のことも、市況のことも、情報を一切なにも渡さなかった。机に本を高く積み上げて目を合わせず、小学生のイジメのような露骨ないやがらせもした。孤立した社長は、ときどき笹子を呼びだした。なぜか見込まれ、かわいがられた。

「ちょっと教えてくれないか？　海外市況が全然わからなくて、弱っているんだ。まわりもああいう感じで、なにも教えてくれないしさ」

こんなものしかないと申し訳なさそうに、社長は缶ビールをあけた。飲みながら、語り合った。創業以来はじめて赤字になり、これまでにも増して責任を攻め立てられていた。よくしてもらってきたのに、社長の力にもうなれないのは心が痛かった。エレベーターを出てとぼとぼ歩くうしろ姿を、頭を下げて見送った。様子がおかしいと察した夜番の人が他通貨のブローキングルームをもう一度見にきたのは、夜逃げをしたあとだった。テーブルのうえには5通の辞表がきれいに並んでいた。

●社会のルール

1998年から2000年にかけてバブル崩壊の影響はだれの目にも明らかになっていた。旧来の金融システムが壊れてルールが変わり、新しい世界がはじまろうとしていた。冷戦終結に端を発するグローバリゼーションにより、世界標準と呼ばれる、経済の新たなルールが力をつけていた。環境マネジメントシステムＩＳＯ14001が流行ったのもその一つだった。取得を高らかに謳うコンビニのテレビＣＭが連日、放送された。なにかと思えば、「店の前を掃除する」と店内に恭しく掲げられていた。言われなくともしてきたことをあえて言葉にしていたが、ＩＳＯ14001には日本などのやり方や仕組みを学び、生まれた国際規格なのだから無理もない。

バブル崩壊で経営難に陥った企業を狙い、ハゲタカ・ファンドと呼ばれる外資が不良債権を買い漁るのがたびたびニュースになった。それがいったいなにを意味するのか、この先どうなっていくのか、よくわからなかったが、日本企業の経営陣に外国人が加わる事例が目立ちはじめ、高度経済成長を牽引した自動車産業も例外ではなかった。まずは１９９６年、マツダの社長にフォードのヘンリー・ウォレスが就任（１９９６～９７）して２００３年まで４人の外国人がトップになった。１９９９年にはルノーのカルロス・ゴーンが日産自動車の最高執行責任者（ＣＯＯ）に、２００１年にはダイムラー・ベンツのロルフ・エクロートが三菱自動車のＣＯＯになる。とくに脚光を浴びたのがゴーンで、コストキラーとして「日産リバイバルプラン」をもとに経営の立て直しをはかり、熾烈な社内抗争を抑えた。きわめて日本的だった車種も世界市場をにらんで整理していく。

三菱自動車が提携先のベンツからトップを迎えたのは２０００年、内部告発による運輸省の監査でリコール隠しが発覚したのが原因だった。四半世紀にわたって隠蔽がつづいていたのが明らかになり、深刻な経営不振に陥る。事件を境に日本の自動車産業は高度経済成長期から培ってきた輝きを急速に失っていく。アジア市場の重心は中国へ移り、世界的な自動車メーカーが東京モーターショーへの出展を見合わせたりもした。

時を同じくして堤清二の率いたセゾングループが解体される。１９９８年から９９年にかけてセゾン美術館をはじめとする文化事業が閉鎖され、２００１年にグループは解散した。一員だった無印良品はブランドだけで高く売れることに疑問を感じた堤が、西武の最盛期にあたる１９８０年に立ち上げた。

おそらく消費社会が、真に年月をかけた富裕な層が極めて少ないという底の浅さと、大きく残されている非近代的な生活習慣、消費意識とによって、成立すると同時に崩壊と堕落に向かう兆候を見せていたこと、流通小売産業がやがて斜陽に向かうことが予感されてしまうという危機感が、僕を背後から突き動かしていたと思う。

（『叙情と闘争――辻井喬＋堤清二回顧録』辻井喬、中央公論新社、２００９年）

自家撞着に陥るほど堤の危惧した日本の崩壊が現実のものとなっていた。

１９９８年、橋本龍太郎に次いで小渕恵三（１９３７〜２０００）が首相になると、自由民主党は公明党と連立政権を組んで政権の安定をはかる。このとき公明党の主張で99年に導入されたのが地域振興券で、15歳以下の子どもがいる世帯主や、満65歳以上で市町村民税の非課税者らを対象に、１０００円券を20枚、合わせて2万円分が配布された。財源は国で、発行は全国の各市町村が独自におこなった。銀行が立て続けに破綻し、だれの目にも経済がおかしくなるなか、ようやく国がおこなった具体的な対策だった。

地域振興券は公明党の支持母体である創価学会票をえる選挙対策と目された。日本は統計上、無宗教の割合が多いとされ、政教分離が謳われてきたが、いつしか国政を左右するほど大きな力をもつ宗教団体がその存在を隠さなくなっていた。「日本を守る会」と「日本を守る国民会議」が合併し、日本最大の保守団体である「日本会議」が設立されたのもこの時期だった。国家転覆を計画したオウム真理教が休眠宣言するのとは対照的である。

１９９９年に労働者派遣法が改正され、派遣業種を大幅に拡大した。86年に施行された当初は専門職を中心に賃金が高く設定され、女性の社会進出を支えたのが一転、コストダウンを進めるなか、社員ではない者が正社員より高い賃金を得ていることへの不満がくすぶっていたのもあり、改正はすんなり受け入れられた。それにより資本に都合のよい非正規労働者を増やし、社会の分断を進めた。労働問題の深刻化にともない、パワーハラスメントという言葉が生まれ、鬱病をはじめとする心の病を抱える人が増えていく。頼りのはずの労働組合は弱体化し、問題を解決しにくい状況になっていた。

気づくと日本でデフレがはじまっていた。安くなるのを喜んだのも束の間、回り回って自分の売上げが下がっていく。それがデフレスパイラルであり、デフレの怖いところだとはだれもすぐには気づけなかった。国が国を壊すかのようにして経済の根幹である金融システムが麻痺してお金がうまく回らなくなり、日本はすっかり死に体になっていた。

第4章

ガイタメ

1998 ~ 2005

スポーツ報知
会社合併でクビ通告
リストラにお返し奪首
業界最下位会社に再就職 前代未聞の逆転
怒れる11人の侍
円・ドル直物取引業 メイタンーシェア2%が1か月で40%
円卓には約300の電話回線
おいしいふるさと

メイタン・トラディションの円卓が掲載された紙面
（『スポーツ報知』1999年12月3日付）

焼け石に水

笹子たちが夜逃げした明くる土曜日、上田ハーローの米ドルセクションにいる社員同士の結婚式がひらかれた。職場結婚の多い会社だった。社内はお祝いムードで、ずいぶん盛り上がっていた。部署がちがうのもあって笹子は招待こそされなかったが、「おめでとう。お幸せに」と調子よく声をかけていた。それが一転、披露宴会場は夜逃げ話でもちきりだった。青い顔をした役員の席はうち沈み、式が終わると会場を慌ただしくあとにした。銀行にどう説明すればよいか、今後どうするかを話し合い、対策を練らなくてはならなかった。

笹子は笹子で、メイタン・トラディションのブローキングルームに籠もり、月曜日から仕事をする準備に忙しかった。１９８８年、右も左もわからない為替ブローカーの世界に転職し、ちょうど10年が過ぎていた。その間、埼玉銀行は合併してあさひ銀行になり、外国為替は電子化の波に飲み込まれた。

懇意にしているディーラーにはあらかじめ事情を説明していて、引き続き仕事ができたが、社内の風あたりは驚くほど強かった。知った顔がまだ何人も働いていた。同期もいれば、先輩もいる。さんざんやりあったくせに、どの面下げて帰ってきたのだ。だれもが白い目で見た。廊下ですれ違って挨拶しても、あからさまに無視された。きっとものすごい額の年俸を受け取っているにちがいない。社内は噂でもちきりだった。いかんせん因縁のある会社に、のこのこ舞い戻るのだ。普通ありえないのは、考えなくてもわかる。

上田ハーローでは役員が社員一人ひとりを会議室に呼び出し、なにか事情を知っているか詰問した。バックオフィスで笹子を支えた岡本も根掘り葉掘り聞かれた。二人がプライベートで遊んでいたのを知る役員は、絶対なにか聞いているはずだと訝っていた。

「あんなに仲よくしていたのに、なにも知らないわけがないじゃないか。ここで笹子の携帯に電話してみろ」

ほんとうになにも聞かされておらず、説明のしようがなかった。しぶしぶダイヤルしても、応答はない。笹子をかわいがっていた社長は一人で銀行に出向き、謝罪して回っていた。いつも社長車など使わず、電車で移動する謙虚な人柄もあって、とくに苦情は出なかった。しかし、2週間あまりして、社長は急死する。異常な社内事情を知る者は、役員によるイジメで心身ともに疲れたのだろうと察した。自殺したとの噂も流れた。替わって笹子が転職するときに条件交渉をした東京銀行の出向者が社長に就任し、夜逃げの一件はうやむやになった。

笹子がメイタン・トラディションに呼び戻されたのは、赤字が深刻な短期金利のセクションを立て直すためだった。長期金利は先に上田ハーローから移った外国人ブローカーが、すでに業界トップにまで急成長させていた。息の合ったディーラーを相手に、これまで通りの取引をつづけた笹子も負けじと人一倍、売上げた。自分の仕事を淡々とこなしていたが、半年経っても周囲のきびしい目は変わらず、社内の空気はぎすぎすしたままだった。そんななか日本代表に呼び出され、営業部長に任命される。

「君がいくらがんばったところで、会社としては焼け石に水です。自分には関係ないとは考えず、すべてのセクションを黒字にしてください。さもなければボイスブローキングを廃止すると、スイスの本部が最後通牒してきました。そうなると君も私も辞めなければなりませんよ。まあ、やるしかないでしょう」

シェアを重視する日本の企業に対し、外資は収益を重んじる。経営感覚のちがいで、問答無用の選択を迫られた。電子ブローキングに押され、ボイスブローカーの需要はすっかり縮小していた。シェアをとれば自ずと儲かると考えられてきたが、業界のトップでも赤字で、2番手3番手となれば倒産の危機に瀕していた。コバヤシが1998年にまず脱落し、99年にハトリ・マーシャルがつづいて、8社から6社に減った。ハトリ・マーシャルが営業を停止したとき、ブローカーの使う特殊な電話装置を引き取らないかと業者から声をかけられた笹子は、もぬけの殻となった事務所を訪れ、その終わりを目にしている。

昇進の噂はたちまち社内に広まった。腹を立てた先輩が何人かその場で辞表を叩きつけ、「あんな奴の下で働けるか」と吐き捨てた。辞めはしなくてもいちいち食ってかかってきて、仕事どころではなかった。笹子もそうしてやり合っては、会社を点々としてきた。中間管理職になり、今度はスタッフをいかに抑えるかを考える立場になった。

為替ブローカーとして10年の経験を積み、どうすれば同業他社と差をつけられるか、笹子なりに考えがあった。あまりに体力勝負の業界なので、ほんの少し頭を使えば画期的に改善させられるはずだった。銀行のようにダブルチェックを徹底するだけでミスが減り、弁償せずにすむ。事態打開のため、上田ハーローの岡本に声をかけた。狭い業界なので、メイタン・トラディションに出戻ったのはすでに彼女の耳に入っていた。

「ごめんねじゃないですよ。上の人に何度も呼び出され、さんざんだったんですよ」

上田ハーローは末期的な状況で、事務職はそっくりそのまま新橋にある証券会社に移籍していた。新しい職場も業績が悪く、売上げのない日が何日もつづいた。社内の雰囲気は最悪だと岡本が愚痴ると、笹子はすかさず「うちに来ないか」と誘った。

「転職するとか、勉強するとか、未来が明るいほうに行く話だと反感を買いやすい。でも、親が病気になったとか不幸な話をつくると温かく辞めさせてもらえるよ」

辞めるときにもめるとあとを引くが、そうでなければ大丈夫だと笹子は管理職の心理を読んでいた。実際、転職はすぐにばれるが、とくに問題にはならなかった。気心の知れた岡本に、笹子は秘書の役割を託した。スケジュールを管理し、アイデアをメモに書き留めるのが仕事だった。短期計画もあれば長期計画もある。時系列に整理し、前のめりになりがちな笹子を支えた。岡本のいた証券会社はそれから1年もたなかった。世の中、景気の悪い話ばかりが聞こえてきた。

デジアナ

営業部長となった笹子は現場を離れ、ボイスブローカーとして電話に出ることはなくなった。これまでとはちがって自分の仕事をやっていればいいとはいえなくなり、まずは社員全員に1台ずつノートパソコンを支給し、事務処理の効率化をはかるとともに、情報発信を試みさせた。上田ハーローに転職し、担当するディーラーに為替情報をファックスで送ってきたのが発想の原点になっていた。1990年代前半、パソコンの世帯普及率は10%程度で推移していたが、Windows 98でインターネットがより身近になった1998年には25%、4世帯に1台にまで増えていた。このころはまだ少なからぬ人がデジタルに拒否反応を示し、仕事が増えるとの文句が相次いだ。笹子が意義と狙いをいくらていねいに説明しても、気のない返事がかえってきた。

ノーパンしゃぶしゃぶ事件によって接待を受けつけない銀行が増え、飲み食いに頼らない営業をめざす必要があった。手数料が安くなり、以前のようにしていては赤字になってしまう。その代わりに情報を提供しようとしたのである。ちょうど銀行員が個人のメールアドレスをもつ時期に重なった。個人宛てに送信すれば、総務にファックスで送るより、読んで欲しい人のところに直接届く。おもしろいと思えばだれかほかの人に転送し、思わぬ広がりがあるかもしれない。

はじめは前日の終値や為替チャートといった簡単な発信からはじめた。通貨の歴史を読み物としてまとめるなど、関心を惹く工夫もした。テレビ局でADをしていたスタッフが国会図書館で調べてはまとめた。インターネットで拾える情報はまだ少なく、フットワークの軽さがものをいった。試行錯誤を重ねていくうち、だんだんメールマガジンの体裁を整えていく。広報誌をつくるには編集費や印刷費がかかるが、メルマガであればコストを最低限に抑えられる。

アナログをデジタルに焼き直すだけではだめなのが頭ではわかっていても、どうすればよいかわからず、なかなか満足のいくものにはならなかった。そこでディーラー一人ひとりの求める情報に絞り、オーダーメイドのメルマガを仕立ててみた。他通貨セクションにはドルも見ている人がいれば、ドイツ・マルクに特化している人がいる。無駄をそぎ落としたほうが、ニーズにより応えられるはずだが、印刷物ではそこまで柔軟に対応するのはむずかしい。それがデジタルではいとも簡単にできてしまうのである。

ディーリングルームに新人が配属されたら、すぐに為替に関する資料一式を用意して届けさせた。エクセルで資料を管理し、何月何日のデータが欲しいとか、1年分まとめて欲しいといった要望にも応えた。蒔いた種がいつ実るかわからないが、役立てばきっと注文につながるはずだった。

業務プロセスを最適化させるためにもデジタル化を進めた。伝票処理を窓口で完結する銀行の一線処理をヒントに、タッチスクリーンで入力するシステムを導入し、伝票を電子化したのである。取引が約定するたびに伝票を手書きしてバックオフィスに回していては、遅れが出て、ミスも生じる。システムを開発するにあたり、笹子は同業他社でお金を出し合い、一緒に取り組まないかと提案した。ミスが減るのは業界全体としても望ましく、1社あたりの負担が軽くなる。しかし、他社には追加投資をする体力がすでになく、結局、単独で取り組んだ。これまでないシステムを導入したことで、ほかの為替ブローカーと取引するより効率的かつ正確だとして、メイタン・トラディションの利用を推奨する銀行も出てきた。

こうして社内体制が整ってきたころ、上田短資とハーローの合弁解消が正式に決まり、全国にその名を知られた上田ハーローも風前の灯火だった。行方が注目されていたが、すかさず業界最大手であるトウキョウ フォレックスとの合併を発表し、1999年、「トウキョウ フォレックス上田ハーロー」という長い名前の会社が生まれる。

「いよいよきみの古巣も終わりだね」

業界の再編にあたり、代表は感慨深げに言った。

「はい、まさか阪神が巨人に吸収されるとは思いもしませんでした」

フォレックスは東京、上田ハーローは大阪の発祥なので、巨人と阪神と呼び慣わしていた。あがいたところで電子ブローキングの流れは止められず、為替ブローカー各社は打開策を見つけられずにいた。ボイスブローキング全盛期にはいくら人手があっても足らなかったが、電子ブローキングが広まって人がいらなくなり、手数料も大幅に下がった。株の世界では大阪証券取引所につづき、東京証券取引所でも場立ちの廃止が決まった。株式市場の活気を伝えた立会場が、電子化で跡形もなく消えるのだ。

オールスターチーム

「で、なにかすること、ないのか？」

代表は念を押すように聞いてきた。上田ハーローのいちばんの強みは、NHKなどのニュースでなじみのある米ドルスポットセクションで、優秀なブローカーが集まっていた。だが、トウキョウフォレックスにも同じセクションがあり、合併で軋轢が生じるのは目に見えている。だからまとめて引き抜いてこい。代表はそう言いたいらしい。東大卒の切れ者だが、表に出るのをいやがり、参謀役に徹した。いつも具体的にはなにも指示せず、忖度させたのである。

米ドルスポットセクションと他通貨金利セクションはフロアこそちがったが、自分のいた会社だけに、だれにどれくらいの能力があるか、笹子はよくわかっていた。さっそく電話して会ってみると、合併まで1カ月に迫り、だれもがこの先、切られる不安を隠さなかった。1年はなんとかなるにしても、そのうち外様はリストラされるに決まっている。上田ハーローばかりではない。あらゆる伝手を使い、各社を代表するブローカーと銀座のエスカイヤクラブで会っては、バニーガールのもてなしを受けながら引き抜きを打診した。すべての権限を与えられていたため、話は早かった。1000万円の年俸の人には2000万円、1500万円の人には3000万円と倍額を提示した。好条件を示されてなびかない者などいなかった。どのみちボイスブローカーが証券取引所の場立ちと同じ運命をたどるのは目に見えている。ブローカーの技術はほかの仕事ではなんの役にも立たないので、しがみつけるうちはしがみついていたいとの思いは同じだった。

米ドルスポットセクションを受け入れるにあたり、技術者を引き連れて夜中、上田ハーローに忍び込んだ。ブローキングルームの円卓を細かく採寸して写真に撮り、電話回線がどうなっているのかを調べあげ、まったく同じものをつくったのである。スパイまがいなことをしてまで、笹子は仕事の環境を整えていくのだが、肝心の円卓を置く場所が社内になかった。

「役員室を全部つぶせばいいよ。どうせ会社にいてもなんの役にも立たない連中だし、ぼくもしばらく家にいるよ」

代表は涼しい顔をして言ったと思ったら、銀行の出向者たちを次々に内線で呼び出した。まだ３人、嘱託としてしぶとく居座っていた。

「どうせなにもする仕事がないだろ。部屋もなくなるし、もう来なくていいよ」

準備を万端に整えた笹子は引き抜きにあたり、ブローカーに夜逃げを指南した。面と向かって辞めるといえば、引き留められるに決まっている。給料を上げ、必死に説得してくるだろう。そうなれば笹子も対抗せざるをえなくなる。業績が悪いなか、互いに体力を消耗していてはキリがない。決行の日はホテルに部屋を用意し、１週間ほど家族とともに姿をくらませさせた。

思い切った改革が迫られ、笹子は各セクションにオールスターチームをつくりあげていった。当然、各社の強い恨みを買う。いかんせん、有能な人材を選りすぐって引き抜くのだ。気づかれずに一人ひとり、間を置いて転職するのならまだしも、チームごと移籍するのである。大騒ぎになり、噂はまたたくまに業界中に広がった。トウキョウフォレックスも上田ハーローも各銀行に出向き、迷惑を被っていると触れ回った。上位２社の合併でマーケットが落ち着くはずだったのに、下位のメイタン・トラディションが徒に引っかき回している。いくらなんでも調子に乗りすぎだ。日本興業銀行をはじめとする保守的な銀行は怒り、取引を見合わせた。笹子が挨拶に出向いても門前払いされた。

「お前みたいにルールを守らない奴とはもう二度とやらないよ」

為替ディーラーの親睦団体である日本フォレックス・クラブの集まりで、笹子は面と向かって叱られた。日銀の人にも吊るし上げられた。

「きみ、ディーラーはジェントルマンの集まりなんだよ。みんな紳士的に、フェアーな取引を心がけている。それを君、君のやっているのは、気高い伝統に泥を塗るのも同じだ。恥を知りなさい、恥を」

どこに行っても笹子の評判はひどいものだった。だれかが辞めるたび、どうせあいつのところに行くのだろうとますます憎まれた。

だれかを引き抜けば、それまで働いていた人がいらなくなる。リストラも笹子の仕事だった。上田ハーローで金曜日に「さよならレター」を渡していたのに倣い、毎週金曜日、内線電話で会議室に呼び出した。電話があればクビなので、社内は朝からピリピリしていた。一度に5人、まとめて辞めさせた日もある。

「悪いんだけど、給料1年分を払うんで、今日で辞めてください。その間、職業訓練校に通い、再就職に備えてください。半年分の授業料は会社が負担します」

言われた途端に泣き出す人がいれば、へたり込む人がいた。殴りかかってくる人もいた。ほとんどは笹子と同世代か、一回り上の人だった。

「きさま、ふざけやがって。勝手に出て行って戻ってきたと思ったら、今度は首切りか。いい加減にしろよな。いったい何様のつもりだ！」

埼玉銀行から転職したとき、終身雇用制の正社員とはちがい、笹子のような年俸制の契約社員は会社が傾けばすぐに切られる。そう言ってバカにしてきた人に限って、怒りをあらわにした。業界最下位の会社とあって、就職試験に失敗した人や就職活動に出遅れた人、英語ができるだけの帰国子女らが流れ流れて吹きだまっていた。第一志望で応募してくる人はまずいない。メルマガ一つつくるにも四苦八苦しているのは、入社時点の考えが甘いのもある。中途半端な会社は中途半端な人しか採用できず、中途半端な人しかいなければ中途半端な会社にしかならない。それが現実だった。思い切って変えていかなければ、とても生き残れるはずがなかった。

マスコミ

上田ハーローの強みは、巧みなメディア対策にあった。ニュースで為替情報を提供していたのもその一環で、円卓で取引する様子が毎日テレビに映し出された。実際には業界3位でも、外国為替はここがいちばん強いのだろうと一般視聴者に思い込ませるほどの効果があった。

上田ハーローがなくなるのは、その座をそっくりいただくまたとない機会になる。トウキョウフォレックスは保守的な会社で、取材には事前申請が要るなど、金融機関ならではの規制がたくさんあった。メディアに頼らなくても十分に商売が成り立つため、媚びる必要がなかったのである。そこで笹子はメディアの力を最大限に活かし、業界最下位にいるメイタン・トラディションのイメージアップをはかろうとした。上田ハーローと同じ円卓をつくったのも、取材に来てもらう狙いがあった。取材専門のブースまでつくって対応し、ありとあらゆる希望に応えた。ニュース映像に為替が大きく変動する場面が欲しいと言われれば、テレビ向けに再現した。レート表示を同じ数字に変え、ブローカーが「マイン」「ユアーズ」と叫んで演技するのである。絵にならなければ局に帰って叱られるディレクターはみな大喜びした。

東京証券取引所の大発会で、恒例の晴れ着が中止になったときも泣きついてきた。さっそく貸衣装を手配して会社の女性スタッフに着てもらい、演出した。思惑通りにテレビ局が取材に来てくれるのでどんどんエスカレートし、クリスマスには天井まで届く大きなクリスマスツリーを、正月には立派な門松を飾り、業務には関係のないことでも話題づくりにいそしんだ。サッカーのワールドカップでは、スタッフ全員がユニホームを着て仕事した。取材に訪れた記者やカメラマンには豪華な手土産を用意し、メディア関係者を集めては盛大なパーティーを催した。対応に追われながら、報道は中立であるべきなのに、どうしてこの人たちはこんなに軽薄なのだろうと笹子は内心がっかりさせられた。

上田ハーローから米ドルスポットセクションを引き抜いた問題は長いこと引きずり、仕事に差し障りが出ていた。スポーツ紙の記者に相談すると、二つ返事で取材に来た。経済に関する話題は小さなコラムにするのが精一杯だとの断りがあったが、取材報告を聞いたデスクがおもしろがり、全面の大きな記事になった。「リストラにお返し奪取 怒れる11人の侍」との見出しで煽り、役員室を壊してつくった円卓の写真が大きく載った。

「(クビにされた会社を) 見返してやりたい。今はその気持ちでいっぱいなんです」

(『スポーツ報知』1999年12月3日付)

オールスターチームを率いるチーフブローカーのコメントで、記事ははじまった。弱小の外資系がリストラされた社員を集めてがんばっている。陰惨なリストラが横行する世の中で、救世主のような会社だ。記事は大きな反響を呼び、取材が殺到した。笹子もテレビに出て、インタビューに答えた。リストラについてどう思うか、どうしたら一夜城みたいな真似ができたのかなど、ネタには事欠かない。だが、外国為替について知識のない記者が書いたピントのずれた記事や、間違いの多い記事も見受けられた。とくに上田ハーローがトウキョウ フォレックスに吸収合併されたと書いたメディアに対し、東京短資は怒りを露わにし、裁判も辞さないとした。表向きはあくまで対等合併だったが、強く出たのがかえって火に油を注ぎ、報道はいっそう過熱した。

居心地の悪い日々が過ぎていくなか、上田ハーローの社長になった東京銀行の出向者が、メイタン・トラディションを訪ねてきた。運悪くばったり廊下で鉢合わせた笹子はばつの悪い思いをするが、日本代表に話があるとのことで案内した。話が終わるのを不安な気持ちで待っていると、1時間ほどして呼び出された。

「向こうは瀕死の重傷で、降参してきました。マスコミを使うのはもうやめなさい」

最後に一つ、『週刊朝日』の取材を受けた。断るつもりだったが、新聞社の発行する雑誌の編集長が直々取材にきて記事を書くと言うので、しっかりした内容になるにちがいないと信頼した。雑談中、オフレコと断ったうえ、日ごろ感じている金融業界の闇について、おもしろおかしく話した。つきつめれば日本経済の問題はすべて日銀にある。いつまでも銀行が再建できないのは、日銀の出向者に多額の給料を払わなくてはならないのが原因だ。取材に来てくれたお礼に、あることないこと、冗談話で笑わせたつもりだった。

取材を受けたことをすっかり忘れていたある日、日銀が笹子の身元照会を会社宛てにしてきた。引き抜きの件でまた叱られるのかと思ったら、週刊誌の記事が問題にされた。慌てて読んで、腰を抜かした。日銀を批判した話だけを切り取り、記事にしていたのだ。笹子の名前もしっかり載っている。電車の中吊り広告にまで見出しが大きく踊った。唖然としていたら、編集長から電話があった。

「見た？　ばっちりでしょ！　じゃあね～」

朝日新聞でも早期退職で会社を去る人が増え、体質が大きく変わりはじめていた。部数の減少から、老舗雑誌だった『朝日ジャーナル』が1992年に、『アサヒグラフ』と『科学朝日』が2000年にそれぞれ廃刊になった。「おれならできる」と考える人たちのせめぎあいのなか、代わりに新しい雑誌を次々に創刊するものの、長続きはしなかった。

メディアをうまく利用してきたつもりでいたが、痛いしっぺ返しを受けていた。危ない橋を渡ってまで会社の知名度を上げるいちばんの狙いは、銀行の新入行員に名前を覚えてもらうことにあった。序列への先入観があるベテランのディーラーは大手と組みたがるが、若手はなんだか楽しそうだと思えば集まってくる。そうすればしめたもので、仲よくなったもの勝ちになる。狙い通り、逆境のなかで手を貸してくれる人が少しずつ増えていく。オールスターチームのがんばりも加わって営業成績がぐんぐん上がり、一気に業界3位にまで急伸するのだ。

●インターネット

1995年はインターネット元年と呼ばれる。統計に上るのは翌96年で、企業普及率は5割に達するものの、世帯普及率は3%にすぎなかった。初期にはインターネットとはなにかという哲学めいた命題があり、さまざまな文化的試みがおこなわれた。大手企業でもホームページのないところが少ないなか、個人によるホームページづくりが流行った。NTTが推進したことで80年代を通じて盛んに使われたニューメディアという言葉はマルチメディアに取って代わられたが、具体的になにを意味するのか、いま一つはっきりしなかった。そのなかで立ち現われたのがインターネットで、文章と画像、映像を組み合わせ、しかも双方向にやりとりできるなど、ニューメディアやマルチメディアと呼ばれてきたものの特性をすべて揃えていた。

ベッコアメ・インターネットは、個人がインターネットを利用できるようにしたプロバイダーの草分けだった。1994年に創業者の尾崎憲一（1967〜）が消費者金融で借りた30万円を資本金にはじめた事業はまたたくまに軌道に乗り、ITベンチャーの先駆けとして脚光を浴びた。当初は電話回線にモデムをつないで接続したが、NTTが世界の基幹網をめざして1988年に実用化したISDN回線を引けば若干、通信速度が向上した。96年にユーザーが猥褻画像をホームページに掲載した容疑で、ベッコアメはプロバイダーとして日本ではじめて警察の強制捜査を受ける。高尚なものとして語られがちだったインターネットの現実を示す事件だった。大手が次々とプロバイダー事業に参入してこうした草分けは影を潜め、尾崎もわずか5年で会社を追われる。

インターネットは当初、プロバイダーが独自に用意するリンク集を入口として利用するのが一般的だった。申し込みをすると、各プロバイダーが初期設定でそのように誘導した。Yahoo! JAPANは1996年にサービスをはじめたポータルサイトで、「芸術と人文」「メディアとニュース」「ビジネスと経済」をはじめとする14のカテゴリーに分け、リンク集として機能した。「芸術と人文」がはじめにくるのが初期のインターネットの特徴で、同人誌感覚でつくる人が多かった。まだアナログとデジタルの境目が混沌としていて、日本経済新聞社は『インターネット・イエローページ』と題するリンク集を電話帳のようにぶ厚い本のかたちで毎年、刊行していた。

いち早くインターネットへの取り組みをはじめた新聞社はネットの力をはかりかね、デジタルならではの発想に切り替えられずにいた。新聞を買わなければ読めなかった記事を無料で公開したら、部数減少の原因になりかねないなど、ジレンマに陥ったのである。当初は課金の仕組みがなかったのが大きかった。新聞というインフラが揺らぐはずがないとの思い込みもあった。内部的には従来、編集部と整理部でおこなってきた紙面づくりにシステム部が新たに関与し、軋轢が生じた。ほかにも多くの企業がアナログからデジタルへの変換をうまくできずに苦慮していた。ただポータルサイトを運営する一部のIT企業だけがプラットフォームとしてのビジネスモデルを見据え、淡々と外堀を埋めていった。

マルチメディアはいつしかITと呼ばれるようになったが、意味しようとしているものはなにも変わっていなかった。相変わらず漠然としているので、「イット（それ）」と揶揄された。インターネットがどんな力をもつのか、これからどうなっていくのか、本当のところはだれも想像さえできずにいた。ハードもソフトも処理能力や回線速度などのボトルネックがたくさんあり、動作も不安定になりがちだった。著作権もその一つで、それが個人によるホームページが目立った理由の一つでもあった。グレーな部分があるため、あくまで個人のしたこととしてプラットフォーム企業は免責をえようとしたのである。変化の早い時期ではあったが、完成予想図と実物との乖離が大きい、とても不完全な状態が１９９０年代の終わりころまでつづいた。

１９９９年から２０００年にかけてコンピューター関連株への投資が増え、インターネット・バブル（ＩＴバブル）が発生する。このころを境にパソコンやインターネットが急速に一般家庭に入り込み、１９９９年に約30％だったパソコン普及率は２００５年には65％に（『消費動向調査』内閣府）、20％程度だったインターネットの普及率は70％にまで上昇する（『通信白書』総務省）。電話回線を利用することからなかなか許可がおりなかったＡＤＳＬが、１９９９年に東京めたりっく通信によって東京23区の一部地域で導入されたのに次いで、２００１年にＮＴＴが光ファイバーによるインターネットの接続サービスをはじめる。翌２００２年には東京電力も光ファイバーに参入し、回線速度についての不満がなくなる。パソコンの処理速度やＯＳの安定性も、２０００年のWindows 2000を経て２００１年のWindows XPから次第に問題が解消された。インフラが整い、性能が向上し、未知で高価だったデジタルがごくありふれた、それでいて日々の暮らしに不可欠なものになっていた。

普及の背景にはコストダウンやリストラの意識も強かった。熟練の専門家にしかできなかったことがソフトウェアで直感的にできるようになった。郵便物はメールに取って代わられ、２００１年度の２６７億通をピークに減少しはじめる。雑誌も１９９７年の５１億９０００万冊をピークに発行部数が減りつづけた。その間、個人のホームページはブログに移ったのち、ＳＮＳが中心となるのだが、言い換えればプラットフォームを用意する大手ＩＴ企業に個人が吸収されていくのである。

リストラ

メイタン・トラディションの経営権を握ったトラディションはまずセクションごとに独立採算制を敷き、

ボーナスもその売上げに応じて決めた。さらに人を減らすことで一人あたりの増益をはかる方針を社として打ち出し、競争がいっそう強まった。稼ぎのないブローカーはお荷物でしかない。

「こんなの、使えないんで、クビにしてください」

各社のエースだったブローカーは仕事ができる分、みなガツガツしていて気性が荒く、リストラされる人を冷ややかに見ていた。仕事のできる人が出世競争に敗れて会社を去ることはあっても、リストラされることはまずないはずだからである。

「お前、ぶっ殺してやるからな」

リストラされたブローカーが脅しの電話をよく笹子の携帯電話にかけてきた。だれもが再就職に苦労していた。いい年をした男が職業訓練校でエクセルの使い方をちょっと覚えたところで、なんの足しにもならない。不景気で募集が少ないなか、どこかの会社に営業で採用されても、長続きはしなかった。成果を上げられないまま辞めさせられるか、いやになって自ら辞めるかのどちらかなのである。ブローカーはほんとうにつぶしのきかない仕事だった。

退職の手続きをする総務の女性たちは、「また、彼がやった。いやね、あの人は」と影で言い合った。いつしか会社中の人が笹子に気を遣いはじめた。あいつに嫌われると、たいへんな目にあう。無口だが、怒らせたら怖い。なにげない会話を笹子と交わすだけでおどおどし、言葉を詰まらせていた。ついにはもともといたブローカーがだれひとりいなくなる。外人部隊とオールスターチームがすべてを蹴散らし、すっかり入れ替わっていた。準備は整い、あとは一気に業界のトップを狙えばいい。しかし、たしかにシェアはとれても、頭に思い描いていた圧倒的な成功にはほど遠かった。お金はそのうちついてくるだろうと笹子は楽観的に考えていたが、スイスの本部から監査に訪れた社長は認めなかった。普段は日本にいないが、年２回、貸借対照表を確認しに来た。

「答えはノーだ。シェアでは食っていけない。重要なのは収益だ。１億円かけて１億円しか回収できないセクションはいらない。全員クビだ」

インターネットが普及するまで、海外支店のブローカーとマーケット情報を共有し合い、ディーラーの問い合わせに備えていた。市況を聞けば即座に答えが返ってくるので、ブローカーは情報源の一つとして重用されていた。しかし、ありとあらゆることをインターネットで検索できるようになり、その意味でもブローカーの存在価値が失われていた。原因は電子ブローキングの普及だけではなかったのである。1995年から0・5%前後で推移していた無担保コールの金利を日銀が98年に0・3%台、さらに99年に0・02%まで下げたのも大きかった。本格的なゼロ金利政策がはじまり、為替がダメでも金利で売上げればいいとの笹子の思惑がはずれた。長期はまだしも、短期は壊滅的だった。悪条件がいくつも重なり、会社として継続するのが限界に達しつつあった。いくらあがいてもどうにもならないのは斜陽産業の宿命である。

名実ともにオールスターを集めたにもかかわらず、さらなるリストラを本部に言い渡された。半年以内に50人、遅くとも1年以内に早期退職させる具体的な目標まで確認させられた。シェア争いに勝っても黒字にできず、リストラに頼らざるをえなくなっていた。これまでは仕事のできない、使えない人を切ればよかった。心は痛むが、選別は簡単だった。それが今度は頭を下げて来てもらった人たちを切れと迫られている。どうしたらよいのかわからず、笹子はひどく悩んだ。

「そんなの簡単ですよ。飼い殺しにすればいいんです。エース級の連中なんて、プライドの塊です。遅かれ早かれ自滅しますよ。他社も余裕がもうありませんし、ここが連中の墓場になりますかね。さながらクビ切り場というところでしょうか」

代表に相談したところ、冷たく言い放たれた。表向きは割り切ってリストラしていたが、笹子は深く傷ついていた。銀行とちがって為替ブローカーはB to B（企業間取引）の会社なので対面仕事に疲弊させられることなく、プロ同士の駆け引きで目の前の取引に集中していればよかった。しかし、営業部長として現場を離れ、部下をしっかり目配りしなくてはならない立場になった。リストラせざるをえない人たちを見ていて、駆け出しのときに埼玉銀行で鍛えられたからこそ、いまの自分はあるのだと笹子は思い知らされた。いやだった稟議書も、仕事のうえで大切な基礎になっている。その点、為替ブローカーに転職していくら説明を求めても、上に言われるのは決まって「盗め」「慣れろ」「調べろ」の三つだった。たしかにそういう業態かもしれないが、それでは育つものも育たない。

先鋭化

喧嘩の絶えない、殺伐とした職場だった。各社のエースなので無理もないが、自分がいちばんだと思う人ばかりが切った張ったの世界に集まっていた。すぐに腹を立てては「おれのほうができる」「おれのほうが稼いでいる」と確執が生まれ、睨み合いをはじめた。プロ野球のオールスターゲームは試合数が少ないからまとまるのであって、もし毎日顔を合わせるとなればそうはいかないだろう。事実、長嶋茂雄が1992年にジャイアンツの2回目の監督になったとき、各球団の4番バッターを引き抜いて強力打線を揃えたが、それでV9を再現するような常勝チームになったわけではなかった。

為替ブローカーは体力の要る仕事で、チームには25歳から40歳までの人がいた。40歳の笹子はいちばん年上のひとりだったが、10年あまりの職場経験を積んだ30歳から35歳が稼ぎ頭だった。他者を配慮するほどの人生経験はなく、残酷なことをしても気づかない鈍感さは備えているので、余計に強かった。

「別にいいんじゃないですか？　使えない奴なんて、どんどんクビにしましょう。そうすれば風通しがよくなりますよ。足手まといなんで、いますぐ切ってもらってかまいません」

本部に突きつけられたリストラ通告をどう対処すべきか、各セクションのチーフに笹子が相談したところ、なんともなげやりな反応が返ってきた。各社でトップの成績を収めていても、オールスターチームではいちばん下になるかもしれない。転職してきたときは潑溂としていたのに、1年も経たないうち、身も心もぼろぼろになって自ら辞めていく。「あんまりです」とすっかり自信をなくし、鬱でなにもできなくなっていた。強いチームの怖いところは、弱者を切り捨てるところにある。よい点を見つけて守るつもりなどなく、辞めたいと考えている者を引き留めもしなかった。とくに年長者に対しては非常にきびしい態度を取りがちで、集中攻撃をはじめた。弱みを見せたり、仕事の処理が少しでも遅れたら、よってたかっていじめて窓際に追いやり、あげくに「クビにしてください」と言ってはばからない。気遣いもせず、ライバルが減ると、みな嬉々としている。こうしたことが延々と繰り返され、ただハラスメントに耐え抜いた人が職場に残ることになった。

為替ブローカーは一人ひとりが自分の力を発揮する仕事なので、組織もチームも関係なかった。能力のない人を外すのは当然で、なんの痛みも感じない。だれもが自分本位に考えていた。収入がよければ、いい暮らしができる。おいしいものが食べられる。子どもの教育にお金をかけられる。邪魔する者が立ちはだかれば、排除するしかない。自己犠牲なんてありえない。それが競争だ。自己責任なのは当然である。状況が悪化して追い詰められ、より先鋭的になっていった。ヘラヘラしていたら、自分がやられかねない。オールスターチームをつくればどこにも負けないと安易に考えていたが、強いだけの集団ほどおそろしいものはないのだと笹子は思い知らされた。わが身を振り返れば、自分がその先頭に立ってきたのに改めて気づかされる。

1998年の外国為替管理法（外為法）改正により外国為替業務が自由化され、銀行のディーラーと同じことが個人でもできるようになる。それまでは戦後の1949年、外国為替と外国貿易を管理するために制定されたこの法律の規制で、外国為替に投資するには外貨預金くらいしか、選択肢がなかった。最初に動いたのは商品先物業者で、ダイワフューチャーズが日本初の個人向け外国為替証拠金取引をはじめた。商品先物が扱ってきた大豆やトウモロコシの相場と、外国為替には性格が似ているところがあった。海外では1980年ごろにまでさかのぼり、96年にはオンラインによる取引がアメリカではじまっていた。ディーラーの世界では1本1億円が最低の取引単位だが、それほど多くの現金を用意できる個人は限られている。そこでレバレッジという仕組みにより、敷居を低くしていた。銭単位で動く為替の特性を利用して単位を切り上げ、10倍のレバレッジであれば10万円で１００万円の取引をできるようにしたのである。為替ブローカーである笹子は自分でディーリングをしているわけではなかったが、なにをどうすればよいか、骨の髄までわかっている。為替レートは常に確認でき、日銀の介入をはじめ外国為替に関するあらゆる情報がすぐ手に入る環境にある。株ならインサイダー取引になりかねないが、まだなんらの規制もなかった。どうやったら儲かるかを仕事の合間にじっくり研究し、月５００万円とか会社を辞めても十分に暮らせるだけの利益を出していた。もっとも勝ちつづけるなんてありえないのはわかっていた。不敗のディーラーなど、見たことも聞いたこともない。実際、２００１年のアメリカ同時多発テロ事件のとき、業者の電話がまったくつながらなくなり、つながったと思ったらすべてが吹き飛んでいた。それでも外国為替証拠金取引をもし流行らせられたら、これ以上、リストラしなくてもすむのではないかとひらめき、ひそかに計画をあたためていた。田中角栄が１９７６年にロッキード事件で別件逮捕されたのは外為法違反容疑で、元首相を罪に問えるほどの法律が改正されるからには大きな変化が社会にもたらされ、チャンスが生まれるにちがいないと思ったのである。

夢飛行

ＮＴＴが上場した１９８７年を境に、官民をあげて株式投資を定着させようとしてきたが、株で利益を上げるのは実はとてもむずかしいと笹子は感じてきた。銘柄がたくさんありすぎて、どれを買えばよいのか、初心者には的確な判断がつきにくい。『会社四季報』（東洋経済新報社）や各社のプレスリリースをしっかり読み込んで経営状況や事業実績を把握し、政治や社会の動きといったいくつもの要素を見極めていかなくては、勝てるものも勝てない。わからなければわからないほど、あやしげな情報に誘導されて市場の食い物にされたり、銀行の投資信託に頼って手痛い目に遭いがちだ。その点、為替はドルと円の組み合わせだけを考えればいい。円高になるか、円安になるかどちらかの丁半賭博のシンプルさもある。株に比べればわかりやすく、ゲーム感覚でだれもが楽しめるはずに思えた。アメリカで経済指標が発表される日は為替が動きやすいなど、お決まりのパターンがいくつかある。流行らせたらきっとおもしろいとの予感は、流行るにちがいないとの確信へ変わり、「あなたも今日から為替ディーラー」との広告コピーまで思い浮かんだ。

転機は不意に訪れた。オリエント貿易という福岡の商品先物業者がメイタン・トラディションを訪れ、外国為替証拠金取引の合弁会社を立ち上げないかと打診してきたのである。1999年に「夢飛行」と名づけて取引をはじめたもののうまくいかず、専門知識のある為替ブローカーと組みたいと考えていた。はじめトウキョウ　フォレックスや上田ハーローに話を持ちかけたが、合併騒ぎの渦中で断られたらしい。1998年の外為法改正で多くの商品先物業者が参入したが、相場があまり動かなかった2000年は手数料収入が減って燻《くすぶ》り、早くも淘汰がはじまっていた。

「他社よりはじめるのが遅かったせいか、ぜんぜん儲かりません。電話で応対する人がおらず、インターネットだけでやっています。もう閉めようとの声も出ているのですが、なんとかうまくご一緒できませんか？」

破綻した三洋証券傘下の投資信託会社から転職してきた営業部長とその部下は説明をはじめた。同じ大学の先輩後輩の間柄だという。

外国為替証拠金取引をはじめた商品先物業者はどこも電話で注文を受けていたが、オリエント貿易はインターネット専業であることに笹子は強い興味を抱いた。為替ブローカーはとうに電子ブローキングに移行しているなか、電話での取引は時代遅れに思えた。銀行とはちがい、個人は不特定多数になるが、銀行同等の手数料をえるには、何百、何千の人と取引しなければ割に合わない。それを電話でやるとしたら、銀何人のオペレーターを必要とするのか、見当もつかなかった。オンラインでやるにも問題が山積していた。

松井證券は1998年からインターネットによる株の取引をはじめたものの、回線速度がネックになって処理が重たく感じられた。海外ではADSLによるブロードバンドが広がっていたが、日本では導入が遅れていた。

「夢飛行」のシステムは担当者が優秀らしく、営業部長らが説明しながら見せるデモは実によくできていて、レートやチャート、時事ニュースなど為替に関するさまざまな情報を確認しながら取引できる仕組みになっていた。レバレッジを高くしてハイリターンを謳う商品先物業者が多いにもかかわらず、10倍にとどめているのにも好感を抱いた。銀行間取引の1本にあたる最低単位を「1枚」とし、100分の1にあたる1万ドルに相当させていた。「枚」は商品先物業界の典型的な単位で、10倍のレバレッジに合わせ、1枚あたり1000ドルの証拠金を預けて取引する流れになっていた。

「電話での取引には可能性はありませんが、ここはインターネットだけでやろうとしています。銀行は減る一方でも、個人はたくさんいるので、これは流行って儲かるかもしれません。個人がディーリングするのがおもしろいと思うのです」

笹子はオリエント貿易の提案に食いついたが、代表ら役員の反応はかんばしくなかった。為替ブローカーが成り立つのは、銀行相手の取引だからだとみな信じて疑わなかった。銀行のお金なら億単位のディーリングができても、個人はそうはいかない。約定までの手間暇は個人もディーラーも同じなのに、銀行相手に比べてはるかに薄利多売になるのは目に見えている。

「なんでそんなことやるの?」

反対意見ばかりが聞こえてきた

ほどなく営業部長がオリエント貿易の専務を連れてふたたび挨拶に訪れたが、その心証がまた悪かった。オールバックの髪型にびしっとしたダブルのスーツを着こなし、差し出した名刺には墨で書いたような文字で名前が印刷されていた。

「ジャパニーズマフィアじゃないの?」

一緒に応援した外国人役員は笹子の耳元でささやいた。いつもは感情を表に出さない代表も、「この会社、ヤバイな」と身構えた。別の日に紹介された役員はパンチパーマで、同じような名刺を差し出した。

オリエント貿易がどういう会社か、笹子はよく知っていた。典型的な商品先物業者で、それこそ父がよく言っていた「豆屋」である。いい噂を聞いたことがないが、コネも人脈も看板も関係ない実力世界で、ひたすら手数料を稼いで叩き上げてきたからには、オールバックもパンチパーマも相当の強者にちがいないとは思った。

●オリエント貿易と政治家

オリエント貿易は1997年に10階建ての自社ビルを博多の中心地に建てたのに次いで、2000年には『オリエント貿易40年史』と題する社史を発行した。116ページとたいして厚い本ではないが、函入りクロス装で、濃緑の布には書名が金で箔押ししてある、豪華なつくりの本だった。

オリエント貿易の前身にあたる九州豊栄物産は大阪の豊栄物産を独立して1959年に創業した。社史には「誇れるオリエント貿易を築こう」と壁に書かれた部屋でおこなわれる管理職強化セミナーの様子や、白い鉢巻きを頭にしめた営業マンが働く職場の様子をとらえた写真が掲載される。バブル期に急成長し、1989年には261名だった社員が10年で1000名を超える一方、経常利益は1811万円から17億6691万円へ飛躍的に膨らんだ。転職情報誌の採用ページには、34・5歳の収入例として937万円とある。

商品先物は大豆やトウモロコシといった農作物を、まだ収穫されていない段階で取引するのでその名がある。歴史は古く、江戸時代半ば、米を円滑に取引するために生まれた。年貢米は大坂堂島米市場の米蔵に納める決まりだったが、すべてを運び入れるのはたいへんだ、財政難で収穫前にお金にしたいなど、さまざまな理由で米切手や蔵米手形と呼ばれる証券でも信用取引されていた。米を現金化して藩の予算とするのが当時の経済の根幹だった。投機目的で米切手が一人歩きして転売買されたことから幕府は禁止するが、市場経済に委ねるか、幕府が統制するかのせめぎ合いは長らくつづき、明治時代になっても同様の駆け引きがあった。戦時体制の統制経済を経て、戦後、商品取引所法の施行により、大阪堂島商品取引所や東京穀物商品取引所、関門商品取引所ができた。対象はトウモロコシや大豆、石油やゴムで、先に抑えることで安く仕入れられるかもしれないが、天候不順で収穫がなくなるかもしれない、投機性の強い取引方法だった。不透明さがつきまとうことで顧客とのトラブルが絶えず、株式のように広く普及はしなかった。

悪いイメージを一新させたいオリエント貿易は、外国為替をこれまでにない市場の発掘と見なしていた。富士通の高性能サーバーを導入してインターネットと携帯電話で商品先物取引をする「浪漫飛行」と、外国為替証拠金取引をする「夢飛行」を同時期にはじめ、１９９９年8月26日付の『日本経済新聞』に広告を掲載した。金融関係の広告はとくにきびしく審査されるが、いわくのある業者の広告が載るのは異例だった。さらに２０００年に刊行された社史の巻頭には政治家・与謝野馨（１９３８〜２０１７）が祝辞を寄せ、オリエント貿易の社長と握手する写真が大きく掲載されている。

日本経済の中において商品先物市場の果たす役割は大きく、価格変動の波から身を守るリスク・ヘッジの場として、また昨今は投資の場として銀行・証券につぐ金融市場としてクローズ・アップされてきました。しかしここまでに至る経緯の中には、業界にとっては決して恵まれない時代もありました。（『オリエント貿易40年史』オリエント貿易株式会社40年史編纂委員会、２０００年）

与謝野は橋本政権下で内閣官房長官の梶山静六（１９２６〜２０００）のもと、財政構造改革を主導した。その手腕を買われ、橋本に次いで首相となった小渕恵三（在任1998〜2000）は与謝野を通商産業大臣に起用する。小渕と首相の座を競った梶山は与謝野の師にあたり、「日本興国論」や「わが救国宣言」と題する長文の論考を『文藝春秋』に発表した。銀行が相次いで破綻するなか、「このままでは国がもたない」「このままでは国が潰れる」と危機感を募らせ、10兆円の国債を発行して20兆円の政府保証つき融資枠を設け、金融システムの安定をはかるべきだと主張した。

振り返ると、九七年末の時点では「金融システム」さえ復興すれば、なんとか景気回復にもっていけるという段階であったように思う。しかし、今日では、たとえ銀行を再建したとしても、景気の回復はたやすく望めない状況に陥ってしまった。症状が一歩進んでしまったのである。

（『破壊と創造——日本再興への提言』梶山静六、講談社、2000年）

梶山は同書で「ハードランディングを嫌い、その場その場の対症療法でお茶をにごそうとする悪癖」が「失われた10年」を招いたと考え、「私を含む政治家の責任は、逃げきれないほどに重い」とした。金融行政を取り仕切る大蔵省にまんまと騙されたとの反省にもとづき、改めて経済を学び、考えていたった境地だった。

1998年に結成された民主党は自民党に次ぐ第2党となり、政治のバランスが大きく変わる。その影で大手広告代理店が存在を隠さなくなっていた。自民党は電通、民主党は博報堂を中心に、大小さまざまな制作会社やコンサルティング会社が広報を担い、政策にまで踏み込んだ。モノを売るための広告が1980年代にライフスタイルの価値観を示したのち、国のあり方に対して具体的な関与をはじめたのである。

病死する小渕を追うように、交通事故がもとで梶山が亡くなる2000年を過ぎて、その強い危惧は都市銀行の再編というかたちで現われた。最初に動いたのは第一勧業銀行、富士銀行、日本興業銀行でまず金融持株会社を設立し、２００２年にみずほ銀行となる。東京銀行と三菱銀行は１９９６年に合併して東京三菱銀行となり、２００１年には三菱信託銀行と日本信託銀行が加わって三菱東京フィナンシャル・グループ（ＭＵＦＧ）を設立した。同じ２００１年、三和銀行と東海銀行、東洋信託銀行はＵＦＪホールディングスに、さくら銀行と住友銀行は三井住友銀行になった。残る大和銀行とあさひ銀行は合併でりそな銀行となるが、埼玉県内にあったあさひ銀行の営業拠点は２００２年に、子会社の埼玉りそな銀行としてわかれた。協和銀行との合併から11年して、埼玉銀行が元の鞘に収まっていた。

社内ベンチャー

日本長期信用銀行と日本債券信用銀行が破綻したのに次いで信じがたい合併が相次ぎ、為替の世界で大きなディーリングをしてきた名だたる銀行が姿を消していた。為替ブローカーは銀行間の取引をまとめるのが仕事なので、取引相手が減ればそれだけ動きが鈍くなり、約定しにくくなる。追い打ちをかけられた為替ブローカーはさらに淘汰され、２００２年にはトウキョウフォレックス上田ハーロー、日短エーピーが社名変更した日短キャピタルグループ、山根プレボン、そしてメイタン・トラディションの４社にまで減っていた。業態がなくなりはしないにしても、先細りは目に見えていた。

早急に生き残り策を講じなければ、メイタン・トラディションもどこかと合併せざるをえなくなる。舵取りを誤れば倒産は避けられない。やはりインターネットによる外国為替証拠金取引しかないと思い、反対にもめげず、笹子は何度も会議に諮《はか》った。次第に失敗したらすべての責任を負うのならかまわないとの空気が社内に形成され、オールスターチームを率いて業績を押しあげた功績により、5000万円の予算が認められる。ただし1年で黒字にしなければ閉鎖との条件がつけられた。日本の企業とちがい、時間で区切るのが外資の特徴であるのは身をもってわかっていた。香港で仕事をしたインターマネーは結果を出せず、わずか3カ月で見切ってきた。頭を下げて引き抜いたトップブローカーを平気でリストラしようとするくらいだから、いつ自分の番になってもおかしくはなく、腹をくくるしかなかった。

様子見のメイタン・トラディション側に比べ、オリエント貿易側は非常に積極的で、資本金をもっと用意すべきだと強く主張した。2億円でも3億円でも4億円でもいい。オンライン取引を実際に構築しているので、システムを1からつくってハードを整備するには、お金が湯水のようにかかるのを熟知していた。それでもメイタン・トラディションは譲らず、両社とも同額の5000万円ずつ出資することで落ち着いた。スイスで発足したトラディションは1990年代半ばにフランスの投資会社ヴィエル・エ・コンパニの傘下に入ったが、5000万円以下ならば親会社の決済が不要なので、この金額にこだわらざるをえなかった。もし親会社に伺いを立てていたら、おそらくこの合弁会社は実現していなかった。それほど成功する可能性の低い事業に見られていた。

社名をどうするかでも揉めた。外国為替証拠金取引の略号であるFXと、トラディションという外資の社名を前面に出したほうが一般受けするのではないかと笹子は提案した。「豆屋」と揶揄されるような悪いイメージがつきまとう商品先物の匂いを払拭するのが狙いだった。オリエント貿易は、「オリエント」を社名に残すのに固執した。ほかに妙案もなく、オリエント・トラディションFXで決着した。社主の加藤幸男はあくまでオリエント貿易主体の会社だと設立パーティーで挨拶し、にらみをきかせた。世間に日陰者扱いされても、1000人超の社員を抱えるプライドがある。しかし、それはトラディションにしても同様で、本部から「トラディション」の名前を前にするようにとの指示があった。このため欧文名はTradition Orient FXとし、双方の譲れない部分をかわした。ただしこのころはFXといえば次期主力戦闘機導入計画を指し、外国為替証拠金取引の意味ではほとんど使われていなかった。

こうして2002年4月、資本金1億円の会社が産声を上げる。社長には笹子の参謀役を務めてきた東海銀行の出向者が、メイタン・トラディションの日本代表を兼ねるかたちで就いた。ＩＴ関連企業にはソフトバンクの孫正義（1957～）や楽天の三木谷浩史（1965～）ら、40歳代が会社の顔として表に立つことが多く、笹子を推す声もあった。そのほうが操りやすいと密かに考える役員もいた。しかし、笹子はまだ若すぎるから自分がやると代表が言い出して決まった。

会社とはいっても社内ベンチャーの位置づけで、一部の社員が好き勝手をしていると受け止められた。同好会と悪口を言う人さえいた。業界でも「ネット専業でうまくいくはずがない」「底辺ブローカーがついに気が狂った」と、笑い物になった。

会議室をつぶした事務所に、メイタン・トラディションとオリエント貿易の社員合わせて20人が集まった。岡本が引き続き笹子の秘書をつとめたほか、オリエント貿易で取引システムをつくりあげた優秀なＳＥ（システム・エンジニア）も加わった。このころはまだサーバーの処理能力がネックになり、不安定な要素がいくつもあったが、オリエント貿易のサイトはシステムがよくできていて、取引の途中で固まることはまずなかった。

それでもプロバイダーの問題や回線障害によりオンラインで取引ができず、電話で注文を受けざるをえないときもあった。オリエント貿易のスタッフは電話での取引が得意なはずだが、商品先物取引と外国為替では勝手がずいぶんちがった。商品先物取引ではレートがいくらか曖昧な部分があり、電話しているあいだに動いても多少のごまかしがきいたが、為替の場合はいくらかわかって取引しているのでそうはいかなかった。もたついているうちに為替が大きく動いたら、損が出てしまうのである。最初の会合で儲からないと言っていたが、これでは仕方ないと笹子は思った。

現場の混乱を見てボイスブローカーが俄然、張り切りだした。1度に2本も3本も電話を取り、次々にさばいていく。

「すげー、神様みたいな人がいる！」

ボイスブローカーとしてはお払い箱になった人たちの仕事ぶりを見て、オリエント貿易の人はすっかり驚いていた。

「いくらでも出てやるよ。電話はもうこっちに任せて、みんなは申込書のチェックをして」

歴戦錬磨のディーラーを相手にしてきた為替ブローカーにしてみれば、一般相手の外国為替証拠金取引はごく簡単な仕事だった。電話を取る技術も知識もある。若いブローカーにはバカにされ、ディーラーにはどなられていたのが一転、まだ役に立てるとわかって溌溂としていた。外国為替証拠金取引を新たにはじめたのは、リストラ候補の居場所をつくるのも理由だったので、笹子の狙い通りになった。業界で1番になろうと言って引き抜いた人たちを、トップになった途端に辞めろというのでは、道理が通らない。

為替ブローカーは、昼夜を問わずに集中力が要求される、体力勝負の仕事だった。30代半ばを過ぎたころからだんだんうまく対応できなくなり、遅れをとりはじめる。そうして戦力外になってきた人たちに「そろそろこっちでどうだ」と笹子は声をかけた。3交代制にして24時間、常駐させればリストラしなくてすむ。

一人も辞めさせずに新しい部署をつくったのはもうこれ以上、だれかのクビを切るのが精神的に耐えられなくなったのがいちばんの動機だった。リストラされた人が路頭に迷っている。離婚した。ローンを払えずに持ち家を処分した。学費が払えず、子どもが学校を中退した。心を病んだ。自殺した。悪い噂ばかりが耳に入ってきた。

広告

だれも知らない、だれもやったことのないものを流行らせるにはどうしたらよいのか。とにかく広く知ってもらわなくてはなにもはじまらない。為替ブローカーの鍵はディーラーへの接待にあったが、個人との取引になる外国為替証拠金取引では広告宣伝が鍵になる。たしかにその通りなのだが、想定する利用者のいるネットに広告を出すにはどうしたらよいのか、まだだれも知らなかった。広告代理店にもノウハウがない。

資本金の1億円はすべて販促費に使うつもりでいた。事務所は会議室を間借したので家賃はかからない。机や椅子などの事務用品は、中古を買い集めて節約した。スタッフへの給料は、メイタン・トラディションとオリエント貿易がそれぞれ引き続き払う約束になっている。笹子が広告の重要性を力説したところ、『日本経済新聞』に1ページをまるまる使った15段の全面広告を載せたいとオールバックの専務が言い出した。会社のステータスが上がり、記念にもなる。笹子はネットでやるものを新聞に広告してもなんの効果もないと反対した。資本金を使い切れば終わりとあらかじめ釘を刺されているなか、開店記念に1000万円も使うのはばかげている。

いくら言っても専務は諦めず、広告掲載費を700万円にしてくれることになったので仕方なく、「あなたも今日から為替ディーラー」という笹子の温めていたキャッチコピーを活かす広告を考える。イメージキャラクターにはタレントのマイケル富岡（1961～）を起用し、年間契約した。銀行のディーラーにはクールな印象が世間にはあり、うってつけに思えた。銀行のディーラーと同じことがネットでできると宣伝するつもりだったが、新聞社の広告審査で問題にされる。新聞は影響が大きいため、広告内容はもちろん、出稿するクライアントについても細かく吟味される。とくに金融関係はハードルが高かった。

「為替ディーラーにはどれくらい修行を積めばなれますか？　銀行員は入行してすぐにディーリングをやれますか？　無理ですよね。ですからこれは誇大広告になり、掲載できません」

たしかに一人前の為替ディーラーになるには何年もかかる。優秀な銀行員でも、入行して2年は支店でジョブローテーションをこなす。拒否されてはじめて、きびしい審査を経ていることで新聞広告はステータスになりうるのだと、笹子は逆に納得させられた。しかし、手直しを重ねてなんとか掲載された広告にはなんの反響もなかった。潜在的な利用者はネット上にいるはずなので、当然といえば当然だった。責任を問われるのは目に見えていた。それが会社であり、組織である。危機を回避するのに、笹子は自分の卒業した高校の名簿を使い、資料請求が来たかに見せかけた。役員会議では100件の問い合わせがあったが、申し込みには至らなかったと報告した。

「そんなに資料請求が来たのか。じゃあ、成功だな。さすが日経だ」

新聞広告には懐疑的な笹子も、テレビにはCMを流したいと考えていた。費用対効果はたいして期待できないにしても、認知度が高まり、お金を扱う金融でなにより大切な信用がえられる。しかし、商品先物取引業者であるのがここでも問題にされ、広告審査で引っかかる。キー局ばかりか地方局もむずかしく、なんとか経済ニュースを専門とする日経CNBCの番組でスポンサー契約を結べた。

広告代理店との折衝を通じ、メディアで広告を目にする会社がなぜ急に倒産するのか、カラクリがわかった気がした。広告を出せば、たしかに知名度は上がる。名前が知られて効果があったと感じても、広告料に見合う売上げがついてくるとは限らない。不服を言えば、無料で広告を出すと営業してくる。広告料が高いのを知っている分、つい得した気になる。なだめすかされて出稿をつづけているうち、予算が尽きてしまうのだ。

オリエント貿易のスタッフは、電話営業に強いこだわりをもっていた。名簿にある番号へ順にかけていくのが流儀だった。「社長、トウモロコシがもの凄く上がってます！」といきなり電話口でがなりたて煽り、少しでも興味をもった人を取り込んでいくのである。個人情報保護法が2003年に成立するまで学校の卒業アルバムなどにある連絡先を売買する名簿業者がいて、お金を払えば個人情報を手に入れられた。しかし、電話には決定的な問題があった。相手がパソコンやインターネットを使っているかどうか、事前に確認できないのである。オンライン取引を売り込むのに、それでは話にならない。

突破口がどこにあるのか、みんなで意見を出し合った。どんなものにも、なにかしらのヒントやアイデアが潜んでいるはずだった。やってみなくてはわからないので、なんでも試し、だめならだめで次を試していった。まず出たのがビラ配りだった。新聞広告に比べてはるかに低予算でできるとあって、さっそく印刷物をつくり、仕事が片づく夕方の5時から毎日3時間、手分けしてビラ配りをした。晴れの日も雨の日も、駅前で配った。秋葉原駅にはパソコンに興味のある人が集まる。東京駅には丸の内の商社で働く高給取りが多い。駅ごとに行き交う人の層がちがうはずだと考え、場所を変えては反応を待った。マンションの郵便受けにチラシを入れるアイデアが出れば、すぐ実行に移した。管理人に怒られても、めげずにつづけた。業者に頼めばお金がかかるので、自分たちの手でやった。予算が限られている分、頭と体力を使えばいい。

1カ月かけて何万枚も配って歩いたが、なんの反響もなかった。新聞広告とビラ配りを通じ、インターネットで展開させたい事業を、従来の方法で販促しても効果は見込めないとの結論に達する。それはそれでやってみなくてはわからない、大きな収穫だった。

ウィンウィン

ネットビジネスを宣伝するには発想を根本的に変えなくてはならないと頭ではイメージできても、なにをどうすればよいのか、さっぱりわからなかった。新聞広告や電話営業、ビラ配りといった手垢のついた販促方法しか思い浮かばず、スタッフにもこれといったアイデアがない。外国為替の知識がなければ、商品先物取引と同じ、あやしげなものに見られてしまう。なにをしてもまったく反応がないのも無理はなかった。

会社を立ち上げて半年が過ぎても、事態はなにも変わらなかった。思いつく限りをやっても、面と向かって知恵を絞り合っても、なにをしても利用者が集まらない。インターネットで商売をするにはどうしたらよいのか、だれも教えてくれなかった。本にも書いていない。先を見通す力が問われていたが、いつしか資本金は広告宣伝に注ぎ込んで半分の5000万円を切り、このままでは1年もたないと笹子は危機感を抱いていた。

社員同士で食事をしていて出た、なにげない話題が突破口になった。

「インターネットで自動車保険の見積もりをするだけでポイントがもらえるんですよ。おもしろくていま、はまっているんです。うちもはじめませんか？」

金融の自由化で自動車保険がこれまでより安くなると、保険会社が盛んに宣伝していた。リスクが細分化されて保険内容が複雑になり、なにがどうちがうのかがわかりにくかった。聞いたことのない外資が次々に参入し、保険料が安くなるのを売りにしていたが、いま一つ信用できないところがある。そこで流行ったのが各社の保険内容を比較する、宣伝をかねたサイトだった。見積もりをしたらポイントがもらえ、点数に応じて好きな景品と交換できる仕組みになっていた。

笹子が子どものころ、買い物のたびにもらえるブルーチップを母親が貯めていて、野球のグローブに換えたのを思い出した。学校をあげてベルマークを集める習慣もあった。日本人はこういうのが好きなのかもしれないと考え、さっそくポイントサイトに連絡して説明を聞いてみた。ざっくり調べたところ、15社ほどあり、10万人から70万人まで会員数にずいぶん開きがあった。会社の規模に比例しているとは限らず、どこがよいのか判断がつかないので、全社と契約した。

契約にあたって初年度は独占契約とし、同業他社が参入できないようにした。すぐに真似をして過当競争になり、足の引っ張り合いになるのは日本の悪いところである。ポイントに効果がどれくらいあるかは未知数だが、もしうまくいけば1年後には万単位の口座が集まり、勝負がついているはずだった。インターネットが普及する過程で、初期は文化的なものが中心だったが、企業やショップが参入するにしたがい、得をする情報がいちばん人気を集めた。他店より安い、割引がある、ただでもらえるなど、お得であればなんでもよかった。なにより注目されたのが1999年にはじまるYahoo!オークション（現ヤフオク！）だったのもそのためだ。得をする情報が日常に浸透するにしたがい、機会を逃した人たちの抱く「ずるい」という感情が社会全体に増幅されていった。2000年にはアマゾンがアメリカから進出するが、当初は書籍のみで、実店舗を構える書店が通販に負けるはずがないとの見方が多勢を占めた。

ポイント会社が会員に「資料請求で300ポイント！　口座開設で5000ポイント！」と案内するダイレクトメールを送った途端、それまでとは打って変わって資料請求や口座開設の申し込みが相次いだ。1ポイントは1円に相当し、口座をつくるだけで5000円がもらえる太っ腹なキャンペーンには、人を引き寄せる力があった。

5000ポイントをプレゼントするには、同額の5000ポイントを手数料としてポイント会社に支払うシステムになっていた。つまり1口座あたりのコストは1万円と費用対効果がはっきりしていて、新聞に15段の広告を打つ予算で1000口座が集まる計算になる。新聞社は読者にアンケートをとり、どのような効果があったか詳細なレポートを用意してきたが、実際に口座が増えなければなんの意味もない。成果報酬型（アフィリエイト・プログラム）といわれるネットならではの広告も試してみた。名前の通り、具体的な成果に応じて広告料を支払う仕組みだった。使えるお金が少なくなってきているなか、この差は大きかった。やはりネットはネットなのだと笹子は改めて感じた。電話をかけるより、はるかに効率よく集客できるのを見て、電話営業にこだわっていたオリエント貿易の人たちも次第に認めざるをえなくなる。

勢いに乗ったのはオリエント・トラディションFXだけではない。ネットショップはまだ黎明期でたいして買うものがなく、貯めづらくて行き詰まり気味だったポイント会社も、にわかに活気を帯びてきた。申し込みがあればポイント会社にも手数料が落ちるため、ホームページに大きく告知するなど、とくに頼まなくとも積極的に動いてくれたのである。ポイントが欲しくて外国為替証拠金取引をはじめる人が増え、ポイントを利用する人が増える。オリエント・トラディションFX、ポイントサイト、利用者のいずれも得をするウィンウィンな関係が生まれていた。

女性の影

口座開設には女性の申し込みが目立った。別に外国為替証拠金取引に興味があるわけではなく、ポイントがもらえるからに尽きた。資料を請求すれば300ポイント、口座を開設すれば500ポイント、さらに取引に使う証拠金として10万円を入金すれば5000ポイントが加わる。1ポイントは1円なので、一連の流れをたどるだけで1万3000円がもらえるとあって飛びついてきた。

プレゼントキャンペーンでも女性の影を感じた。ちょうど日韓ワールドカップが開催され、イギリスのサッカー選手デビッド・ベッカム（1975〜）が人気を集めていた。関連グッズを紹介するニュースもあった。それなら口座開設のプレゼントにしようと、さっそく笹子はイギリスの為替ブローカーに頼んでたくさん送ってもらった。

「いま口座開設すると、ベッカムからプレゼント！」

申し込みが殺到するにちがいないと思ったが、反応は薄かった。1980年代はメディアの仕掛けから流行やヒット商品が生まれたりもしたが、雑誌やテレビの情報が本当なのか疑われるようになっていた。次いでお米や牛肉のプレゼントにしたところ、今度は応募がたくさん集まった。生活に密着したものに敏感なのは女性ならではに思えた。

一般向けに外国為替証拠金取引をはじめるにあたり、ドル／円、ユーロ／円、ユーロ／ドルの三つの組み合わせに絞った。2002年にユーロが導入され、他通貨のマーケットは大きく様変わりしていた。ユーロにはまだなじみがないのもあってドル・円、しかも売りではなく買いから入る人がほとんどだった。だれもやったことのないものをはじめたとあって、基本さえよくわかっておらず、「買ってもいないのに、なぜ売れるのか」というごく基本的な質問も来た。

レバレッジはオリエント貿易の「夢飛行」と同じ10倍までに設定した。10万円の証拠金で200万円の取引ができる仕組みである。レバレッジを大きくすればリターンは増えるが、リスクが増す。ロスカットを60％に設定したのも、リスクを減らすのが目的だった。70％まで減った時点で一度警告を出し、証拠金を追加するか、損切りしていったん取引をやめるか、どちらにするかを促したのである。生かさず殺さず、つづけてもらえるのを第一に考え、笹子は細部を詰めていった。さもなければ流行るはずのものも流行らない。

同業他社には客をカモとしか見ず、どうなろうがかまわないと考えるところが少なくなかった。証拠金は全額きちんと預けるとの指導を銀行はしていたが、同業他社には守っていないところもあった。商品先物取引や競馬のノミ屋と同様、客が負けるのを前提に、詐欺まがいことを平気でしていたのである。オリエント貿易が「夢飛行」をはじめたとき、この新しい金融商品にパソコン専門のサイトは警鐘を鳴らしていた。

> 外国為替取引は、ヘッジ（将来の価格変動リスクを回避する取引手法の総称）の手段として確かに有効だが、実際に取引するには、先行きの価格や経済動向を予測する能力のほか、商品や取引の仕組みなどについて高度な専門知識が要求されるため、これらを十分に熟知した上でなければ難しい。
>
> （「Impress Watch」インプレス、２０００年1月18日付）

ポイントだけ手に入れ、あとはなにもしない人もいたが、実際に取引をはじめる人が多かった。為替ディーラーの知的でおしゃれなイメージがプラスに働いた。勧誘コストである1万円は、取引をはじめてもらえれば、手数料で回収できた。ちょうど緩やかな円安ドル高の局面がつづき、なにもしなくともドルを安く買い、高く売れたので、わからないまま手を出していくばくかの利益を出す人がたくさんいた。外国為替証拠金取引の効率のよさに気づき、ディーラー気分で売買するのではなく、外貨預金のつもりで口座に寝かせておく人もいた。銀行で外貨預金をするには現金を用意しなくてはならないが、20倍のレバレッジのかかるFXなら20分の1のお金で手にする利息が銀行に預けるのと同じになる。1万ドルを預ける余裕はなくとも、500ドルであれば背伸びをしなくてもできる。

ポイント欲しさに飛びついた女性たちがFXで稼いでいるとの噂を広め、好奇心をくすぐられた人がどんどん集まり、気づくと億単位の手数料が入るまでに会社は急成長していた。利益の大半は広報宣伝につぎこみ、業界ではどこより健全な会社だとアピールした。取引はネット上で完結するので、立ち上げメンバーの20人で十分に仕事を回せた。

その一方で銀行間では考えられないトラブルもしばしば起きた。やり方や仕組みをきちんと理解していないまま手を出して大損し、「聞いていない」「知らない」と大騒ぎする人がいた。ポイント欲しさに未成年が口座をつくり、親が消費生活センターにクレームを入れることもあった。改善しなければ営業停止処分だと、再三、指導が入った。「オリエント」の名前を見るだけで過剰反応する人もいた。それほど商品先物取引には悪いイメージがつきまとっていた。ビデオデッキの修理をめぐる東芝に対するクレーマーが話題になるなど、「モノ言う消費者」が顕在化した時期でもあった。ネットを通じて一般人が世論を動かすのも、インターネットがもたらした新しい社会現象だった。

●構造改革

「総理に一番近い男」と言われた自由民主党の政治家・加藤紘一（1939〜2016）が2000年、第2次森内閣の打倒をめざした「加藤の乱」で失脚したのを受け、2001年に同党の小泉純一郎（1942〜）が首相となる。「聖域なき構造改革」を政策として掲げ、それは「痛みをともなう」とした。バブル崩壊で金融システムが崩壊し、社会が目に見えて停滞をはじめていた。どの会社でも経費削減を進め、リストラを遂行するなか、デジタル化が進んだ。しかし、世の中は旧態依然としていて古い既得権益にまみれ、閉塞感の源になっている。構造を変えれば、社会の風通しがよくなる。そのためには聖域を設けてはならない。官民ともども取り組む改革が終われば、バブル崩壊で傷ついた日本の経済は必ず息を吹き返す。どうかしばらく我慢して欲しい。「変人」と呼ばれた小泉は「自民党をぶっ壊す」と声高に叫び、反対する者すべてを「抵抗勢力」と名指しした。新しい時代の力強いリーダーとして国民の期待は高く、最後の望みを託していたのが8割近い支持率に覗える。

小泉を経済面で支えたのが経済財政政策担当大臣、IT担当大臣、金融担当大臣などとして重用された竹中平蔵（1951～）だった。大学教授やシンクタンクの理事をはじめ実に多彩な肩書きがあり、経済通として新聞やテレビに頻出していた。ときに教授として、ときに大臣として登場し、肩書きが相互に補完しながら、経済といえば竹中とのイメージづくりをメディアが支えた。教授が言っているから、大臣が言っているから、当然、正しいことを言っている、正しいことを書いていると思わせたのである。

小泉内閣の前、1998年から2001年にかけて大蔵大臣を務めた宮澤喜一が「経済がわからなくなった」としたのとは対照的に、竹中には「経済はわかっている」との自信がにじみ出ていた。複雑なモノやコトを単純化し、わかりにくい経済をわかりやすく解説して言葉巧みにわかった気にさせた。そのうえで金融再生プログラムには「竹中プラン」、結成した組織には「竹中チーム」と、品質を保証するかのように自分の名前を冠した。

金融改革の場合も、具体的な改革案になると一般に専門家と言われる人々の意見はほとんど役に立たず、結局のところ竹中チームに集まった志ある実務家・研究者を中心に議論を煮詰めるしかなかった。

（『構造改革の真実――竹中平蔵大臣日誌』竹中平蔵、日本経済新聞社、2006年）

橋本が端《たん》を開いた官邸主導の政治を、構造改革を遂行するのを目的に、小泉はいっそう推し進める。

閣僚人事ばかりか、予算編成にも関与した。大蔵省の不可侵な領域だったが、任せていたら失政につながったと考える政治家が少なくなかった。5年の在任中、小泉は郵政三事業と道路公団を民営化し、橋本龍太郎のはじめた政策決定過程における政治主導をいっそう推し進めた。外国為替証拠金取引もある意味、構造改革の申し子だった。

失われた十年を解消し経済の再生を果たすには、経済政策を根本的に変える必要があった。それが「構造改革」に他ならなかった。またそのためには、政治と業界の依存関係という、政治の根幹に触れる抜本改革が不可欠だった。これを行えるのは、奇跡の総理を置いてほかなかった。

（竹中、前掲書）

小泉を「奇跡の総理」ともちあげる竹中と同時期、野村総合研究所のエコノミストとして、メディアに同じくよく出ていたのが植草一秀（1960〜）だった。「経済はわかっている」と臭わせた点でも、聡明そうな顔だちが人気を集めた点でも、竹中と似ていたが、構造改革には批判的な立場だった。「構造」という言葉を使うことで、社会構造や産業構造など日本が抱えるさまざまな問題が連想され、あたかも全国民が合意しているとの空気が形成されていたが、実際にはなにを意味しているのか、きわめて曖昧だからである。

日本経済の運営システムそのものを根本から変革すべき時期にある。〔……〕「構造改革」なる用語は、個別の政策課題についての適切な対応策の細かな検討を無視してしまう危険性を内包している。具体的に日本経済のどの制度がいかに問題なのか。その制度をいかなるプロセスにより変革したときに、どのような効果を期待できるのか。それぞれの問題について詳細な検討が必要だ。

（『現代日本経済政策論（シリーズ現代の経済）』植草一秀、岩波書店、２００１年）

同書で植草は高く評価され、第23回石橋湛山賞を受賞した。同様の批判は、衆議院議員の石井紘基（１９４０〜２００２）も繰り返した。石井は埼玉銀行が関わった変額保険の問題を鋭く追及するなど、「国会の爆弾発言男」との異名をとった。

この半年の経過の中で小泉氏の掲げる「構造改革」はじつは、きわめて内容に乏しいものであることが明らかになった。どうやら小泉氏の「構造改革」は、橋本内閣のころ、あるいはもっと以前からいわれてきた「民間にできることは民間に」「税金の無駄遣いをなくす」といった「構造改革」と、本質的に違いはなさそうなのだ。

（『日本が自滅する日──「官制経済体制」が国民のお金を食い尽くす！』石井紘基、ＰＨＰ研究所、２００２年）

２００２年、小泉の在任中に石井は暴力団系の右翼に刺殺される。犯人には無期懲役の判決がくだるが、裁判で動機や真相が明らかになることはなく、暗殺の疑惑も取りざたされた。植草も２００４年に東京都迷惑防止条例違反で逮捕されて有罪となるが、本人は免罪を主張した。

構造改革を進めるために自由民主党の注文で広告代理店が作成した内部資料が残る。怪文書ともされた露骨な文書で、小泉の支持基盤を「Ｂ層」とし、そこに焦点を絞ったメディア戦略を掲げた。「Ｂ層」とは「具体的なことはわからないが、小泉総理のキャラクターを支持する層」で、ＩＱが低く、マスコミ報道に流されやすいとした。この資料で欄外に置かれ、対象外とされているのが「既に

（失業等の痛みにより、）構造改革に恐怖を覚えている層」だった。実際、宅間守（1963〜2004）が2001年にエリートの卵を狙って起こした附属池田小事件をはじめ、構造改革によって欄外に弾き出されて社会に絶望した20代から30代を中心とした人らによる無差別殺傷事件などが続発した。

システム部

コンピューターとインターネットは日増しに必要不可欠なものになっていたにもかかわらず、システム部を下請けの出入り業者かなにかのように低く位置づける企業が少なくなく、オリエント・トラディションFXも状況は似たようなものだった。市場の動きに合わせ、月曜日の午前7時（夏時間は6時）から土曜日の午前7時（同6時）まで24時間交代でサーバーを監視してトラブルを未然に防ぎ、土日は土日でシステムの更新や、デザインの修正に取り組んでいた。ネットの向こう側にはいつも人がいるのだが、そんな現場の奮闘をさしおいてなんの役にも立たない役員が社内で幅を利かせ、システム部は肩身の狭い思いをしがちだった。徹夜明けで作業のあとに会議室の床で寝ていたら、「早く仕事しろ」と怒鳴られることもあった。なんとかシステム部の位置づけを変え、会社に認めさせるため、笹子は重要なポストにつけて発言権を増そうとした。経営側の指示は現場を無視したものになりがちで、ミスや事故につながりかねないからである。優秀な人材を採用してはシステム部を強化し、どんどん昇給してボーナスをはずんだ。システム部のスタッフは笹子の姿勢を頼りにし、トラブルや問題があれば真っ先に相談した。

牧野講平はそうしてシステム部に雇われた一人だった。1978年生まれで、就職氷河期世代ともロストジェネレーション（ロスジェネ）とも呼ばれる世代にあたり、高校を卒業してフリーターになった。大学進学を考えていたが、バブル崩壊で不動産関係の仕事をしていた親の事業が傾き、断念した。進学時に親が失業した笹子と同じ境遇だが、時代はすっかり様変わりしていた。コストダウンによってアルバイトの収入は総じて下がったが、国立大学の授業料は2・5倍近くも値上がりし、働いて学費を自分で払うのがむずかしくなっていた。半年あまり引っ越し屋で働き、近所のガソリンスタンドに変えた。とくにやりたい仕事はなく、家にできるだけ近いところが楽でいいと思って探した。資格を取るたび、時給が上がった。車が好きでやりがいもあり、そのまま就職するつもりでいたが、セルフサービスの店になって職場環境が激変する。客が自分でガソリンを入れるので言葉を交わさなくなり、レジ以外はやることがなくなった。

仕事がつまらなくなった牧野はバイトで貯めたお金で、人気の東芝ダイナブックを買った。まだ高価で、30万円した。パソコンが生活に入り込み、インターネットが広く普及するのは疑いようもなく、なにか仕事にできないかと思っていた。ITという言葉が流行り、SEと頭文字をとって呼ばれるシステム・エンジニアが注目を浴びた。国の職業訓練校なら無償で学べるのを知り、通いはじめた。なんでもそつなくこなすところが見込まれ、卒業を前にして先生に大阪の会社を推薦される。就職した牧野はSEの卵として、ウェッブ・サーバーやデータベース・サーバーの設定をした。仕様に沿って作業をするのだが、仕事は充実していた。ただとてもブラックな職場で、正社員なのに時給計算された。しかも月額17万円の上限があり、徹夜で残業しても、打ち切られた。税金や社会保険、健康保険などを引かれた手取りは12万円で、さらに会社の借り上げ住宅の家賃7万円を天引きされた。実家に行ってはお米をもらい、ドンキホーテで特売の野菜ジュースを買ってきた。食費を切り詰め、なんとか暮らしをたてていたのである。劣悪な職場を嫌い、一人、また一人と逃げ出していく。それがITバブルともてはやされていた時代のリアルだった。

働きはじめて2年が過ぎ、先に辞めた先輩に転職を誘われた。つきあっている彼女がいるので大阪を離れたくなく、最初は断った。提示される給料がどんどん吊り上がり、年収200万だったのが3倍の600万円までになった。そこまで言ってもらえれば、決断せざるをえなくなる。そこがオリエント・トラディションFXだった。入社した日、為替ブローカーの働く姿を、牧野ははじめて目にした。円卓を囲んで怒号が飛び交い、笑いがまったくない。テレビのニュースで見覚えはあったが、これほど怖ろしい雰囲気だとは思いもしなかった。笹子を「偉い人」だと紹介され、挨拶した。オフィスの真ん中にある席で、忙しそうに仕事していた。

システム部は営業部やブローキングルームとは少し離れた場所にあった。牧野はどんなサーバーが稼働しているのか、まず自分の目でたしかめた。1台のサーバーラックにウェッブ・サーバーと取引用のサーバー、データベース・サーバーが収まっていた。まだ会員が1000人いるかどうかだったので、1台のサーバーでも十分なのだが、負荷がかかっても処理速度が低下しないように分散させていた。入口にあるウェッブ・サーバーがダウンしても、取引がつづけられる利点もある。

システムはオリエント貿易が構築したものを受け継いでいた。内製すれば迅速に障害の復旧やシステムの修正に対応でき、このスピードが最大の武器になっていく。システム会社に外注するとどうしても大手が優先され、なにをするにも時間がかかるからだ。システムに問題が生じるたび、どこが故障しているかを見極めて対応するのが牧野の仕事だった。ほとんどは熱暴走や電源の故障といったハードの問題で、自分でできる作業は断線したケーブルを交換するくらいだった。あとはメーカーに電話して修理を依頼し、部品交換に立ち会った。

会員が増えて取引が増えるにしたがい、サーバーを増強していった。システムをどのように強化するかの方針を考えるのも牧野の仕事である。予算は使いたい放題で、何千万円しても躊躇せずに導入し、次々に生まれてくる新しい技術を貪欲に取り入れた。サーバーへのアクセス数が増えるのを見て、牧野は会社が急速に大きくなっているのを肌で感じた。

入出金

1日に1、2件あるかどうかだった入出金が、利用者が一気に増えるにしたがい、ミスが続発した。1

00万円の入金を10万円と入力したかと思えば、10万円の出金なのに100万円を振り込んだ。差額の返却を求め、経理部のスタッフが広島まで出張したこともある。毎月の役員会で間違えた件数や金額を報告するたび、「できない奴はいらない。クビだ！」とむげに言い放たれた。1999年に労働者派遣法が改正され、人材は簡単にすげ替えがきくとの考え方が広まっていた。これ以上リストラさせないために新規事業を立ち上げたのに、上は相変わらずリストラを平気でちらつかせた。

どうしてミスが多いのだろうとよく見ていたら、みんなイッサン、つまり1回計算してすませていた。そんなずさんなやり方では、間違えるのは当然だった。最先端技術の裏側で、ごく基本的なことにつまずいていた。そこで埼玉銀行での日々を思い出しながら、銀行ではああやっていた、こうやっていたとバックオフィスのスタッフに教え、二重三重に確認するダブルチェックを徹底させた。

信用与信枠が設定される銀行間の取引とちがい、外国為替証拠金取引は口座に入金した証拠金を与信枠として取引をおこなう。為替相場が大きく動いて証拠金が底をつけば取引に支障をきたしかねず、入金があればいち早く反映させる必要があった。だが、夜中のうちに何百件もの振り込みがあり、処理しても処理しても追いつかない状況がつづいた。バックオフィスは5分おきにログインし、手作業で確認していたが、利用者がこの先10倍になったら1分おきにやらなくてはならなくなるのかと戦々恐々としていた。

バックオフィスの停滞ぶりに頭を抱えていた笹子のもとに、ビリングシステムという会社から売り込みの電話があった。なんでも振り込みがあったら、24時間いつでも1秒足らずで自動的に口座に反映できる仕組みを開発したという。都市銀行のほか、地方銀行も含めてすべての銀行に対応している。出金も一括で処理でき、1日で着金する。入金は2日以内、出金は4日以内とする業者が多いなか、入出金の面でとてもクリーンになる。説明を聞いて「これだ」と思った笹子は、もうだれかをリストラしたり、バックオフィスを増員しなくてもすむと胸をなで下ろした。

電話のあと、役員会があった。いつものように入出金の相違が何件あったか、質された。今月も10件あったが、入出金を自動化する会社と契約したので二度と間違いは起きないと、まだ契約していないのに笹子は見得を切った。そこまで追い詰められていた。改めて営業に話を聞いたところ、たしかに人の手で入出金する必要のなくなるシステムだった。人間が四苦八苦していることが、コンピューターには一瞬でできてしまう。200万円の契約金に加え、1件あたり50円の手数料がかかるが、間違いがなくなるのであれば安いものに思えた。まだ名前がついていなかったので、笹子は「クイック入金」と名づけた。

画期的なシステムに思えたが、まだ松井証券しか契約がとれていないと営業マンはぼやいていた。松井証券は1918年にさかのぼる老舗だが、松井道夫（1953〜）が社長に就くと社内の反対を押し切って1998年、インターネット取引に特化し、2001年には東証1部に上場を果たした。ジャンルこそちがうが、金融のデジタル化に関して手本としていた存在だった。この自動入出金システムは株より外国為替証拠金取引のほうが恩恵にあずかれる。株は当時、9時から11時の前場と、12時30分から15時の後場に取引時間が限られているのに対し、世界を相手にする外国為替は月曜の朝から土曜の朝まで24時間ずっと動いている。いつでも入出金できれば、予期せぬ為替の変動で追証に間に合わず、ロスカットになるのが避けられる。外国為替証拠金取引には不可欠な仕組みであるのは目に見えていたので、契約にあたってポイントサイトと同じく、同業他社とは1年間契約しないとの一文を加えさせた。こうして一歩も二歩も先んじた体制を笹子は整えていった。

為替ブローカーが銀行のディーラーとするのと同じ取引を、一般向けにインターネットで展開すれば絶対に成功すると笹子は確信していた。最初は右も左もわからずに手探りで進めていくしかなく、足踏みもしたが、ポイントを導入したことで会員が増え、上り調子にある。あとは自分たちの手で、業界を新しく築きあげていけばいい。いいスタートを切れたが、いつどこで躓くかは見通せなかった。足枷になる法律ができるかもしれない。同業他社による妨害があるかもしれない。足を引っ張り合い、共倒れしていくのは日本のお家芸である。そんな懸念を拭えない笹子は、1年以内に業界のトップになってやるとの決意を胸に秘めていた。

ライブドア

オンラインで外国為替証拠金取引が完結するシステムに目をつけ、ライブドアの前身にあたるオン・ザ・エッジの宮内亮治（1967〜）が笹子を訪ねてきた。堀江貴文（1972〜）のはじめた会社で、音楽家・小室哲哉（1958〜）らのホームページ制作や、クリック保証型広告のシステムを開発したことで知られ、2000年にマザーズへの上場を果たしていた。

「ライブドアFXの名前で外国為替保証金取引をはじめるので、おたくのシステムを利用したい」

どんな会社も他人のふんどしで仕事するのを、いちばん嫌う。秘密保持の観点でも、自社で開発するか、システム会社に外注して新たにつくるかのどちらかしか、普通、思いつかない。笹子の疑問に、宮内は躊躇をせずに答えた。

「自分のところでやれば莫大なお金がかかります。ざっと導入費用5000万円に、運用費用が年に1億円というところでしょうか。資金が潤沢になければとても立ち上げられません」

FXをはじめるにあたって500万円を運用するゲームをまず公開し、いちばん成績のよかった人に10万円の賞金を渡す予定だという。ゲームでやり方を覚えさせながら販促するのは、まさにデジタルならではの発想だった。宮内は笹子より5歳ほど年下だが、思いつきもしないことを考える、新しい世代が出てきたのを感じた。消費者金融を買収してお金を貸し、それを元手にFXをやらせるのはどうだろうなど、アイデアが次々に出てくる。

宮内は税理士出身だと聞かされた。笹子の周囲にも遵法精神の強いタイプと、脱税を指南したりするアウトローなタイプの大きく2種類の税理士がいるが、明らかに後者だった。ものごとを道義的に考えず、法律に違反しなければなにをやってもいいとの点では徹底していた。そこになんともいえない危うさがあった。

「お金を貸してリスクをとらせたうえ、FXで危ない橋を渡らせるなんてだめですよ。レートが大きく動いたら、残るのは借金だけじゃないですか」

銀行で育った笹子はなんでも杓子定規に考え、法律には反しないように細心の注意を払うところがある。銀行のディーラーに紳士的ではないと叱られたこともあったが、一線は守ってきたつもりだった。

「なんでだめなんですか。そんな法律はどこにもないですよね？　いいじゃないですか、ノリが悪いなあ。お前らは口座が増えればいいんだろ？　よし、じゃあ、うちの社員全員にここの口座をつくらせるよ。給料もそこに入れればいいじゃないか」

宮内は語気を荒げ、儲けさせようとしているのにつまらない奴だと啖呵を切った。一緒に行動している堀江や、野口英昭（1967〜2006）と同じく、お金でなんでも解決できると考えていた。野口は国際証券で株式公開を担当したのが買われてオン・ザ・エッジに転職し、上場を成功させた立役者である。

ビジネスにとって最も重要なこと、それはスピード。新しい事業を起こそうとした時、時間がかかってしまえばどんどん競争相手は増え、コストは嵩み、失敗のリスクは雪だるま式に増えていく。

それならば、その分野で既に知識や経験を積んでいる会社を買収し、一緒になってその分野に乗り込んでいくというのが一番簡単な理屈だ。

（『我が闘争』堀江貴文、幻冬舎、2015年）

ほかにも携帯電話の販売で業績を伸ばした光通信が笹子に近づいてきた。東京ドームを貸り切って同社の社員を集め、外国為替保証金取引の説明会をし、契約しない限りは外に出さないようにすれば一気に会員を5万人も増やせるなど危うい提案をしてきた。コピー機を買い換えさせるのに、わざと壊して入れ替えさせるなど汚いこともしてきたと営業マンは悪びれずに言った。

インターネット以前であれば、顧客が増えたらスタッフを増やして対応したものだが、そういう時代はすでに終わっていた。電話は滅多にかかってこない。飛び込み営業の必要もない。すべてはサーバーがプログラム通り、自動的に働いてくれる。為替も株もコンピューターによるアルゴリズムのほうが圧倒的に有利で、人間の介在する余地はほとんどなくなっていた。その分、高性能なサーバーが求められ、24時間、秒刻みで動きつづける為替に対応するには、大手の証券会社より処理速度の高いハードウェアを必要としていた。次々に導入したが、会社に勢いがあったので、億単位の投資をしても1年で回収できた。

同業他社にシステムを貸せば儲かるとの気づきをえた笹子は、伝手を頼りにマネックス証券とＤＬＪディレクトＳＦＧ証券（現・楽天証券）へ営業に出向いた。大手と組めればオリエント・トラディションＦＸの信頼につながり、宣伝にもなる。二つ返事で快諾され、レンタル料を無料にする代わり、手数料の2割をバックする契約にした。負荷が大きくなるサーバーをさらに増強するのに必要な経費だった。全国の証券会社からも引き合いがきて、営業部は色めき立つ。しかし、社風や営業方針のちがいに対応するのはシステム部の負担が大きすぎ、障害が起きれば賠償問題になりかねない。知名度の高い2社との契約がとれれば十分だと笹子は判断し、ほかは断っていった。

どっとコム

興味をもった人がすぐにはじめられるにはどうしたらよいのか。外国為替証拠金取引を流行らせようと考えたときから、笹子がいちばん注力してきたポイントだった。面倒だと思わせたり、迷わせたら行動に結びつかないのがネットビジネスの特徴だと考え、試行錯誤を重ねてきた。最初は資料請求があるたび、社内でプリントしたものを封筒に一揃い入れて送っていた。1日に何件かしか問い合わせがないうちは、それで滞りなく対応できた。ポイントサイトの利用をはじめて資料請求が増え、印刷から封入までを印刷所にまとめて外注した。

さらに手書きで申込書に記入する手間を省いた。名前や住所などを画面に入力してもらうと必要事項を印字した申込用紙ができるので、それを郵送して捺印や署名をしたものを返送してもらったのである。しかし、それだと郵便のやりとりで1週間はかかり、すぐにできるとは言いがたかった。もし捺印を省ければ2、3時間で取引をはじめられる。社内には反対意見もあったが、身分証明書を添付ファイルで送ってもらい、捺印の代わりにした。法律で禁じられているわけではなかった。ネットビジネスはまだはじまったばかりで、すべてにわたって法整備が遅れていた。なんでもありといえばありだった。ただ一つ、人を追い詰めかねないことだけは絶対にやらないとの一線は引いていた。埼玉銀行で扱った変額保険で契約した顧客が自殺したのが、苦い経験として心に刻まれていた。狙い通り、オンラインですべてを完結させたところ、口座数が爆発的に増えていく。

社内ベンチャーではじまったプロジェクトは、約束の1年足らずで軌道に乗った。今後の発展はいかに普通の人びとを惹きつけられるかにかかっている。まず懸案だった社名を変えた。オリエント貿易は各地で集団訴訟を起こされ、新聞沙汰になっていた。無理矢理勧誘したあげく、何千万円のお金を溶かしたり、顧客のお金を持ち逃げしたのが問題になっていた。損失を取り戻すためと煽っては追加証拠金を要求してしゃぶり尽くし、破綻させるのが手口だった。クレームを出せば上司を名乗る人や弁護士を名乗る人が入れ替り立ち替わり現われ、都合よく示談に持ち込もうとした。そんなことばかりしてきたオリエント貿易の、「オリエント」という言葉にあるダーティーな匂いを一刻も早く払拭しなくては、イメージの悪化は避けられない。

オリエント貿易はあくまで「オリエント」に固執した。商品先物取引を世間に認知させ、上場するのは長年の悲願だった。笹子は「トラディションFX」がシンプルでいいと設立時から考えていたが、「トラディション」を使わない代わりに「オリエント」も外すように説得した。訴訟問題で解約が相次いでいることにして、しぶしぶ了承をえられる。新しい社名は「外為どっとコム」に決まる。親しみやすいものにしたいと、そのものずばりの「外為」と、インターネットを象徴する「.com」を組み合わせた。最初は「為替」にしようと思ったが、川瀬ないし河瀬という方が個人名でドメインを登録済みだった。他社がすでに打診していて、いくらお金を積まれても手放さないとのことだった。どうしたわけか「外為」のドメインは手つかずで、会社の決済が出るより先に、システム部のスタッフに個人的に抑えてもらっておいた。

社名を変えた効果は絶大だった。検索に引っかかりやすくなり、外国為替の業界を牽引している印象を与えたのである。２００1年にグーグルが日本に進出し、カテゴリーごとのリンク集だった検索サイトを一変させていた。検索枠にキーワードを入力すれば結果が一覧される仕組みに最初は戸惑いもあったが、精度が高く、しかも処理が早いことで急速に認知度をあげていった。

事業が成功するにつれて事務所が手狭になり、東京・汐留のオフィスビルにワンフロアを借りた。会議室をつぶした殺風景な部屋は、ガラス張りのおしゃれな事務所になった。情報社会をテーマにする建築家・河田将吾（１９７7〜）に頼み、最先端のＩＴ企業にふさわしい内装とした。入口の打ち合わせスペースは白いインテリアで統一し、壁の液晶ディスプレイに為替情報を逐一表示した。

さらにもうワンフロアを借りてセミナールームを設け、手間暇かけた催しを連日、展開した。取引をオンラインで完結させるためにも、対面する機会が大切だと考えてのことだった。インターネットに不信を抱く人を取り込み、商品先物の範疇だと思われているＦＸを、一般にも親しみやすくしようとしたのである。ただし説明はしても勧誘はしない方針を貫いた。興味をもって何度も足を運ぶ人にも声がけはせず、自分でやりはじめるのをじっと待った。来られない人向けにオンラインセミナーも用意した。

セミナーは2部構成とし、第1部ではスタッフが外国為替の基礎知識や取引のやり方を説明した。一線を退いた為替ブローカーの受け皿でもあった。第2部では名うての銀行ディーラーを講師に招き、為替に関するうんちくをおもしろおかしく話してもらった。合併によるリストラで、知識を活かせる外国為替証拠金取引の会社に転職するディーラーが少なくなかった。だれもが辛酸をなめていた。経済評論家の植草一秀や巨人軍の投手だった堀内恒夫（1948〜）、ミュージシャンのサンプラザ中野（1960〜）らを特別講師として招いたりもした。

会場ではFXのハウツー本を資料として配った。外国為替とはなにかにはじまり、取引のやり方やどうしたら勝てるかといった基礎をやさしく解説する内容だった。最後に正しい業者の選び方として、外為どっとコムに口座を開設するように誘導した。広告同然の本だが、出版不況のなか、一部の版元が編集協力費欲しさに手を出した。ゴーストライターに一任した文章に、編集者から問い合わせや書き直しの指示がくるのは稀で、誤字脱字のチェックさえおざなりだった。本というものはこんないい加減につくられていたのかとずいぶん驚かされた。

業界に先んじて外国為替証拠金取引をはじめたひまわり証券などにみるみるうちに追いつき、いつしかトップグループに躍り出た。大反対していたのが嘘のように、社長や役員はみな上機嫌だった。うまくいかなかったら詰め腹を切らされるのは笹子だっただけに、内心は複雑だった。銀行間取引の業績は悪くなる一方で、リストラされそうな人を喜んで引き受けていくうち、会社全体が個人向けのFXにシフトしていた。

ミセス・ワタナベ

北海道から沖縄まで全国津々浦々を回り、出張セミナーをおこなった。毎日のようにどこかで開催し、回数をギネスブックに登録させようと冗談を言い合った。軽食や手土産を用意し、1回あたり100万円の予算をつけた。

全国を出張しながら、学生のときに車で回った1980年代はじめに比べ、バブルをはさんだわずか20年のうちに、街の印象がずいぶん様変わりしていた。かつて感じた独自の地方色はすっかり薄れ、どこに行ってもよく似た駅ビルに変わっていた。商店街はさびれ、疲弊していた。とくに大阪の地盤沈下と、東京の一極集中がいっそう進んでいるのを感じた。小売業の保護を目的とした大規模小売店舗法が２０００年に廃止され、大規模小売店舗立地法というよく似た名前の、しかし逆に大型店の進出を支える法律に置き換えられたのが背景にあった。

それでも地方によって反応はばらばらで、効果のある地域とない地域にはっきり分かれた。ぱっと見には平坦に見える世界が、実際には地域ごとにごつごつとした凹凸がたくさんあり、肌触りがあり、温度差があった。それは東京目線では見落としがちなことでもあった。同じ北海道でも札幌では大きな反響があるのに、函館や根室ではまったく人が集まらなかった。関心のある人は交通費を払ってでも札幌に行くのでほかでやるのはむだだと、道民に指摘された。聞いたことも見たこともないものを警戒し、近寄ろうともしない風土があるとのことだった。

東北はきわめて保守的で、新しいものに対する拒絶感が圧倒的に強かった。ノリが悪く、講師がいくらおもしろおかしく話してもウケないのである。東京のセミナールームには仙台や新潟から足を運ぶ人がいるのに、埼玉や千葉では人の集まりが悪かった。名古屋は人がたくさん集まるわりに、財布のひもは緩めない。大阪は新しもの好きで、熱心に質問をする姿に入会を期待していたら、みな弁当を食べるだけだった。京都は無駄な質問をせず、時間通りに来て、終わったらすぐ帰るのに、申し込みは多かった。広島や福岡は好評でも、四国や九州南部は無反応だった。意外にも沖縄では毎回、大勢の人が訪れた。しかも一人ではなく、集団でやってくる。仲間同士で出し合ったお金を順番に受け取る模合《もあい》という古い風習があり、集めたお金を投資して大きくする狙いだった。

セミナーでは為替は商品先物とちがって公明正大で、株につきまとうインサイダー取引もない点を強調した。為替の市場が土日を除いて毎日24時間動いているのに対し、株式市場は9時から15時と短いのが潜在的なリスクになっている点も加えた。お金はお金であり、株のように紙切れにはならない。こうして株に比べてＦＸは一般にも手が出しやすく、むずかしく考えなくてもできる投資だと差別化をはかったのである。ただし、セミナーに招く講師のディーラーには、成功した自慢話より、失敗談を語ってもらっていた。儲かるからやりましょうとは言わず、むしろ「なるべくやらないほうがいい」と釘を刺したのである。販促を通じ、FXにつきまとう怪しいイメージをなんとか消そうとしていた。「外国為替証拠金取引」にある「証拠金」を「保証金」に言い換えたのもその一つだった。商品先物業者の用語である「証拠金」を使うかどうかで、悪徳業者との見分け方にしたのである。

笹子が子どものころに父親が見ていたような経済番組もやりたいと考えていた。ちょうど硬派な番組が少なくなった時期だった。それでBS朝日のプロデューサーに提案し、「時事放談」（TBS系列）に出ていた経済学者の加藤寛（1926〜2013）ら往年の解説者を招き、金融コンサルタントの木村剛（1962〜）ら時の人と対談する番組をはじめ、スポンサーになる。しっかりした会社とのイメージづくりになり、番組の録画テープがセミナーの材料になった。

綿密な仕掛けが功を奏し、日本の個人投資家が相場を左右するほど、外国為替証拠金取引がブームになっていた。初心者が多いことから円を売ってドルを買う、わかりやすい取引がほとんどで、発注される時間帯も会社の昼休みに集中した。どうしてそんなことが起きるのか、はじめは謎として海外市場で注目された。日本発の現象であるのが判明して、ミセス・ワタナベと呼ばれた。元はイギリスの経済誌『エコノミスト』が1997年3月27日付の記事で、リスクの高い円建て外債に注意をうながすのに使われた言葉である。

ミセス・ワタナベはポイントに釣られた女性がFXをはじめたことで生まれたと笹子は感じている。取引通貨単位を低くし、手を出しやすくしたのが鍵だった。預かり金をいかに増やすかが証券会社の基本的な発想で、同業他社の多くは1万ドルに設定していた。それを10分の1の1000ドルにしたところ、「10万円では貧乏人しか集まらない」と業界中の笑い物になった。だが、笹子はいかに楽しませるかを考えた。パチンコであれ競馬であれ宝くじであれ、少しでも長く夢を見させるのが胴元の仕事のはずである。

最初の取引で失敗したら、むずかしいと感じて二度とやらなくなる。なにがなんだかわからず、びっくりしてしまうにちがいない。それではいくらがんばって口座を集めたところで、いつまで経ってもはじめる人が増えるわけがないだろう。投資なんて大げさにかまえず、パチンコ同様の遊びで、小遣い程度が稼げればいいはずだ。笹子はFXの勝率を2割と見越していた。丁か半かのどちらかなので5割になりそうなものだが、そう単純にはいかない。銀行のディーラーも、そんなものだった。ただ負けるときは損切りをして損失を小さくし、勝つときは大きく勝つのを徹底しているのがプロのプロたる所以であるのを、為替ブローカーとして見てきた。

上場

バブル崩壊を機にリストラやコストダウンが叫ばれ、アウトソーシングが広まっていたが、笹子はあくまで内製にこだわった。自分たちでやれば、スピーディに、思い通りの展開ができる。独自性を打ち出せ、同業他社にはない強みになる。経費削減になるとはいっても、外注費には曖昧な部分が多く、結局は内製するほうが安く上がった。システムと同じくらいに重視したデザインも広告代理店まかせにはせず、逆に自社で採用したデザイナーをいきなり部長に抜擢し、大きな権限を与えた。なにもわかっていない役員が現場に介入するのを避け、風通しをよくしたである。

どうしたら利用者を惹きつけられるかを考え、毎日のように手を加えて更新した。システム部も笹子の提案するアイデアをおもしろがり、次々に反映していった。技術革新が急速に進むなか、枯れて安定した技術と最新の技術を組み合わせ、いいとこ取りをした。増えつづける利用者の使い勝手をいっそう向上させようとし、為替ブローカーとして銀行のディーラーに情報を発信していたのと同じことを、個人向けにやりたいと考えた。為替は経済指標に合わせて動く事例が多く、なにより情報がものを言う。まずロイターや共同通信と交渉して為替情報をリアルタイムで流そうとした。しかし、個人への配信は二次使用になるとの理由で認められず、情報を加工して数字を携帯電話にメッセージで送信した。タイムラグが生じるが、たいして大きなものではなく、動きをざっくり知るには十分だった。

急成長する会社の様子を見て、役員会のたび、「今月も儲かった」とみな大喜びしていた。だが、なぜ会社が儲かっているのか、為替の基礎すらおぼつかず、わかっていない様子だった。せいぜいFXがあたって取引量が増え、手数料が爆発的に入ってくる程度の認識しかない。実際にはスプレッドと呼ばれる売値と買値の差を銀行より大きくしているのが肝だった。取引量が増えるにしたがい自社で売買を完結できるようになり、スプレッドも収益になる。一つひとつは何銭の単位でも、積み重なれば莫大な金額になる。スケールメリットが生まれるまで人の群がる仕組みを築いたうえで、一人ひとりから少しずつ抜いていくのが金融業の本質なのである。

忙しくも充実した日々を過ごしていたある日、笹子は社長に呼び出された。

「上場準備で1000万円、準備してきなさい」

「えっ、1000万円！　どうしてですか？」

「君も会社の役員として株主になるんだよ。常務への昇進、おめでとう」

すぐには現金を用意できず、なんとかカードローンで工面した。内心ほんとうに上場できるのかと訝り、失敗したらかなわないと思った。ナスダック・ジャパンやマザーズといった新しい市場が生まれ、上場がブームになっていた。事業を大きく展開するために上場して資金を集めるのではなく、そこまで会社を成長させて株を売り、創業者利益を手にしようと考える人がこの時期、目立った。事業に強い執着はなく、経営をつづけるつもりもない。

外為どっとコムの役員たちにとっても、上場は投資したお金を50倍、100倍に膨らませる一攫千金のゲームだった。1億円の資本金ではじめたものが時価総額にして500億円になったと幹事証券会社に言われれば、上場も現実味を帯びてくる。役員会でも「私の株は10億円になった」「いいですね、私のは5

きたとき、上場の話はすでに出ていた。オリエント貿易がメイタン・トラディションに合弁を持ちかけてきたとき、上場の話はすでに出ていた。

「早く成功して上場し、株を売り抜けましょう」

リーゼントの役員は勢い込んだ。証券会社から転職してきた営業部長とその部下で組み、外国為替証拠金取引を社外に出して一儲けする画策をしていた。オリエント貿易では社長や役員のあいだで、社内抗争が起きていた。証券会社から転職してきた営業部長と彼の部下もオリエント貿易があまりに反社会的な運営であることにすっかり驚き、一刻も早く分社化したいと考えていた。

「はあ、そうですね。上場すればいいんじゃないですか」

そのとき笹子はずいぶん気のない返事をした。上場を目的に事業を立ち上げるのは、本末転倒に思えた。ただもうリストラをしたくないとの気持ちに突き動かされ、ここまできた。FXに愛着もあった。業界トップになったいまこそ、もっと会社を大きくして業務内容をより充実させ、同業他社を圧倒的に引き離してしまいたい。継続して利益を上げるには、薄利多売にしてコストをうまく抑えればいい。さもなければあっというまに過当競争に巻き込まれ、資本力のある大手に追い越されてしまう。

社内が浮き足立つなか、東京ドームに外為どっとコムの看板を出した。不況で1社が撤退し、いちばん大きなビッグボードに空きが出ると、親しい新聞記者に情報を寄せられたのがはじまりだった。日本を代表する大企業と肩を並べられれば、会社の信用は飛躍的に高まる。それは金融が成功する最大の資本である。ぜひ実現したいところだが、新興の金融業者とあって審査がきびしく、最後の最後になって認められた。子どものころからファンだった巨人軍の本拠地に錦を飾れる気がして、いつもは冷静な笹子も興奮を抑え切れなかった。

第5章

ホンコン

2005～2009

笹子が香港で設立したＣＣＭの事務所のある界隈のメインストリート

フェラーリ

インターネットが世界を変える。だれもがそう予感していたが、もっとも本質的なことが見過ごされていると笹子は感じていた。銀行員を落ちこぼれても、為替ブローカーを落ちこぼれても、お金がなくても、頭を使えばのし上がれる滅多にないチャンスがいまだということである。インターネット以前の社会では、大企業でなければできない業務がたくさんあり、そのためにもいい学校に行き、いい会社に就職しなければならなかった。商品やサービスを広く知ってもらうには宣伝が不可欠だが、新聞やテレビで広告するには莫大なお金がかかる。その点、インターネットでは自分でメディアを立ち上げ、いつでも好きに広告できる。はるかに安く、効果が高い。金融システムの崩壊で日本が経済的に滅びるかもしれない瀬戸際の状況のなか、この新しい技術を駆使し、短時間で成功をつかめる可能性があるということだ。

社内に映像スタジオをつくったのも、インターネットの力を最大限に活かすためだった。BS放送で一緒に仕事をしていた外部プロデューサーの五十君裕司に管理を託し、経済番組をそこで収録した。さらにインターネットでもなんらかのかたちで番組を放映したいと考えた。映像を発信するのはまだあまり一般的ではなく、YouTubeも２００５年に設立されたばかりだった。新規参入してくる後発組が、価格競争をしかけてくるのは目に見えている。ただ同然でサービスを提供して同業他社をつぶし、市場を独占してから利益を確定しようとするのはＩＴ企業に多い経営手法だった。これまで通りの拡大路線を推し進め、いまのうちに業界トップの座を揺るぎないものにしておかなければ、いつ標的にされるかわかったものではない。

新しいアイデアを思いついては次々に実行する笹子を尻目に、ほとんどのスタッフはもう十分だと考えていた。普通の会社並に、せめて土日は休みたい。外部に委託できるものは委託すればいい。秘書として笹子を支えてきた岡本さえ、そう考えていた。指示のたびにわけのわからない確認事項を調べてきたが、もううんざりした。役員は役員で会社は十二分に大きくなったので、販促費は抑え、上場準備に力を注ぐべきだと考えていた。それにはもっとたくさん社員を雇わなければ体裁が悪い。１００人でも２００人でも、多いほうがいい。役員一人ひとりに個室を用意し、沖縄にリゾートマンションを買って福利厚生施設にしよう。社長車はレクサスだから、専務車にはマイバッハがいい。会社がうまくいきすぎて、みな勘違いしていた。そもそもマイバッハのほうがレクサスよりはるかに高価な車だ。

時価総額が上がれば上がるほど、株の配当金がサラリーに加わる。経済的に余裕が出た笹子も、フェラーリを手に入れた。銀色は珍しいと勢いで試乗もせずに買ってしまい、どうやって動かすのかもわからなかった。運転がしにくく、すぐにエンストした。格好がつかず、夜中、ひとけのないところでこっそり練習した。おまけによく壊れ、運転中にエンジンが止まって冷や汗をかいたこともある。買った先から、やっかいなものに手を出してしまったと後悔した。結局手放すのだが、壊れていても買値とほとんど同じ値段で売れた。世の中とはちがう、不思議な経済がそこにはあった。

一任されてきた営業戦略をめぐり、いつしか笹子は社内で対立するようになった。上場には賛成も反対もしていなかったが、内部留保が１００億円以上もあるというのであれば、上場して市場から資金を調達する意味があるとは思えない。社員を増やせばコストが上がり、風通しは悪くなる。オンラインでやるには40人いれば十分で、その半分でもかまわない。もとはといえばメイタン・トラディションから10人、オリエント貿易から10人の総勢20人で立ち上げた事業である。

仕事とは関係のない、どうでもいい問題で、笹子は消耗させられていた。会議室から出てきたところを、システム部の牧野が偶然、目にしたことがある。扉を開けて出てきたとたん、手にするビニール傘をへし折り、床に叩きつけていた。背中には怒りがにじみでていた。成功まであと少しなのに、縛りばかり出てきて、足を引っ張られている気がしてならなかったのだ。

そんななか、笹子は金融庁に呼ばれ、FXの法整備について参考意見を求められた。銀行のディーラーも同席した。300社とも400社ともいわれる大小さまざまな業者が乱立していたが、不正が多く、問題視されていた。10回あまり金融庁に出向き、FXの仕組みを説明したうえ、なにを規制すべきか、現場の認識を伝えた。担当官はごく基本的なことすらわかっていない様子だった。

笹子はまずレバレッジを問題にした。規制がなければいくらでも高くできるが、資本金に応じた倍率でなければ不正がまかり通る。注文を受けたお金を、きちんと銀行に預ける規制も強化しなくてはならない。業者にとってリスクになる。海外業者の規制も提案した。新興企業以上に不透明な部分があり、詐欺の温床になっている。だが、金融庁は提案をすべて否定した。いずれも個々の業者が決めるべきで、金融庁がとやかく言える立場ではないとの見解だった。金融をはじめとするさまざまな分野で、国は規制緩和を進めていた。自己責任のもとで自由に競争させ、経済や社会を活性化させるのが狙いである。たしかにそのおかげで新興企業が生まれやすい土壌が生まれてはいた。

コンプライアンス

世間ではライブドアが大阪近鉄バファローズを買収するとの話題でもちきりだった。若者がプロ野球を一新させるにちがいない。期待がずいぶん高まっていたが、球団経営をするほどの力がほんとうにあるのかはよくわからなかった。なにをしている会社なのかつかみどころがなく、ただIT企業で括られ、納得させられていた。それもあってか強い抵抗にあい、三木谷浩史の率いる楽天が球団をもつことになった。悲劇の主人公になった堀江に同情票が集まり、名前が全国に知られた。2005年には小泉首相の「郵政解散」にともなう総選挙で自由民主党から立候補するが、落選する。

オリエント・トラディションFXのシステムを間借りしてはじめた外国為替保証金取引を通じてライブ

ドアは金融に目覚め、ＩＴとは別の分野に触手を伸ばしていた。イーバンク銀行や西京銀行に資本参加し、社員を送り込んだのもその流れだった。経営には口を出さない約束だったにもかかわらず、イーバンク銀行の松尾泰一（１９４７〜）ら経営陣と対立した。堀江の右腕である宮内を松尾が脅したとする電話の内容までネットに公開し、注目を浴びた。音声はデジタル加工されたものだとも噂された。このころからなにが本当で、なにがそうではないのかわかりにくくなり、それにともない時代の見通しが悪くなった。

外為どっとコムが上場の準備をしているのをどこかで聞きつけ、宮内が笹子に会いたいと連絡してきた。赤坂のホテルで会食しながら二人で話した。笹子の印象ではライブドアを率いる堀江が広報を担当するメディア向けの顔だとしたら、表に出ない宮内はライブドアの実体だった。若い世代が新しい時代を切り開いて行くにちがいないと見込み、これまで知り合いを何人も紹介してきた。ポータルサイト上でさまざまなサービスを展開していたが、先行するYahoo!JAPANはもちろん、同時期にはじまる楽天と比べても見劣りしていたので、合併による業務拡大を進めていた。ごく普通に、穏やかに会話をしていたと思ったら、株を３割買い取りたいと言ってきた。それが面会の用件だった。システムや営業については笹子の独断で決められても、株の譲渡となると役員会に諮《はか》るしかない。そのときはそれで分かれた。一応、役員会で宮内の申し出を伝えたところ、一笑に付されて終わった。結果を笹子は電話で知らせた。

「くそっ、きさまが３割寄こせば……。わかった。親会社はどこだ？」

宮内は悔しそうに言った。

「トラディションだ」

「どこにあるんだ？」

「スイスです」

「遠すぎるなあ」

「もう一つのオリエント貿易はどこだ？」

「博多です」

「近いな。そっちと話すわ。覚えてろ、きさま。夜道を歩くときは、せいぜい気をつけるんだな」

古風な脅し文句を口走り、電話を切った。言葉遣いも態度も悪く、いつも強く当たってきた。よかれと思って紹介した先々で軒並み問題を起こし、どの会社も二度と取引したくないと笹子に泣きついてきた。ライブドアの本性は乗っ取り屋で、最初はおとなしくしていて、最後の最後にごねて有利な条件で契約を取ろうとするのがパターンだった。笹子に対しても自分たちでFXのシステムをつくったとして、契約を一方的に破棄してきた。ライブドアには優秀なプログラマーやSEが集まっていた。契約違反なんて道義的なことを、気にしている様子はまったくなかった。

恫喝は大きな変化のはじまりだった。上場に向け、コンプライアンス（法令遵守）部門を強化していた役員の意識を強く刺激したのである。インターネットが普及するのと時を同じくして、ガバナンス（企業統治）とともに広く重視された、新しい価値観だった。この二つの言葉が社会を変えるほどの大きな力をもつようになっていた。それでどの企業も生産部門より管理部門の権限を強めた。2004年に国立大学が法人化して市場原理が導入されて以来、教育現場では理事会の力が教授会より強まり、生徒が教師を採点する試みも現われた。病院でも「患者様」と呼ぶなど、ものの見方が従来とは逆さになっていた。

外為どっとコムでも組織が大きくなるにしたがい、非生産部門が立ちはだかった。朝から晩まで会議をしていて、会議室が足らなくなった。意見は出ても、なにも決まらない会議がつづいた。顔をつきあわせてなにをしているのかと思えば、なぜできないかの理由を1時間も2時間もかけて話し合っている。そんなことではなにも動くはずがない。

「お前ら、いい加減にしろ。いつまで会社ごっこやってんだよ。意味のないことをしていないで、さっさと手を動かせ。頭を働かせろ」

大企業とはちがう身軽さを信条に、スピードを命にここまで成長してきた。デザインはこうしよう、システムはああしようと、思いついたらなんでもすぐ実行に移してきた。だめならだめで、つくりなおせばいい。柔軟な現場が唯一の強みで、取り柄のはずだった。非生産部門が力をもち、おもしろい発想を楽しむより、失敗を怖れる空気が社内に広まった。リストラを免れたブローカー崩れにはこれといった意見はなく、新しい技術やサービスにも関心を示さず、ただ保守的になっていった。

●時価総額

2000年を過ぎたころ、時価総額との言葉が盛んに使われだした。上昇した株価を元手に別の企業を買収し、会社を大きくしていった。銀行も合併を繰り返し、メガバンクと呼ばれるようになっていた。バブル崩壊までは土地至上主義で路線価があらゆるものの価値を決めていたが、総量規制で地価が暴落したことで、新しい価値の尺度として時価総額に取って代わられた。これにともないCEO（最高経営責任者）やCOO（最高執行責任者）といった肩書き、あるいはホールディングス（持株会社）という企業形態をよく見聞きするようになった。いずれもカタカナやアルファベットで、外資の進出と合わせて広まった。実際には株主として別の会社を支配下に置く持株会社は戦後の財閥解体で禁止されていたが、1997年に独占禁止法が改正されて可能になった。カタカナがなにかを隠し、見えにくくしていた。

利潤を追求してきた企業が一転、コンプライアンスやガバナンスを重視したのは株主対策でもあった。株価が上がり、優待券をもらっていれば満足していた株主が、大きく変わっていた。銀行の出向者を受け入れずにすんだと思ったら、今度はいつ乗っ取られ、役員を送り込まれるかわからない状況が生まれていたのである。資金を銀行ではなく市場に求めた、一つの帰結だった。究極の対策として、上場を廃止する企業も出てきた。

長らく日本では会社は社員のものとする見方がごく一般的で、終身雇用や年功序列が成り立つ基盤でもあった。それがいつしか古い考え方だと見なされ、会社は株主のものとされるにしたがい、終身雇用が崩れていった。そのシンボルとして立ち現われたのが通商産業省の官僚から投資ファンドに転身した村上世彰（１９５９〜）の率いる村上ファンドで、物言う株主として注目された。

日本では、そもそも上場とは何か、企業は何のために上場するのか、正確に理解している人が少ないように思う。公器になった企業は決められたルールに従って、投資家の期待に応えるべく、透明で成長性の高い経営をしなくてはならない。企業は株主のために、利益を上げなければならない。

（『生涯投資家』村上世彰、文藝春秋、２０１７年）

１９９９年にオリックスの支援を受けて設立された村上ファンドは、アパレルの東京スタイルやニッポン放送、阪神電気鉄道などの経営権をめぐって世間を騒がせた。堤義明との話し合いで、西武グループの再建に関与する計画もあった。ライブドアの堀江貴文が２００４年、大阪近鉄バファローズの買収に失敗したのに引き続き、２００５年にニッポン放送を買収し、フジテレビを手中に収めようとした事件の裏で手を引いていたとされる。

テレビも新聞も斜陽産業じゃないか。

そもそも会社は誰のものなのか。彼らは会社とは自分たちのもの、あるいはちょっと分かった振りをしている人でも、経営者のもの、と思っているのに違いない。

ここで繰り返すまでのことでもないが、会社は株主のものなのだ。経営者は株主を儲けさせるために会社を運営するのであり、そのために働くのが社員なのだ。

（『我が闘争』堀江貴文、幻冬舎、２０１５年）

日本の企業は長らく、総会屋対策に腐心してきた。株主としての権利を行使して株主総会を阻害する者を指し、円滑に進める見返りに利益供与を要求するのが手口だった。たとえば新聞や雑誌を発行し、購入を強いるのである。根も葉もない記事やスキャンダルを暴露して市場や政界に揺さぶりをかける手法は、ブラックジャーナリズムとも呼ばれる。野村證券と第一勧業銀行が総会屋に460億円もの不正融資をした事件が発覚する1997年に商法が改正され、活動しにくくなっていた。この事件で第一勧業銀行の頭取である宮崎邦次（1930〜97）が自殺している。

これにより表立つのが敵対的買収で、総会屋に比べて大口の株主となり、経営権を握ろうとするのに特徴がある。総会屋が日陰の存在だったのに対し、善意の第三者として振る舞い、知名度や好感度を上げながら価値観に揺さぶりをかけ、世論をじわじわ変えていった。総会屋の発行するような新聞や雑誌は一般の目にはまず触れられなかったが、多くの人の目に留まるインターネットに場を移すことで意図的な情報を発信しやすくなっていた。真偽のはっきりしない情報を鵜呑みにした人が、正しいと信じてさらに拡散するのも発信者には好都合だった。とくに株をはじめ投資にまつわる情報が多かった。社会は多面的で、いろんな考え方や方法が共存しているはずなのに、必要としていることばかりを検索しているうちに次第に集まる情報が偏り、不必要なものや好ましいと思っていないものは目に入らなくなっていく。検索の精度が高まるにつれてその傾向はさらに強まり、上位に表示されるための対策まで講じられるようになる。1980年代から国が先導してきたニューメディアやマルチメディアの特徴とされた双方向性は、人と人を結びつけながらも分断し、社会のありようを根元から変えた。従来のメディアを否定的に見る人が増え、「マスゴミ」という言葉が広く使われるようになる。

マル暴

土地とちがい、株は会社が倒産すれば無価値になる。その株が絶対的な尺度になるとは元銀行員としては思えず、笹子は強い違和感を覚えていた。モノをつくらず、お金がお金を生み出す金融はそもそも虚業にすぎない。考え方が古いと言われても、会社はあくまで社員と利用者のものであり、それを守れないのなら上場なんてなんの意味もない。社員を守り、リストラを避けるのが当然だと笹子は考えていた。

信託保全を整備し、客のお金に手をつけない仕組みを、FX業界をあげて整えようとしたのも会社を守り、利用者を守るためだった。銀行と融資枠を設定する交渉をはじめ、このうちみずほ銀行には10億円の枠を申請した。本部稟議になるが、あくまでいざというときの備えで、すぐにお金が必要なわけではない。その分、審査はかたちだけのものになる。そう言っていた支店長に呼び出され、思いがけないことを聞かされた。

「常務会で融資が否決されました。警察のマル暴リストに、お宅の株主のどなたかが記載されているとの調べです。日本の闇ですから、だれかに言ってもらっては困りますよ」

スイスの会社であるトラディションが関係あるとは思えない。だとすればオリエント貿易のほうになる。営業部長にはじめて会ったとき、とにかく普通の会社ではないので驚かないでほしいと耳打ちされていた。商品先物取引で政治資金をつくったり、暴力団の資金を洗浄しているなど、黒い噂が絶えなかった。具体的になにをしているかまで笹子は知らなかったが、まさか銀行に融資を断られるほどだとは思いもしなかった。そもそも否決されるはずのない融資である。そんな会社が果たして上場できるのか、笹子にははなはだ疑問だった。高価な社用車を買ったら、上場審査に引っかかるかもしれないと危惧してはいたが、そんな生やさしいものではなかった。幹事証券会社である日興証券の担当者にも、上場にあたって株を売り抜けたら、社会問題になりかねないと忠告された。内々にもたらされる情報を勘案しても、上場をめざさず、会社を大きくする方向に専念すべきなのは明らかだった。しかし、口止めされていて会社には報告できず、銀行で聞かされた話を役員会には内密にしていた。なにせ日本の闇なのだ。

なんとかほかの銀行の協力をとりつけ、「セーフティーネクスト」と名づけた信託保全サービスをはじめたのは4月だった。顧客本位に考えるのに欠かせない仕組みができて一安心した2カ月後、思ってもいないことが起きる。役員会の最中、オリエント貿易がエイチ・エス証券に買収されるとの知らせが舞い込んできたのである。オリエント貿易の社主である加藤幸男から、発行済み株式の51・6%にあたる125万株を57億7500万円[▼1]で取得したのだが、すべては水面下で進み、役員はだれひとり知らなかった。

買収に動いたのはライブドアにいた野口だった。もともと堀江と宮内の3人でやろうとしていたが、野口は2002年にライブドアを去り、エイチ・エス証券に転職して上場の準備をしていた。堀江との折り合いが悪かったと噂された。表向きの目的は、「金融コングロマリット化のために先物会社を子会社化し、取扱商品を増やす」ことだが、内部事情に詳しい野口の狙いは外為どっとコムがオリエント貿易にもたらす億単位の配当金だった。58億円の投資でそれを手にできるなら得だとの情報を、社長の澤田秀雄（1951〜）に知らせたのである。

合併に役員は大喜びした。トラディション出身の役員はもちろん、オリエント貿易出身の役員も同じだった。業界のドンといわれる加藤がなにかと経営に介入してきたのを煙たがっていた。それに商品先物取引会社のネガティブな印象をぬぐえれば、上場に向けて弾みがつく。世間に白い目で見られてきた問題を根絶すれば、別の新しい会社に生まれ変われる。マネーロンダリングならぬカンパニーロンダリングだと冗談を言う役員もいた。野口はさっそくオリエント貿易に役員を送り込み、乗っ取るつもりはないと口では言いながら、経営状況を事細かく、徹底的に調べだした。

1億円の資本金ではじめたときにはなんの問題もなかったが、役員会のたびに時価総額が500億になった、700億になった、もうすぐ1000億になると上場担当役員から幹事証券会社の報告を受けるうち、いろんな思惑が絡んでくる。社員は持株会をつくり、株を手に入れるお金を積み立てていた。株価が上がってしまう前に、役員のもっている株を少しずつでも渡すべきだと、これまで何度も笹子は役員会で訴えてきた。しかし、上場の準備をはじめる段階になっても、持株会はまだ一株も手にしていなかった。上場を準備する幹事証券会社にも、かわいそうすぎると暗に非難された。しかし、役員はみな頑として認めず、社員には一株たりとも渡さないと言い放つ者もいた。欲が絡んでどんどんどろどろした世界になり、いつしかFXどころではなくなっていた。

▼1　『虚構――堀江と私とライブドア』宮内亮治、講談社、2007年。

想定外

上場に向けて緊迫しつつも弛緩した状況がつづくなか、笹子が会社の悪口をあちこちで言いふらしているとの悪評が社内に広まった。横領している。株を独り占めしている。奴のせいで上場が危うい。笹子には身に覚えのないことであしざまに言っては、専務は社員を一人、また一人と味方につけていった。社用車をマイバッハにするのを反対したことで、根にもっているらしかった。

「お前ら、笹子の考え方がいくらおもしろいからって、それでいいのか？　フェラーリなんかに乗りやがって、いい気なもんだとは思わないか？」

1日も早く上場して成功をたしかなものにしたいと考える人と、会社の規模をもっと大きくして業務をより充実させたいと考える人で、いつしか会社の空気が二分されていた。表だって笹子にたてつけなかった人たちが、上場をめぐって結束していた。中心になって動いたのは、笹子の直属の部下だった。オールスターチームを率いたチーフブローカーで、上田ハーローの米ドルスポットセクションから引き抜いた腹心である。ブローカーとしての力量はぴかいちだった。

「お前、株をもってないだろ。あいつを追い出せば、お前にも株をやるよ」

部下は専務にそそのかされていた。もうがんばらなくても大丈夫とねぎらわれ、肩の荷が下りた気がしていた。試行錯誤はもうたくさんだ。十分、可能性を追求してきた。すべてにわたって過剰な笹子にすっかり振り回されてきたが、これで終わりにしたい。会社は軌道に乗った。ここまで来ればあとは黙っていても大きくなる。心配するのがばからしいくらい、他社を引き離している。

なにかもめている。スタジオで働く五十君も、社長車の運転手をしている齊藤亮二もうすうす異変に気づいていた。車が共通の趣味である齊藤は笹子が社内で心を許した数少ない一人で、フェラーリの運転を一緒に練習したりした。立場上、会社の問題は聞いても聞かないようにしていたが、どうしても耳に入ってくる。会社のお金を使い込んだ。暴力をふるわれた。セクハラがひどい。経費で風俗に通っている。あることないこと話を膨らませ、笹子について社長や役員に直訴する社員がいた。

Xデーはふいに訪れた。前々日あたりから、社内は妙に浮ついていた。笹子が在席中はいつもと変わらず仕事をしているのに、打ち合わせで外出した途端、二、三人で集まってはなにやら話したり、慌ただしく役員室に出入りしていた。毎週決まったスケジュールで規則正しく動く、笹子の行動が読まれていた。朝一で役員会がある日だった。出社したら、いつもはいないガードマンが目についた。警察上がりの屈強な男だった。

「あいつ、だれだ？　なんでこんなところにいるんだ？」

疑問を抱きながら役員会の席に着くと、いきなり笹子の解任動議がはじまった。出席したのは社長、オールバックの専務にパンチパーマの役員、オリエント貿易の営業部長から昇進したオンライントレード部の役員、それに経理担当が２名の合わせて７人だった。知り合いのライターに書かせた記事が問題にされた。笹子がＦＸで69連勝中とあるが、実際には60連勝である。嘘を書いて投資家をあざむき、損をさせた不正行為について、金融庁に報告しなくてはならない。そうなれば上場できなくなる。どうしてくれるのだ。ほかにも使い込みの疑いをはじめ、社内に流れる噂を一つひとつ並び立ててきた。なにを言っているのか、笹子には要領をえなかった。いずれも説明のつくことばかりである。

「待ってくれ。これはどういうことなんだ。みんなを呼んでくる」

席を立とうとしたら、ガードマンが立ちはだかり、高圧的に動きをはばまれた。役員は笹子が暴れるのを怖れ、見張らせていた。頼りにした部下はなぜかみんな休みをとり、会社にいなかった。部下のチーフブローカーは在社していたが、役員会がはじまると逃げるように別のフロアに移動していた。すべては笹子を追放するために仕組まれた出来レースだった。

会議は１時間半くらいつづき、最後は罷免決議になった。苦楽をともにしてきた仲間だと思っていたオンライントレード部の役員さえ、賛成に回っていた。終始うつむいたまま、なにも発言しなかったが、なにより根回しが得意なその仲間がどうやら暗躍していた。やはり専務の息がかかっていた。オリエント貿易の営業部長として最初に売り込みにきてからというもの、互いの会社の情報を交換しながら外国為替証拠金取引の事業を軌道に乗せようとしてきたはずだった。思ってもいない現実を目の当たりにして、笹子は裏切られた気持ちでいっぱいだった。人を信じ、油断していて足をすくわれた。

「君に辞めてもらえれば、すべては丸く収まる。悪くはしない。辞めてくれないか」

立ち上げにあたり、失敗したら笹子の責任だと言っていた社長が、成功した途端に引きはがしてきた。トップはわれ先に保身に走り、人を切り捨てるのは世の常である。上場に向けて笹子がとにかく邪魔だった。メイタン・トラディションに出戻って大勢の人をリストラし、恨みを買ってきたが、今度は自分がリストラされる番になっていた。現場の論理が経営の論理に負けたのだ。

解任された日の夜、運転手の齊藤は新橋の居酒屋に呼び出された。店に着くと、笹子はもうひとり、社内で仲のよかったスタッフと先に飲んでいた。

「おれ、辞めるわ」

笹子は言いにくそうに吐き出した。痛々しいほど、落ち込んでいる。急成長するなかで、すべてがすべてうまくいっていたわけではないかもしれないが、ゼロからはじめたFXでここまで会社を大きくしたとの自負は見事に打ち砕かれていた。辞めずにすむ方法はないのかといくら聞いても、笹子は首を横に振った。

「しょうがないんだ、しょうがないんだよ」

2005年の年末、堀江の使う「想定内」という言葉が流行語大賞に選ばれた。笹子にとっては想定外の出来事だったが、それも仕方のないこととして飲み込むしかなかった。仕方ないの一言ですべてを丸め込めるこの言葉の非合理性こそ、日本だった。

新自由主義

2005年、笹子が埼玉銀行に入行して、ちょうどまる20年が過ぎていた。一生安泰だと誉めそやされて銀行員になり、為替ブローカーに転職するときはせっかく勝ち組になれたのにもったいないとさんざん言われた。しかし、辞めてわずか3年後の1991年、埼玉銀行は埼玉協和銀行になり、あさひ銀行になり、りそな銀行になって国有化されたあげく、2003年、りそな銀行と埼玉りそな銀行に分裂した。巡り巡って元に戻ったかたちだが、もちろん元に戻れたわけではない。内定拘束で聞かされた約束は反故にされ、銀行員ならではの特典も少なくなっていった。給料はカットされ、企業年金は減り、普通預金や住宅ローンの優遇は削られた。熾烈な出世競争を勝ち抜いて支店長になれても、年収は想定より大幅に下がっていた。約束された天下り先もどうなるかわからない。為替ブローカーに出向者を役員に送り込むのもむずかしくなった。もちろん高級旅館との提携も解消し、安く泊まれる優待制度はなくなった。会社が傾けば生ぬるいことなど、なんの意味もなくなる。

リストラも進んだ。13行あった都市銀行は合併して4行にまで減るなか、弱いほうが叩き出される粛正人事が繰り広げられた。大きなお金を動かしていた為替ディーラーが、いきなり支店に飛ばされた。なまじエリート行員だったため、支店のどさ回り営業では失敗を重ねた。気ぐらいばかり高くて、稟議書一つ、まともに書けないと、これまでは歯牙にもかけなかった格下の行員にいじめられ、精神的に追い詰められていく。

同期がどうしているのか気になって支店に電話したところ、長期休暇中だと聞かされた。たしかに不正検査で4連休、あるいは7連休といった休みをとらせる習慣が銀行にはある。きっとそれだろうと思い、2週間後に連絡してみても、まだ休んでいた。なんだか様子がおかしいので別の同期にたしかめたところ、心を病んで入院し、もうずいぶん長いあいだ、休暇扱いになっているとのことだった。鬱で自殺した行員もいた。

銀行に見切りをつけて転職したくても住宅ローンに縛られ、身動きできずにいた。有利な社内融資がかえって負担になっていた。借り換えたくとも、大幅に担保割れしている。バブルのころに買った家は地価の下落で値崩れし、不動産双六どころではなかった。値上がるのが当然だと言われていたのに、とんだ見当ちがいである。少なからぬ同期の銀行員が、人生計画をすっかり狂わせられていた。入行したときは、まさかこんなことになるなんて、だれも想像していなかった。長い目で見れば、就職時の勝ち負けにはなんの意味もないのかもしれない。どんな人気企業にも寿命があり、四半世紀もすれば会社自体がつづいているかどうかさえあやういのだ。

為替ブローカーは銀行員にもましてきびしかった。電子ブローキングに取って代わられ、ボイスブローカーの職業自体が消えてなくなろうとしていた。コンピューターとインターネットにすっかり飲み込まれてしまったのである。熟練を積まなければ受話器を二つも三つも手にして聞き分けられないが、コンピューターは1度に何千何万のことを難なく平行して処理できる。だからといって転職しようにも思い通りにはいかない。どこかに潜り込めたとしても、ボイスブローカーとしての経験はなんの役にも立たなかった。注文がなければ昼寝し、夜な夜な接待にあけくれればいい仕事などあるはずがない。まして起業して成功したブローカーを、笹子は周囲で聞いた試しがなかった。

金融に限らず、日本中、ありとあらゆる業態がおかしくなっていた。コスト削減が行き着くところまで行き着き、人件費もコストと見なされ、労働者派遣法が改正されて製造業や医療業務への派遣を認めた1999年を境に、非正規雇用が増えていく。公務員も例外ではなかった。独立採算制が取り入れられ、不採算部門は容赦なく閉鎖されていった。その過程でさまざまなハラスメントが常態化し、鬱病がごく身近な病となった。頼りのはずの労働組合は御用組合となり、政治のあり方も労働者を支持基盤とする社会党がなくなってから、もっぱら資本家に資するものになった。「自己責任」のわずか一言で、使われる側の人間も経営者的なものの見方に囚われざるをえない、権利を主張しにくい社会が生まれた。

小学校のときに一緒に野球をやり、アメリカを旅行した高橋は新聞記者として第一線で活躍し、支局長まで登り詰めたにもかかわらず、販売店で新聞配達をする、おかしな辞令が出た。新聞の売れ行きが大きく落ち込むなか、初心に戻るつもりで現場をみてきて欲しい。入社研修で体験して以来だったが、たしかに一理あると思ってがんばった。2カ月の予定が半年に伸び、降格人事ではないかと抗議したら、しばらく休んだらどうだとやんわり辞職をうながされた。大手の傘下なので、管理職は親会社の出身者で占められている。生え抜きで役員になる人はごくわずかだった。しがみつこうにも窓際に追いやられ、パワハラに泣かされた。子どもがまだ小さく、辞めるわけにはいかない。気づくと鬱に悩まされていた。人材紹介会社を紹介し、笹子を為替ブローカーの道にいざなった野村證券の同期も自己破産し、行方知れずで連絡が取れなくなった。

２００１年にはじまる小泉内閣の進めた「痛みをともなう改革」を国民は信じ、期待を寄せていた。我慢して待っていれば、きっと日本の経済は立ち直る。景気はよくなる。改革も終わりに近づいた２００５年ころにぼんやり姿を現わしたのは、思ってもいない荒涼とした社会だった。小さな政府をめざしたはずなのに逆に限りなく大きくふくれあがり、民営化で社会の隅々まで国の論理がまんべんなく行き渡っていた。セゾン美術館のような百貨店の運営する美術館や個性的な画廊は次々に閉鎖されて公立の美術館が主体となり、予算を握る行政が文化の価値決定に介入するようになった。中央から地方へと謳いながら、中央集権がいっそう強まり、地方はさらに疲弊していった。コストダウンで工場を海外に移す企業が増え、産業の空洞化が加速した。リストラされた技術者には台湾や韓国、中国などのメーカーに転職し、新天地で活躍する人が少なくなかった。

「自己責任」という言葉が多用される世の中は、いつしか「新自由主義」と呼ばれていた。こんなはずではなかった、どうしてこんなことになってしまったのだろうと、国民はキツネにつままれた気持ちだった。しかし、世界に目を向けると１９８９年の冷戦終結は、新自由主義によるグローバリゼーションのはじまりだった。資本主義と社会主義が対立することで戦後世界は均衡を保ってきたが、資本主義だけになったことで生まれた社会のありようだった。資本主義は社会主義に勝ったなどと単純に受け止めて目測を誤った日本は、その波にどの国にもまして巻き込まれ、社会のありようを変えていった。

粛正

異変は３カ月近く前からあった。いや、ほんとうは半年ほど前、オリエント貿易の営業部長と一緒に外国為替証拠金取引を売り込みにきた彼の部下が辞めたときからはじまっていた。営業部長がオンライントレード部門の責任者として取締役となり、株主でもあったのに比べてあまりに不遇であることに、裏切られた気持ちで会社を去った。立ち上げメンバーのひとりとして取締役に名前を連ねるはずだったが、パンチパーマの役員が割って入ってきた。丸く収まるならと思って身を引いたのが徒になった。レポートや企画書の作成が得意な学者肌で、在職中に国際金融や経営分析をテーマにした本も書いている。裏表がなく、笹子とも仲良くしていた。

次は自分がやられるかもしれない予感に身体が素直に反応し、笹子はひどい偏頭痛に悩まされていた。

「どうしよう、どうしよう。頭が痛い、割れそうだって言っている。なんとか彼を助けてあげて」

同棲をはじめた女性が運転手の齊藤に泣きついてきた。埼玉銀行の同期との結婚生活は家庭内別居のあげくに自然消滅し、セミナーで全国を回ってきたニュースキャスターと暮らしはじめた。互いのパートナーを連れてダブルデートを重ね、なんでも話せる間柄になっていた。

1週間して笹子に正式な辞令が出た。辞めさせられるわけではなく、相談役顧問に退くかたちだった。ほぼ一人で事業をつくりあげた実質的な創業者を追い出しては、体面上、問題がある。そこで名前だけ会社に残すことにしたらしい。もうだれもリストラしたくないと必死になってきたら、気づくと自分が追われていた。ありきたりな社内抗争で、邪魔者として排除されていた。

仕掛けてきたのは、夢を語り合った仲間だった。庇って守って育ててきた部下だった。三井住友銀行とのディーリングで取引相手である銀行の口座番号を間違え、10億円を超す額を誤って送金したときも代わりに謝った。本来なら取引停止になってもおかしくないのだが、たまたま六本木でよく接待していたディーラーがチーフだったので事なきをえた。

プライドの塊であるエース級の人材は、飼い殺しにすれば必ず自滅する。引き抜いてきたブローカーをリストラするにあたって社長が指南した入れ知恵を、今度は笹子がやられていた。社内ベンチャーの位置づけで外国為替証拠金取引のプロジェクトをはじめたとき、メイタン・トラディションの日本代表が社長に就いた。失敗したら笹子が責任を負う約束だった。転職で世話になった義理がある。上に立つより、会社を支える裏方のほうが性に合っている。そこには男と男の絆があるはずだった。言葉にせずともわかり合える信頼があるはずだった。それなのに裏切られた。信じていたものが脆くも打ち砕かれていた。上田ハーローを夜逃げするときに言われた、「それくらいやらないと世の中、ダメなんですよ」という言葉が幻聴となって耳の奥で繰り返され、頭が割れそうに痛くなった。

部長から取締役に昇進した笹子の部下が後釜として実権を握り、会社はどんどん変わった。まず休みができた。外注できるものは外注し、週末を休みにしたのである。それが笹子をはしごからはずす、いちばんの理由だった。給料も上がった。広告の露出を増やして社内のセミナールームに呼び込み、笹子が禁じ手にしてきた勧誘をした。新しい取締役のもくろみ通り、たしかに取引量は増え、利用者が増えた。

改革を進める社内には、笹子の名前を口にするのもはばかられる空気が形成されていた。なにか文章としてお触れがでたわけではない。口頭で注意されたわけでもない。しかし、笹子と親しかった人物はひとまとめに「笹子派」と呼ばれて異端扱いされ、これまでとはちがう部署への異動を命じられた。経験のない内容の仕事に回され、それを理由に給料が大幅に下げられた。まさに粛正である。笹子の重用してきたシステム部は、とくに狙い撃ちされた。理不尽な制裁を嫌い、10人近くがすぐに辞めた。牧野を誘った先輩もその一人だった。

牧野は新しくできた那覇支店への異動を自ら申し出た。転職してずっと張り詰めてきた糸が、心のなかでぷつんと切れていた。仕事なんてどうでもよくなくなり、青い海を見てのんびり過ごしたいと考えていた。笹子派には、どのみち社内に居場所はない。右腕だった岡本も、当然笹子派と見なされた。

「会社が急成長するのを一通り見てきました。近くで手伝うのはとてもおもしろかったけど、お給料が18%も減らされれば、もういらないと言われているのが言われなくてもわかり、ふんぎりがつきました。まだ転職できる歳とあって、次に進もうと決めたのです」

20%の減給だと法律に触れるので、法定ぎりぎりだと岡本は聞かされた。ほんとうは懲戒処分であっても賃金の10分の1を超えてはならないと定める労働基準法に抵触しているかもしれないのをあとで知った。上田ハーローには、独立して事業をはじめる人が多かった。会社を上場するところまで成長させたら、自分は辞めてまた別の事業を立ち上げていた。為替ブローカー業界上位の上田ハーローと、下位のメイタン・トラディションではやはりちがうのかと、岡本は見切っていた。

スタジオを任せられていた五十君には、番組制作の中止を言い渡される。出入りの下請け業者は真っ先に切りやすい。だが、生活がかかっている五十君は食い下がった。

「1年ごとの契約なのに、常務がお辞めになったといって、更新前に解除するのはいかがなものでしょうか」

反論して、とりあえず契約の残り期間はつづけられることになった。五十君のつくる番組が人気で、切るに切れない事情もあった。予算は大幅に削られ、番組づくりがやりにくくなった。制作より社員への指導が求められた。デジタル技術によって、プロに頼まなくてもできる、そうすればコストダウンになると考える人が増えていた。

教えたら自分の利用価値はこの会社にはなくなると感じながら、五十君はいくつかの気づきをえた。番組制作にあたり気配や匂いなど、映像では伝わらないものをいかに伝えかにこだわってきた。だが、ネットで育った世代は手を加えた情報は信用できないとして、編集はせず、ありのままを伝えたほうがよいと考えていた。そうしたら見る者が自分の頭で整理し、必要なものを自分で選べる。インターネットが普及して10年が経ち、これまでとはちがう新しい価値観が生まれていた。

粛清の嵐が吹き荒れても、運転手の齊藤は仕事をつづけるよう、社長から直々に言われた。笹子が辞めるのはデリケートな問題だと聞かされた。

アジア

相談役顧問とはいっても名ばかりで、笹子は会社と目と鼻の先にあるマンションに引きこもり、無為の日々を過ごしていた。経営にも現場にも一切、口をはさめず、メールで引き継ぎのやりとりをたまにするくらいのものだった。築きあげてきたものをすべて否定され、自信をもって推し進めてきた方針を次々に打ち壊された笹子は、人格を踏みにじられている気がしてならなかった。偏頭痛はそのせいだろうし、心のバランスをすっかり失っていた。これでは飼い殺しだと笹子は感じていたが、トラディションの本部はしばらくバカンス気分でのんびり過ごしてくれればいいと鷹揚に構えていた。給料も引き続き満額、出していた。外資につきまとうシビアさと相反する、結果を出した者に見せるもう一つの顔だった。

「二人でなにか新しい事業をはじめませんか？　きっとサラリーマンを卒業する時期が来たんですよ」

ひどく落ち込む笹子の姿を見て、五十君は声をかけた。テレビ番組のプロデューサーとしてはじめて会ったとき、会社が軌道に乗るには最低でも5年はかかると見ていた。それがあれよあれよというまに、上場するとまで言い出した。端で見ていても驚かされる、急激な成長だった。鍵は笹子の速読術にあると、五十君は見ていた。ディスプレイに延々とスクロールされていく文字列を一瞥するだけで読み取る映像記憶の能力が、インターネットにうまくはまったのである。

新たな会社を立ち上げたはよいものの、具体的になにをするかは決まっていなかった。金融の仕事は思いつくが、トラディションとの契約もあって、畑違いの仕事をせざるをえない。貿易業務から韓流スターのマネージメントまで、いろんな話が降ってわいてきた。接待をして広めた人脈が、思いもかけないところで活きていた。なんとかしようと二人であがいてみるのだが、まったくうまくいかなかった。小さいながらも制作プロダクションを経営してきた五十君はダメならダメで、次を探せばいいとすぐに開き直れる。その点、笹子は根っからのサラリーマンだった。子どものころから植え付けられたいい学校からいい会社への呪縛から逃れられず、思い切り暴れるには会社という枠組みが要るのである。なにもなければおそらくは楽しく仕事に打ち込めた上田ハーローを、定年まで勤め上げる人生を歩んでいたはずだった。

すっかり腐っている笹子に、トラディションは香港支店への転勤辞令を出した。アジアでは、東京に次いで大きな支店である。アジア各国の市場を調査し、FX会社を新たに立ち上げるのが任務だった。トラディションはもともとBtoBの企業で、銀行間取引をしていたが、BtoC、つまり一般との取引でも大きな利益が出るのを、外為どっとコムを通じて学んでいた。5000万円の投資が時価総額で1000億円を超え、株の配当が全収益の3割を占めるほどになっていた。

笹子の構築したシステムを世界規模で展開すれば、さらなる利益をもたらすにちがいない。ノウハウを他社にもっていかれるのはまずいとの思惑もあった。公にされたら困る秘密も握られている。実際、各社のヘッドハンティングがひそかに動いていた。引き抜かれるのを避けるためにも、できるだけ日本から遠く離れたところに囲っておいたほうがよいとの経営判断も見え隠れした。

香港に行く寸前、赴任先がシンガポールに変わった。デフレスパイラルに陥った東京を尻目に、香港とシンガポールがアジアのビジネス拠点として、競い合っていた。香港はFXに関する規制が多いうえ、会社を立ち上げるのにお金がかかりすぎ、利益を出すのはむずかしい。その点、シンガポールは規制がゆるく、起業に対して政府が補助金を出す制度もある。雇用促進を目的に、人件費や事務所の賃料、サーバーといった必要な設備費を助成していた。金融都市として先んじる香港のほうが仕事はしやすいが、シンガポールは香港に比べれば物価が安く、暮らしやすい。なによりシンガポールの支店長が、FXの立ち上げに熱心なのが決め手になった。

シンガポールのほか、中国、香港、韓国、台湾をはじめとするアジアの国々でFXを展開する壮大な計画だった。日本であれだけうまくいったのなら、世界中でできるはずだとトラディションは考えていた。グローバルな展開をするIT企業が次々と生まれた時期だった。やはり1年という時間の区切りがつけられた。同棲していたニュースキャスターと再婚し、一緒に赴任した。式は挙げず、写真ですませた。仕事はたいして忙しくはなく、9時に家を出て5時には帰り、二人で食事をした。埼玉銀行に就職してから味わったことのない、穏やかな暮らしだった。休みのたび、ベトナムやカンボジアなど周辺の国々を旅して回った。オーストラリアにも羽を伸ばした。割れるほどの頭の痛みは、気づくと治まっていた。

各国の状況を調査して回ったところ、国ごとに事情がずいぶんちがっていた。シンガポールにはインターネット広告の概念がまったくなかった。ポイントサイトも、ブログとアフィリエイトを結びつける仕組みもない。現地の広告代理店に相談したところ、逆に詳しく教えて欲しいと言われる始末だった。ネットで販促できなければ電話で勧誘するしかなくなるが、そのノウハウは持ち合わせていなかった。インターネットの接続速度が遅く、ＦＸのシステムを満足に動かせないのは各国に共通する大きな問題だった。２００１年に光ファイバーが導入されるまでは日本のほうが遅れをとっていたが、すっかり逆転していた。

自殺

外為どっとコムの部下だった男が、シンガポールに連絡をしてきた。笹子派と見なされ、エイチ・エス証券に転職していた。社長が会いたがっていると知らされ、急いで一時帰国した。面会の席にはライブドアにいた野口もいた。エイチ・エス証券を上場させた功績で、副社長に就いていた。

「外為どっとコムのウィークポイントを教えて欲しい」

野口は用件を切り出した。社長の澤田秀雄は黙ってうなずいた。金融事業は野口が仕切っていて、あまりわかっていない様子だった。旅行会社のエイチ・アイ・エスや航空会社のスカイマークの創業者として、笹子も名前は知っていた。１９８０年、新宿西口の雑居ビルに秀インターナショナルサービスという、小さな格安航空券の販売店を構えたのが原点だった。笹子が学生時代にアメリカを旅行した少し前である。

旅行業で成功し、金融をも手中に収めようとしていた。

「ＦＸはぼくが一人で切り盛りしてきたのもあり、役員はだれひとり、きちんとわかっていません。２、３年は大丈夫だと思いますが、だんだん迷走してくるでしょう」

株主のだれかが公安に目をつけられ、銀行のマル暴リストに載っているのも伝えた。オリエント貿易の役員でもある野口は、すでになにかをつかんでいる様子だった。商品先物取引を外国為替証拠金取引のようにオンラインでやる計画をたて、経営内容を精査していた。1年間はおとなしく友好的な関係をつづけるつもりでいたが、その過程で背任行為の疑いが発覚し、関係する役員らを整理していた。世間に白い目で見られてきた会社を広く社会に認めてもらうには、コンプライアンスの観点から、膿を出し切ってしまわなくてはならない。

「51％の株を集めれば、乗っ取れる。で、君はどっちにつくんだ？」

野口は提案してきた。エイチ・エス証券はオリエント貿易の株主にはなったが、外為どっとコムはまた別の会社である。

「どっちの味方をしてもいいですけど、アメリカではあるまいし、追い出された人間が出戻って、俺は大株主だなんて真似はぼくにはとてもできませんよ」

それから笹子は何度か野口に会った。いくらなら株を売るのか、具体的な話し合いにもなった。野口には頭の切れる、性根の強い印象があった。そもそも外為どっとコムはオリエント貿易とトラディションの合弁会社として発足した。普通は株式の割合に差をつけ、のちのちもめないようにするのだが、50：50の等分にしていた。まさかここまで会社が大きくなるとはだれも思っていなかった。そこが野口の狙いだった。

2006年1月16日、予期せぬ事態が起こる。ライブドアが証券取引法違反容疑で家宅捜索を受け、野口の自宅とエッチ・エス証券も強制捜査されるのだ。心配した笹子が野口に電話したところ、とくに変わった様子はなく、事情聴取はされなかったと聞かされた。ライブドアの宮内も野口に電話している。

もう一度、確認したいことがあって野口に連絡をした。この時、いつも几帳面で丁寧な野口が別人になっていた。

「迷惑なんだよね。あなた方が……」

どういう意味かよくわからなかったが、野口も混乱しているのだろうと思い、ロクな会話をしないまま切った。

（『虚構──堀江と私とライブドア』宮内亮治、講談社、２００７年）

捜査の2日後にあたる1月18日、野口が自殺したとのニュースが全国を駆けめぐる。現場は那覇のカプセルホテルで、国際通りの外れ、観光客の流れが途絶えるうらぶれた場所だった。お金は十分すぎるほどもっているはずなのに、どうしてそんな安宿に泊まったのか、笹子には解せなかった。カプセルホテルとはいっても、野口の泊まったデラックスルームは個室にカプセル状のベッドがぽつんと置かれためずらしいつくりで、標準的なビジネスホテルよりも広いくらいのスペースがあった。チェックインは11時30分ごろで、宿泊名簿には「山崎四朗」という偽名が使われた。東京発沖縄行きのANAには「ニシムラノボル」の名義で搭乗しているが、奇妙なことに、沖縄に行くときに限っていつも偽名だった。住所は那覇にしたのち、福岡に書き直した。外為どっとコムの役員が沖縄に支店をつくり、リゾートマンションを買うのに執着していたのを笹子は思い出した。福岡はオリエント貿易の本拠であり、堀江の出身地でもある。

マスコミはまるで僕のせいで死んだというような報道をした。

「ホリエモンの側近、自殺」

強制捜査から2日後のことである。〔……〕

僕にはなぜ彼が自殺したのか皆目、見当が付かなかった。

この知らせを聞いた時、「宮内さんは大丈夫かな」と心配になって彼のところに駆けつけたのだが、それにもさしたる理由はない。

（『我が闘争』堀江貴文、幻冬舎、２０１５年）

14時35分ごろに非常ベルが鳴った。「傷は、頸部の二カ所に各五センチ、左手首に五センチ、腹部には七センチの計四ヵ所あり、腹部からは腸が飛び出し」[▼1]、メディアははじめ自殺との警察発表に懐疑的だった。夫人も「現地で調査をした結果、やはり私には『夫が自殺した』とは合理的に考えられません」との手記を週刊誌[▼2]に寄せた。3時間のあいだ、狭い部屋でだれと会っていたかが一つの争点になった。オリエント貿易を調べるうち、銀行で聞かされた日本の闇をつかんだのにちがいないと、ニュースを見て笹子は思った。いわくつきの会社にある、アンタッチャブルなところに手を出してしまったのだろう。暴力団かもしれない。経済マフィアかもしれない。政治家かもしれない。裏事情を知る関係者なら触れずに避けている禁忌も、あとから来てはわかるはずがない。

野口が担当したエイチ・エス証券の買収案件に、九州の商品先物会社があった。同社の株式125万株（51・6％）をエイチ・エス証券は57億7500万円で取得した。

この価格が妥当かどうかはともかく、株を売却したオーナーとエイチ・エス証券の間でトラブルになっていた。売却金額が、約束より7億円少ないのだという。野口が使った証券ブローカーが〝中抜き〟したのが原因のようで、その処理について野口は真剣に悩んでいた。

（宮内亮治、同書）

暴力団対策法が1992年に施行され、激しい抗争はなりをひそめた。しかし、かたちを変えて社会の奥深くに潜行し、見えにくく、わかりにくくなっていった。隠そうとすればするほど、逆に一般に広がり、半グレと呼ばれる、暴力団には属さない集団を生む土壌ともなった。

▼1 『週刊文春』2006年2月2日号。
▼2 『週刊現代』2006年8月19・26日合併号。

点と線

警察から笹子に電話があり、野口が自殺した件でアリバイを聞かれた。シンガポールにいたと答え、それで終わった。『週刊文春』と『週刊新潮』の記者には取材された。メディアは他殺の線で追っていた。なにがあったのか、核心の部分は笹子にはなにもわからなかったが、野口といつどこで会い、どういう話をしたのか、知っている事実はすべて話した。隠し立てしなくてはならない理由は、なに一つなかった。取材していた内容と重なり、おかげで裏がとれ、点と点がつながってきたと記者は興奮を隠さなかった。まもなく記事が掲載されるとの連絡があったと思ったら、見合わせたと知らされた。

「すみません、お聞きしたお話は間違いないようで、報道できなくなりました」

記者は一方的に言った。どうしてそうなったかは教えてくれなかった。自分の経験したことを、間違いだと言われるのはとても奇妙な感覚だった。どう考えても殺されたとしか思えないのに、自殺が覆る気配はない。このときを境に、メディアは他殺の疑いを一切報じなくなる。どういう力が働いたのかはわからないが、そこまでできるのは国家権力しかないと笹子は思った。堀江や宮内らライブドアの5人が証券取引法違反で東京地検に逮捕されたのは、刑務所に入っていたほうが安全だと国が判断してのことだと、穿った見方をする人もいた。ほどなく週刊誌が野口は自由民主党の政治家・安倍晋三（1954～）の後援会である安晋会の理事で、同会の政治資金パーティーに社長の澤田秀雄と出席していたことをスクープ[▼1]する。

半年して今度は村上世彰がインサイダー取引の容疑で起訴される。村上ファンドの主役である。構造改革のさなか、経済の表舞台を賑わせてきた男たちが、時を同じくして一斉に引きずり下ろされていた。年末には朝日新聞の鈴木啓一（1958～2006）が東京湾に浮かんでいるところを発見され、自殺と処理された。リクルート事件をスクープした辣腕記者として知られた。死の翌日、記者の追っていた記事が掲載された。[2] ２００３年に1兆９６６０億円の公的資金が投入され、実質国有化されたりそな銀行による自由民主党への融資残高が２００２年末の４・７５億円から２００５年末の５３・７５億円へ、３年で11倍になったとの内容だった。他行はいずれも融資額を減らしているなか、りそな銀行だけが突出していた。りそな銀行といえば元埼玉銀行でもある。

また、りそな銀行が国有化される直前、監査を担当していた朝日監査法人の公認会計士である平田聡（１９６４〜２００３）が、自宅マンションの12階から飛び降りて自殺している。合併前、協和銀行は朝日監査法人が、埼玉銀行は新日本監査法人が担当していたことから、共同でりそな銀行の監査をしていたが、朝日監査法人が担当を外れることを決めて2日後のことだった。銀行の監査はもともと護送船団方式の一環として銀行が大蔵省とおこなっていたが、１９９８年に金融機関に対する早期是正措置が導入され、監査法人に任せられるようになり、負担が増していた。記者も公認会計士もまた他殺が疑われた。なにがどうつながるのかはわからないものの、日本の深い闇を覗いている気がして、笹子は恐怖を覚えた。これ以降、エッチ・エス証券から笹子への連絡は途絶えた。

当惑させられながらも、アジア地域の市場調査を重ねた。香港では１９９０年代前半に一般向けのFXがはじまったが、ギャンブル気質の強い国民性につけこんだ詐欺が横行し、全面禁止にされた。犯罪との線引きにきびしく対処するのは、金融立国ならではだと笹子には思えた。その後、免許制になり、レバレッジを20倍までに規制して再開された。売りと買いの両方のポジションをもつ、両建ても禁じられた。商品先物取引や信用取引で金融のプロがリスクを回避するのに使う手法だが、損失が拡大する可能性も高い。FXの土壌が強いのはたしかなものの、社長を香港人にする、資本金が多額になる、開業にあたって必要な免許の種類が多いといったことが参入にあたっての障壁になる。

中国ではFXが流行り、盛んに取引がおこなわれ、一見、進出する絶好のチャンスに思えた。しかし、保証金を送金するには地下銀行しかないなど、法律上、グレーな部分が多く、会社として展開するにはリスクが大きすぎた。韓国は日本よりインターネットの技術が先行していたが、ゲームが主体で、金融との接点はあまりなかった。ネットバンクもネット証券も広まっていないのに外国為替証拠金取引をはじめるのは、ハードルが高すぎた。免許制度や最低資本金制度といった法規制がきびしく、会社を設立するには莫大なお金がかかる。台湾も似た状況だった。

こうしてアジアの国々でネット専業のＦＸを立ち上げるのは時期尚早だと、笹子は結論づける。絶対にうまくいかないのが目に見えているので、「不可能」とのレポートを提出した。しかし、シンガポールの支店長は積極的な姿勢を崩さなかった。よほど日本での成功がおいしく見えたらしい。引き続きシステムの完成に向けて取り組むのだが、会員の募集をはじめるところまできて、アジアを統括するトラディションの総責任者に撤収を指示された。社内の内紛でシンガポール支店と香港支店が対立したのが原因だった。

振り出しに戻るかたちで、笹子に香港転勤の辞令が出る。まずは旅行がてら住まいを探しに行った。メイタン・トラディションと喧嘩別れし、インターマネーのオフバランスセクションを立ち上げ、13年の月日が流れていた。うまくいかずに苦労しながらも、おもしろおかしく過ごした街は、すっかり様変わりしていた。１９９７年にイギリスから中国に返還されたのもある。インターネットの普及もある。グローバリゼーションもある。情報はいくらでも手に入り、テレビ番組をビデオに録画して送ってもらう必要はなくなった。電子メールやＩＰ電話により、距離を意識しなくてもすむ。スーパーには日本の食材がたくさん並び、小包で送ってもらっていたのが嘘のようだった。日本料理を食べられる店もいたるところにできていた。格段と便利になり、これなら外国に暮らしている気がしないと思った。

レストランで妻と食事をして滞在中のホテルに戻ると、ドアの下に手紙がはさんであった。なんだろうと思って開けたら、税務署の出頭命令だった。１９９３年度の税金20万香港ドル（約２８０万円）を払わなければ出国させないと書いてある。香港を離れるとき、申告していなかった分である。しかし、支払おうにも、年末年始の休みで税務署は閉まっている。おそるおそる空港に行くと、なにごともなく出国できた。シンガポールに戻って経理部に相談したところ、心配にはおよばないと笑われた。昔の出来事だし、中国に返還されてシステムを一新しているはずだというのである。それでも一週間足らずの滞在中にどうして宿泊先を突き止められたのか、笹子は言いしれぬものを感じた。外国人を拘束する理由など、その気になればいくらでもつくれる。外国で暮らしはじめ、常々感じてきたことだった。

▼1 『週刊ポスト』2006年2月10日号。
▼2 『朝日新聞』2006年12月18日朝刊。

コンサル契約

香港に引っ越して出社した日に、税務署の支払い命令が笹子宛てに届いた。どうやって勤め先を突き止めたのかはわからなかった。総務に呼び出され、すぐに払わなければ、今度は会社の玄関に警告状が張り出されると叱責された。香港の取り立てはきびしく、10年経とうが20年経とうが、絶対に見逃さないという。請求されたのは元本だけで、危惧していた延滞税は課せられなかった。給料を前借りし、総務の用意した小切手で支払った。振り返れば銀行員を辞めてずっとぎりぎりの綱渡りをしてきたが、そろそろ年貢の納め時かもしれないと笹子は思った。

しばらくはシンガポールで取り組んでいたFXの取引システムを完璧なものにするため、プログラマーやデザイナーと細かな修正を重ねた。北京や上海に出向き、引き続きアジアの市場調査もつづけるが、いくら探しても日本での成功事例が当てはまる国はなかった。だんだん出社してもやることがなくなり、焦りはじめる笹子に対し、しばらく香港でゆっくりすればいいと会社は相変わらず悠長に構えていた。

「お前、〝外為〟の株をもっているよな。おめでとう」

ある日のこと、トラディションのスタッフと顔を合わすたびに祝福された。どうやらいよいよ上場の申請をするらしい。外為どっとコムでは長いので、普段の会話では短く「外為」と言っていた。金融に強いアングロサクソンの人たちはなんでも実利を優先に考え、他人の成功をわがこととして素直に喜び合うところがある。最後の最後まで足を引っ張り合う日本人との大きなちがいだ。笹子は内心、ほんとうに上場できるのだろうかと人ごとに考えていた。

身の振り方に悩む日々を過ごしていたところ、テナーというコンサルティング会社と出会う。香港に出張中のスタッフを、金融関係の知人から紹介されたのである。みずほ証券にいた50人近くの証券マンが、会社に見切りをつけて設立したと聞かされた。2005年のジェイコム株大量誤発注事件で407億円といわれる損失を出し、ボーナスをカットされたのがきっかけだった。株のコンサルティングやファンドの運用を通じてコスモ証券の立て直しをしているが、FX部門がうまくいっていないという。ちょうど法律が整備されて許認可制になり、各証券会社がFXに参入した時期だった。外為どっとコムでの手腕を見込まれた笹子はさっそく日本でコスモ証券の社長に会い、軌道に乗せられるかどうか質された。

「ちゃんとぼくの言う通りにやれば、そこそこの収益は上げられると思います」

アジアは無理でも、日本なら勝算がまだあった。どうもFXには日本人がはまる要素があるらしく、ほかの国では日本のようにはいきそうになかった。コンサルティング契約をした笹子は、さっそくチームをつくりはじめた。大仕事になるから、どのみち一人ではできない。

「コスモ証券のコンサルティングをする。もしよかったら来ないか」

外為どっとコムでは笹子派と見なされたスタッフが、相変わらず冷や飯を食わされていた。社内では笹子が仕事上、大きなミスをして辞めたことになっていた。尾ひれをつけ、あることないことが噂された。リストラをしないために立ち上げた会社のはずなのに、成功が見えてきた途端、リストラがはじまった。

笹子はその毒を飲んだが、仲間を放っておくわけにはいかない。不幸な話や可哀想な話をつくり、ばらばらに辞めれば角が立たないと、笹子は声をかけるたびに入れ知恵した。

牧野は沖縄でひとりやさぐれていた。あてがわれた新人教育の仕事はひどくつまらなかった。メーカーの発表会や技術研修会はほとんど東京でひらかれ、日進月歩の技術から取り残される不安があった。ここにいたら、きっと自分はダメになる。危機感を募らせていたとき、笹子のメールを受信した。即答はできなかった。仕事はまだやりかけで、相談した上司にも責任をもつべきではないかと諭された。

右腕だった岡本にも声がかかる。結婚を心に決めていたのもあり、24時間の3交代制はきついとの理由で辞めることにした。システムに詳しい人やマーケティングに詳しい人らが一人辞め、二人辞めては合流し、8人のコンサルチームができあがる。笹子は香港に住みながら指示を出し、3カ月に1度のペースで日本に出張して3週間ほど滞在し、陣頭指揮に立った。香港ベースにしたのは、外為どっとコムの株主として、同業他社の仕事ができないとの契約に抵触する怖れがあったからだった。それに世界の構造が大きく変わるなかでアジア各地を回りながら、もうじき経済的に大きく発展する国も出てきて、代わりに日本の長い低迷がはじまるのが予感させられたのもある。埼玉銀行を辞めたいと思ったときと同じ、ぼんやりとした、しかし確信めいた思いに駆られていた。グローバル化で外注管理会社の性格を強めた日本の企業からは、1980年代のようなイノベーションが生まれにくくなっていたが、危機感は薄く、なんだかんだいっても世界3位の経済大国だとの意識を抜け出せないでいた。

コスモ証券の社員は、突然、介入してきた笹子のチームに激しく抵抗し、自分たちには自分たちのやり方があると主張した。インフラエンジニアとして常駐した牧野は、なにも仕事を与えられずに邪魔者扱いされた。来る日も来る日もそうだった。たちの悪い人材派遣に引っかかったのも同然だと、牧野は思った。

「では、あなたたちになにができるのですか？　うまくいっていないから社長直々に要請されているんですよ」

牧野の報告を受けた笹子はコスモ証券のスタッフに問いかけた。はじめのうちはなにか揉めるたびに社長にも相談した。上の指示にはみな従順にしたがうのがわかって、どうにもならないときに限った。突き詰めれば一人ひとりの意思はどこにもなく、日本の会社らしいと、外資系を渡り歩いてきた笹子は埼玉銀行時代を思い出し、懐かしく感じた。

株

外為どっとコムを辞めてからというもの、なにかにつけてゴールドマン・サックスの営業部長が笹子に接触してきた。1869年に創業したアメリカの名門で、日本長期信用銀行がアメリカの投資ファンドであるリップルウッド・ホールディングスに買収されるときも、ライブドアや村上ファンドの背景にもゴールドマン・サックスの影がちらついた。その部長がわざわざシンガポールまで訪ねてきたのである。香港にもきた。ヘッドハンティングを臭わせつつ、はっきりとは用件を言わなかった。ここに来てはじめて、話を切り出した。

「外為どっとコムの株を売ってくれませんか」

上場にあたって企業は中立機関に時価総額の調査を依頼し、一株いくらかを算定してもらう必要がある。かつては申請する企業がある程度、自由に株価を決められたが、コンプライアンスの観点から証券会社が審査するようになった。まず日興証券が幹事証券会社を担当し、それから東洋証券、野村證券に変わるなか、デューデリジェンス（適正評価手続き）はゴールドマン・サックスが担当した。

算定には通常3カ月から6カ月程度の長い時間がかかる。それほど徹底的に調査するのだが、その過程でゴールドマン・サックスは、オリエント貿易がエイチ・エス証券に買収されてから、トラディションとの株主間契約が破棄されているのに気づく。幹事証券会社が何度も変わるなか、日本の法律と、トラディションの親会社が本拠とするフランスの法律とのちがいから生まれた空白だった。中立であるはずのゴールドマン・サックスはそこに目をつけ、乗っ取りを画策しはじめる。20万近くある外為どっとコムの口座が狙いだった。個人向けのワラント債（新株予約権付社債）を売り込むのに、ちょうどよいと考えていた。経営権を握るのに必要な51％の株を取得するめどはつけ、あとは笹子の返事次第らしかった。

オリエント貿易の役員も株をもっているのを教え、笹子は相手の腹を探った。浮動票になっているはずだった。さすがすでに調べがついていて、アンタッチャブルな性格のもので、手を出せないと部長はいう。日本の金融機関は銀行がいちばんで、証券会社、資産運用会社とつづくが、欧米での序列はゴールドマン・サックスやリーマン・ブラザーズのような投資銀行（証券会社）、資産運用会社、日本の普通銀行に近い商業銀行の順とされるだけはある。提示されたのは一株あたり50万円で、思ってもいない金額だった。

「いいですよ。売ってもかまいません」

慌てたのがトラディションだった。笹子が株を売ったら、外為どっとコムがゴールドマン・サックスの手に落ちる。指示したのはフランスで上場している投資会社ヴィエル・エ・コンパニを率いるパトリック・コンブ（1952〜）だった。トラディションはその傘下にあり、外為どっとコムの上場も、笹子の株の買い取りもすべて彼の指示による。フランス語でなんと読むのか正確にはわからなかったので、「ビエール・パリ」との渾名で日本人のあいだでは知られていた。笹子は東京で何度か会い、食事をしたこともあるが、とても用心深く、フランスの法律が世界の法律だと考えているところがあった。この男が笹子から見えている限りの〝ラスボス〟で、今度フランスに来たらプライベートジェットに乗せてやると誘われていた。それでもフランスの長者番付では372位（2021年、『チャレンジズ』誌）である。

「ゴールドマンに株を売るのは勘弁してくれ。お前はずっとトラディションにいたんだし、頼むよ。でも、1株55万円出す。200株で合わせて11億だ」

うまくいくはずがないと白い目で見られていた社内ベンチャーが、アメリカとスイス、そしてフランスの多国籍金融企業が取り合うまでになっていた。1980年代にアメリカが日本に求めた金融市場の開放や、90年代に橋本内閣が金融ビッグバンで日本をニューヨークやロンドンと並ぶ国際金融市場にしようとしていたのは、つまりはそういうことだった。２００６年に政治資金規正法が改正されて外資系企業からの献金が認められ、外資がいっそう日本の市場に食い込んできた。

規制緩和に新しいデジタル技術が重なり、たしかに一儲けできる時代だった。上場でえた創業者利益で別の会社を買収し、会社がどんどん巨大化していく。１９８０年代の不動産バブルが銀行を飲み尽くしたあとに現われた、新しい錬金術だった。仕方なくゴールドマン・サックスには断りを入れた。

「話がちがうじゃないですか！　60万でも70万でもいい！　売ってくれ！」

あと一息とあって必死だった。迫真のやりとりが水面下で進むなか、コスモ証券の社長が株主総会で突然、解任される。外為どっとコムでのノウハウを活かしてコンサル業務をはじめ、まだ1年も経っていなかった。狙い通り順調に伸び、あとは勢いに任せればよいはずだったが、解任によってテナーとの契約が即座に切られてしまう。社長同士の人間関係で成り立っていたのが災いした。

他社に営業をかけるにも毎月1億円を上回る額をえていたコンサル料が途絶え、テナーは空中分解を余儀なくされる。笹子のチームも同様だった。会議室に集められてテナーが解散するのを知ったスタッフは、不意の展開に一同、呆然としていた。行き場を失い、途方に暮れたのは笹子も同じである。

「せっかく気持ちよく集まってくれたのだから、みんなで会社をはじめようかと考えている。でも、こういう綱渡りみたいなのがいやなら転職してもいい。どうするかは一人ひとりが自由に決めてくれ」

インフラエンジニアの牧野は、来てもやる仕事がないと真っ先に言われた。なにか新しいシステムを立ち上げるのであれば必要とされるはずなので、そうした事業を考えているわけではないのを牧野は読み取った。こうして何人かが残り、何人かが去った。

株をめぐる駆け引きは、トラディションに義理立てして決着し、２００８年9月14日、売買契約書に署名した。投資銀行の最大手リーマン・ブラザーズが破綻し、世界規模の金融危機がはじまる前日のことである。株価が大きく暴落し、売ったはいいが、実際には売れないだろうと笹子は腹をくくった。コスモ証券はその後、2010年に会社の規模としては3分の1程度の岩井証券に170億円で買収され、岩井コスモ証券として再編される。

●所沢

2005年、西武鉄道を率いた堤義明が証券取引法違反容疑で逮捕された。1973年に社長になって以来、野球場をつくるなど、四半世紀にわたって西武沿線の住人をぞんぶんに楽しませてきた男が表舞台を去る瞬間だった。メインバンクであるみずほ銀行の主導で再建が決まり、同行の後藤高志（1949〜）が社長となった。そこにアメリカの投資会社サーベラス・キャピタル・マネジメントらが第三者割当増資をおこない、西武ホールディングスとして再編される。鉄道はこれまで通りに運行をつづけて百貨店も引き続き営業し、西武はいまも名前を留めている。しかし、なにか決定的な、西武を西武たらしめてきたものが失われていた。

西友はそれに先立ち、2002年にアメリカのスーパーマーケットチェーンであるウォルマートと提携し、傘下に入っていた。スクラップ処理場の跡に新しくできた西友西所沢店はウォルマートのノウハウを取り入れていると地元では噂されたが、売り場が徒に広いだけで、拍子抜けさせられた。リブロやアール・ヴィヴァン、ウェイヴ、セゾン美術館をはじめとする文化関連事業は、リブロポートやトレヴィルという関連出版社を含め、すべて夢と消えていた。その代わり、いつのまにか目には見えないかたちでアメリカが日々の暮らしに深く関与していた。

西武百貨店にあった書店リブロで働いた今泉正光（1946〜）の回想が残る。

今になってはっきり見えてきたけれど、私がリブロにいた時期〔1980年代〕こそは本当は奇妙な時代だったのかもしれない。

〔……〕ひょっとするとあの時代は戦後に蓄積されてきた様々な過剰性が社会の全面に露出してしまった時期だったのかもしれない。

（『「今泉棚」とリブロの時代（出版人に聞く１）』今泉正光、論創社、２０１０年）

グループの解体は、西武の草刈り場として発展した所沢の街を否応なしに変えていった。１９９０年代半ばまで、所沢駅から西所沢駅まで延々とつづく古い商店街はかろうじて健在だった。小江戸と謳われ、観光地として人気を集める川越に比べて規模は小さいものの、よく似た蔵造りの街並みが広がっていた。１９９５年、商店街を再開発してコンセールタワー所沢と名づけられたタワーマンションができたのが最初の大きな変化だった。さらに97年にスカイライズタワー所沢、99年にグラシスタワー所沢、２０００年にフォーラスタワー所沢、２００６年にグレーシアタワーズ所沢と次々にタワマンが商店街をつぶして竣工していった。

テナントに入って商いをつづける店もいくつかあったが、ほとんどは店じまいした。１丁買うとなぜかもう１丁、おまけしてくれる豆腐屋も、御用聞きにきた昔ながらの酒屋も、鍋焼きがおいしいうどん屋も、大きな店構えの割烹や料亭も、将校が暮らした家も、歌舞伎座と呼ばれた映画館も、すべては更地にされてマンションに変わった。なにもかもが消え失せ、コンビニやドラッグストアの目につくありふれた郊外になっていた。新しい住人はそこがもともとどういう場所だったかを知る由はなく、関心を示す者もいなかった。そうしていくつもあった名前が失われ、忘れられ、ついにはわからなくなっていた。

進出にあたって「所沢戦争」と呼ばれる西武との小競り合いを繰り広げたダイエーは、２００５年に閉鎖を発表した。市をあげての陳情で撤回されるが、その後、傘下に入ったイオンに変わる。所沢駅近くにA館とB館の2棟を構えていた丸井は２００７年に閉店した。新所沢の公団団地は建て替えられ、かつてのモダンな印象を失った。パルコも「日傘を差し、犬を連れた貴婦人が買い物に来るようなショッピングセンター」という気高い構想にはほど遠いが、ロマンをもって未来のありようを描ける経済人がいつしか日本からいなくなっていた。こうしてどんなところかと聞かれてもとくになにも思い浮かばない、無色透明な街になっていた。原野や雑木林を造成するなどして、なにもないものに価値を生み出すことで発展した戦後資本主義のあり方が限界を迎え、飽和してしまったのである。所沢に限らない。日本中どこに行っても、多かれ少なかれ、よく似た現象が起きていた。

街が急激な変化に飲み込まれるのと時を同じくして、普段は覆い隠されている政治が、東京郊外で剝き出しになっていた。２００３年、所沢市議から衆議院議員に転身した自民党の新井正則（１９５５〜）が公職選挙法違反容疑で逮捕され、所沢市議会議長ら９人の市議会議員も合わせて起訴される。議員定数のおよそ3割に相当する異常事態だった。所沢を選挙区としてきた衆議院議員の山口敏夫（１９４０〜）が懲役3年6カ月の実刑判決を東京高等裁判所で受けるのも、同じ２００３年だった。経営破綻した東京協和信用組合と安全信用組合に絡む不正融資事件で、背任・詐欺の罪に問われていた。１９７６年、自民党は歴史的な役割を終えたとして新自由クラブが結成されたとき、中心人物の一人として期待された政治家だった。

香港

会社をはじめるとはいっても、なにをやるか、笹子にはっきりしたビジョンはなかった。もうリストラはしたくないとの一心だった。ただ一つ、日本ではなく、香港を拠点にする気持ちは固まっていた。バブル崩壊にともなう金融危機と、デジタル黎明期のもたらしたなんでもありの状況は終わりを告げ、日本では閉塞感が強まっていた。スタートダッシュの決着がつき、結局は大手がますます大きくなり、それでいて世界における日本の存在感が薄れ、気づくとどうにもこうにも身動きが取れない状況に陥っていた。世間では２００７年の参議院選挙で民主党の掲げたマニフェストが話題になっていた。「国民の生活が第一。」を掲げ、構造改革によって生まれた社会のありように失望した国民は、なにかが変わるにちがいないと淡い期待を寄せていた。しかし、笹子はこのマニフェストには選挙対策のためか、一般受けのしない金融についてのなんら具体的かつ実効性のある施策が提唱されていないので、すぐに迷走するだろうと見ていた。金融システムを抜本的に刷新しなければなにも解決しないと思っているからだ。

最初に牧野が香港の地を踏んだ。名指しで要らないと言われたが、どこにも行き場がなく、なんとか引き続き働かせて欲しいと頼み込んだ。海外旅行の経験はほとんどないのに、いきなり暮らすことになった。はじめは笹子の用意したサービスアパートを拠点に、住まいを探した。２カ月近く、そんな生活がつづいた。次いで６人、笹子を頼って香港にやって来た。このメンバーでなんとか稼がなくてはならない。手はじめに、ＦＸのコンサルティングをはじめた。アメリカやイギリスといった金融大国ばかりか、イスラエル、キプロス、マルタなど、意外な国の引き合いがあった。香港の証券会社に対するコンサルティングもした。

ＦＸをビジネスにしたのは海外のほうが日本より早かったが、電話での取引が中心だった。アジア各地で調査したのと同じく、インターネットの回線速度が世界各地でネックになっていた。インフラ整備が進むにしたがってオンライン取引の比重が増え、ネットを使った販促の基本的なノウハウが求められていた。環境のちがいもあって全部が全部、日本のやり方をそのまま取り入れられるわけではないが、各社とも笹子の意見を参考に、自分たちのやり方を模索した。すべての面で上下関係が基本になる日本とはちがい、顧客との対等な関係を築けるのが笹子にとってなにより新鮮だった。

それから投資を考える日本人のサポートをはじめた。ゼロ金利政策により、日本の銀行にお金を預けてもほとんど利息がつかなくなったが、海外の銀行には5〜6%で運用しているところがあった。ちょうど笹子が埼玉銀行に入行したころと同じ水準である。いくら利回りがよくても為替のリスクがあるが、リーマン・ショックでドルが80円代台にまで下がっていた。これだけ円高になればいつしか円安に振れ、それだけでも2割3割の利益が見込める。そう思いついた人が香港にやってきた。同じことがシンガポールでもできるが、日本と近い香港を選ぶ人が多かった。

香港で会社をはじめるにあたり、社名をＣＣＭという駐在員のあいだで使われる性風俗の隠語（「チンチンマッサージ」の略）にし、会社のロゴはお尻の穴をモチーフにした。スタッフにもアイデアを募ったが、とくに出てこなかったのでそのまま決まった。なにもかもが滅茶苦茶で、ふざけているとして思えないが、そうすれば神経質な人や、変にまじめな人は警戒して近寄ってこないと考えてのことだった。ネットビジネスは仲間を集めてサロンやクラブのようなものをつくり、おもしろおかしくやりながら、身内を厚遇するしか成り立ちにくいと笹子は時代を読んでいた。２００４年に「ソーシャル・ネットワーキングサービス」を標榜するｍｉｘｉが運営を開始し、笹子もはまっていた。人とのつながりをビジネスにしようとする時代に対面営業をするには、対等な関係を築けなければトラブルになりかねない。

とくに広告はしなかったが、笹子を頼って月に１００人は訪れ、日によっては午前中5組、午後5組と予約でいっぱいな日もあった。おもにネットで検索して見つけた人たちだった。投資会社や保険会社を紹介したり、銀行で口座を開設したりする手伝いをするのに、同業他社より手数料をリーズナブルな設定にしたのが大きかった。契約が終われば接待に連れて行った。為替ブローカーでは銀行員相手だったのが、今度は個人相手になった。月曜日から金曜日まで、夜ごと鯉魚門《レイユームン》で名物の海鮮料理を振る舞った。食べすぎて、あわびアレルギーになるくらい頻繁に通った。夏の間は西貢《サイクン》でボートパーティーを企画した。なにをしても、みんなに喜んでもらおうとした。楽しめなければ、投資なんてやるものではない。

仕事が少しずつ軌道に乗るのを、辛いときを支えた笹子の再婚相手はだれより喜んだ。

「やっと順調になってきたのよ」

共通の知り合いである運転手の齊藤に電話する声も弾んだ。金融の仕事をするのに、日本にいなければならない理由はもはやなくなっていた。インターネットの普及で世界のどこにいても、なに不自由なく仕事ができる。海外の会社とやりとりするのに、香港のほうがむしろ都合がいいくらいだった。なにも日本の法律が世界のすべてではなく、法人税率も日本より低い。実際、香港は国際的な金融都市だけに、金融に携わる日本人がたくさん集まっていた。激変する金融業界を弾き出された元銀行員や元証券マン、元商品先物業者も少なくなかった。不祥事で職を追われたとの噂があるなど、一癖も二癖もある人もいた。

マルチ

香港で金融の仕事をしている日本人には、日本人相手に詐欺まがいのことをしている人がいた。騙された人になんとかして欲しいと泣きつかれ、笹子は実態を知った。仕事は対面でやりながら、足がつかないようにネットは一切使わず、口コミで広げるのが特徴だった。銀行口座の開設に付き添うだけで、何十万円もの手数料をとっていた。その口座を使うには本人確認で別途、電話で認証する必要があるのだが、それを知らせずに帰国させ、あとから追加料金を請求するのもありがちな手口だった。

被害に遭うのはデジタルに不案内な高齢者が多かった。言葉ができず、香港に来るのははじめてという人に限って、トラブルに巻き込まれていた。騙されたわけではなくとも、行き違いや誤解がどうしても出てくる。日本の銀行や証券会社であれば、支店の窓口でたいていの問題は解決する。しかし、外国の場合はそうはいかない。言葉の壁があり、手続きにはなにかと時間がかかる。担当者がいくら親切でも、いつ異動になるかわからない。言葉に不自由がなく、香港によく来る人ならいざ知らず、そうしてにっちもさっちもいかなくなっていく。そもそも海外投資になんて手を出すべきではないと、笹子は考えていた。

銀行のディーラーをセミナーの講師に招いては、外国為替を取引するプロでもうまくいかないと力説してもらったのと変わらぬスタンスである。

ネット関係の企業が次々に生まれたITバブルと呼ばれる時代が終わり、新たに参入するには、マルチまがいのやり方でないと成り立たちにくくなっていた。ネットビジネスがサロン化するとは、裏を返せばそういうことだった。国をあげて投資を根づかせようとするなかで、「お金がなくても1億円稼げます」とか、「5万円が1億円になります」といった勧誘が、ネット上で目立つようになった。なぜか決まって1億円だった。多くはだれかを紹介してキックバックをえる、古典的なネズミ講の仕組みとなんら変わらなかった。普通に考えればありえないうまい話であっても、ほんとうかなと疑いつついまの時代ならありうるかもしれないと、なけなしのお金を払ってしまう。「絶対に損をしない」「確実に儲かる」などと言われ、借金までする人もいる。仲間に囲まれ、浮かれているうちに詐欺に遭う。人とのつながりに居場所を求めていることにつけこまれ、騙されたと思ったらいつしか騙す側に回っている。友人や知人を巻き込み、人間関係を破綻させてしまう。時を同じくして日本ではオレオレ詐欺をはじめとする特殊詐欺が社会問題になっていた。

見るに見かねた笹子は、投資詐欺の手口をブログで紹介し、警鐘を鳴らした。日本人が日本人を騙している。それがたまらなくいやだった。匿名でやる人に限って詐欺を働いているのを見て、なんでも実名で書き込み、自分の顔写真をさらした。虚実入り混ぜ、香港の最新情報を1日に何度も更新しながら、ほんとうに伝えたいことを挟み込んだ。SNSをはじめた当初はおっかなびっくりだったのが、すっかり大胆になっていた。まじめに書いてばかりいては、見向きもされないからだ。まめな性格がここでも発揮され、笹子のブログは香港の在留邦人に知れ渡った。

一緒に働く牧野は、格好のネタにされた。夜遊びばかりしていると、でたらめを書かれた。最初のうちこそ目に線を入れ、だれかわからなく加工していたが、面倒になってやらなくなる。牧野はいじられるのがいやでたまらず、必死に抵抗した。やめるように頼めば頼むほど、より過激になった。開き直るのに1年かかった。笹子の妻はブログに書かれるのを嫌い、写真にうつるのを避けていた。夫婦であるのに気づいた周囲の人が「もしかしたら、あの下品なブログの人が旦那さんなの？」と聞いてきても、知らない人だと押し通していた。珍しいレストランに行ったのを集まりで話題にした矢先にブログに載り、「やっぱり」と笑われた。陽気な人柄だった。子どもはいなかった。

笹子のブログを見て契約前に逃げられたり解約され、もう少しでお金を騙し取れるところだった詐欺師はたまったものではない。

「お前、ぶっ殺すぞ」

「覚えてろよ。せいぜい夜道に気をつけるんだな」

だれかれともなく、メッセージが届いた。ライブドアが株を買い取りたいと言ってきたときと同じ、古風な脅し文句だった。外国までできてくすぶる人たちを見て、駆け出しのころに埼玉銀行でジョブローテーションして回った経験が、あらゆることの判断基準になっているのを笹子は痛感した。仕事は決しておもしろくはなかったが、まじめで、常識的な世界だった。バブルに近づくにつれておかしなことが増えたにしても、飯能支店で地道に集金していたのが金融の当たり前の姿なのである。為替ブローカーに転じて月500万円もの接待費を使い、銀行のディーラーと豪遊していても、ノーパンしゃぶしゃぶではしゃぐ顧客の姿を醒めて見ながらなにかが間違っている、いつまでもつづくはずがないと冷静に見ていられた。外国為替証拠金取引の会社を立ち上げ、時価総額が1000億円といわれるようになっても同じだった。1億円の資本金がまたたくまに1000倍に膨らむなんて、いくらなんでも狂っている。いまがいいだけで、手を打っていかなければすぐに行き詰まる。ずっとそう考えていた。舞い上がって自分がわからなくなり、破滅して消えていく人をたくさん見てきた。若くして事業に成功して莫大なお金を手にすれば、金銭感覚が世間とずれたまま、抜け出せなくなる。あげくに会社のお金に手をつけたり、人を騙すのだ。

バブル崩壊後の１９９３年にはじまる就職氷河期は１９９９年に有効求人倍率が０・４８倍にまで下がったのをピークに２００５年までつづいた。一時持ち直すものの、２００８年のリーマン・ショックでふたたび状況が悪化する。その間、銀行の統廃合が進み、銀行員としての基礎訓練を受けられる人は格段に減っていた。銀行と並んで日本経済の舵取りを担ってきた商社もよく似た状況だった。１９７９年に刊行された『ジャパン アズ ナンバーワン』に記載された日本の強みのほとんどはすっかり失われ、むしろ逆の状況になっている。「日本の雇用制度は、若者に希望を与えている」ということも、また「多くの人が仕事と職場に誇りをもち、日本人の社会には疎外感が少ない」ということもなくなり、派遣労働や非正規雇用、外国人実習生が増え、ブラック企業と呼ばれる会社が擡頭していくら働いても給料が上がらないワーキングプアが常態化した。社会人としてのキャリアを踏み出すのがむずかしくなり、引きこもりが社会問題になっていく。

闇のとばり

リーマン・ショックから1年待たされたあげく、トラディションは契約より安く、１株50万円に下げて欲しいと言ってきた。それでも１０００万円が１００倍の10億円に化けた。売り込みにきたオリエント貿易の専務や営業部長にはじめて会ったとき、上場して株を売り抜けたいと言っていた。そのつもりはまったくなかったし、まだ上場したわけでもなかったが、創業者利益と呼ぶべきお金を笹子は手にしていた。追放され、関係が切れているとはいえ、ゼロから立ち上げ、孤軍奮闘して軌道に乗せた愛着ある会社だった。しかし、10年も経たないうち、外国為替証拠金取引はごくありふれた投資の一つになっていた。為替ブローカーとして笹子が電話で取引していたころは１ドルあたり50銭だった手数料も０・２〜０・３銭にまで下がった。３００社とも４００社ともいわれた業者はどんどん淘汰され、ビジネス自体はなくならないにしろ、当初の勢いはすっかり失われていた。

笹子は資金を元に事業展開を考えてみるが、海外の業者へのコンサルティングはあっという間に日本と同等か、それ以上のシステムができあがり、やることがなくなった。海外投資も円高ではメリットがあっても、１ドル１００円を超えたら為替リスクが高まる。香港の銀行に口座をつくったところで、ほとんどの人には活用する機会などない。

なんとか事業を立ち上げたいと笹子はあがき、憑かれたように新しいものを追い求めた。クレジットカードとは異なるデジタルの時代にふさわしい新しい決済システムを考えつけば大きな利益をもたらすにちがいないと頭ではわかっていても、なかなか思い通りにはいかなかった。２０１８年になってペイペイなどが注目される前のことだが、時期尚早だった。すべてはタイミングであり、外国為替証拠金取引を流行らせられたのも為替ブローキングが電子化し、ブロードバンドが急激に普及する２００２年にはじめたのが大きく、早くても遅くても、うまくはいかなかっただろう。

手数料や送料を安くするなど経営体力を削いでまでライバルを潰し、寡占状態にしてから儲けを考える発想がいつしか世界中で強まっていた。息の根が止まるまで、徹底してやるのである。各社が凌ぎを削るなかでなにかはじめても、すぐに足をすくわれてしまう。笹子がこれまで見てきた限り、日本は海外よりその傾向が激しく、酷だった。だれかが儲かれば回り回って自分も儲かるお互い様の発想で、共存共栄をめざしていた昭和の時代とは世相が大きく変わっていた。

笹子と牧野は香港でなに不自由なく、楽しく過ごしていたが、慣れない海外生活に音をあげ、日本に帰りたいと言い出すスタッフが出てきた。言葉がうまく通じないのが、なによりストレスになっていた。子どもの教育もあった。腹を立てたり、落ち込んだりしているうち、一人帰り、二人帰りしていった。そして、日本の窓口として東京に事務所を構えたところ、二人を除いて全員、帰ってしまった。いちばん長続きした人で２年だった。

笹子は夫婦連れだって、よく日本に帰っていた。日本は仕事の場というより、おいしいものを食べたり、旅行して楽しむ場になっていた。年間90日間の滞在であれば、税の申告は日本より税率の低い香港だけですむ。そんな日本での滞在中、妻が酔って階段で転び、骨にひびを入れたことがあった。飛行機に乗れず、笹子は一人で帰った。入院はずいぶん長引いた。退院したと思ったら、もう片方の足を折ってしまい、病院に舞い戻った。そうこうしているうち、彼女は別れを切り出した。心がひどく疲れている様子だった。思ってもいなかった展開に、別れても仕方がないと笹子は言い聞かせるが耳を貸さない。なにがどうなっているのか、さっぱり要領をえなかった。医師の話によれば、追い詰めるのがいちばんメンタルに悪く、本人の思いに任せるしかなさそうだった。

「お互い好きにしよう」

笹子の言葉に、「ありがとうございます」と短く答えた。新しい仕事で再起をはかる夫の力になろうとワインの会を主催して、夜も寝ずに準備をしたりしてきた。しかし、株を売ったお金で幸せな生活がはじまると思っていたのに、得体の知れない人が笹子のまわりにたくさん集まるようになっていた。一緒になってふざけていても、目はちっとも笑っていない。根はきまじめな銀行員なのに、信じていたものにひどく裏切られ、人としてすっかり壊れてしまっていた。それなのに信頼を求め、人との関わりを求めている。そんな痛々しい姿を見るのがなによりつらい。二人でがんばろうと支え合っていたころが懐かしい。周囲には漏らしていた妻の本心に笹子が気づくことはなく、ただ一緒に暮らすだけの関係になっていたのが不満なのだろうと察した。

その矢先、オリエント貿易がひさしぶりにニュース[1]になった。財務・金融・経済財政担当相を務めた与謝野馨（１９３８〜２０１７）と、内閣府特命担当大臣（金融担当）を務めた渡辺喜美（１９５２〜）に、迂回献金していたのが発覚したのである。かねてより政治家の影が噂されていたが、表に出た二人の大物政治家のうち与謝野は２０００年に発刊された社史『オリエント貿易40年史』の巻頭に大臣室で撮った写真が大きく載り、関係を隠してはいなかった。献金は１９９２年から２００５年の14年間にわたった。課長以上の役職に就く社員の給与を毎月、数千円ずつ天引きするなどして、与謝野には５５３０万円、渡辺には３５４０万円が渡った。発覚したのは、買収によりオリエント貿易がエイチ・エス・フューチャーズに社名を変えて1年後のことだった。１９９８年から９９年にかけて旧通産相として商品先物取引を監督する立場にあった与謝野は、「政治資金規正法上、問題はない」と記者団に答えた。献金は笹子が外為どっとコムを追われる年に終わり、同社が廃業する２０１２年に与謝野は政界を引退する。

バブルはよかったといううけれど、バブルはよかったかと聞かれるけれど、それよりもバブル崩壊後の世界のほうが強烈だった。コストダウンがはじまり、人材さえもがコストと見なされてリストラが執拗に繰り返され、非正規雇用に挿げ替えられてきた。仕事のできる人間は早期退職に応じ、まず会社を去った。管理能力に長け、口がうまく、ハラスメントに耐えた者が競争に勝ち残っていくのだが、強いだけの集団ほどおそろしいものはなく、より強い者には忖度して追従し、逆に弱い者を徹底的に排除してきた。ついには正社員を既得権益と攻撃する政治家まで現れた。

失政に次ぐ失政を重ねた「失われた30年」のなか、躁鬱両極端に社会が振れながらこれまでとは逆の方向に社会のありようが大きく変わり、いつしか不寛容で意地悪な、だれも幸せにならない社会に変質していた。それが構造改革だった。「絆」という言葉がもてはやされながら、自分が生き残るために傷つけ合った。少しでもよいモノをつくろうとするのではなく、ただ足を引っ張り合った。人の当たりが強くなり、心を一言でえぐって気持ちを挫く鋭く強い言葉遣いが磨きをかけ、匿名の悪意が世の中にあふれ出した。こうして社会への信頼をなくしていったことが停滞を招いたのはたしかだろう。経済の語源である経世済民は世の中を治め、人を救うことを意味する。日本には攻めるのが得意でも、守るのが不得手なところがあるが、組織を守るために真っ先にリストラし、人を切り捨てた。しかし、人を大切にするという本質を見失っては、国も企業も立ちゆかないのだ。急速な経済発展の裏で非理性的な競争を強いられる社会を中国人は「内巻」と名づけた。言葉をきちんと定義する点は、いつもカタカナでなにかを隠そうとする日本と大きく異なる。

スイスにあるトラディション本社の社長もまた、笹子と同じように外為どっとコムの株をめぐってフランスの親会社と揉めて会社を追われ、株を買い取ってもらうことで決着した。

「いろんな人がいますよね。だからいろんな会社がある。そこがおもしろいのですが」

そううそぶく笹子にも白とも黒とも、あるいはグレーともつかないところがある。株主をしている香港の会社が日本の会社との合弁会社を上場させようとしたところ、笹子の経歴にあるなにかが問題となり、認められなかった。2016年に公開されたパナマ文書にも名を連ねる。その一方で外為どっとコムを追われて15年あまりが過ぎたいまも、「笹子派」と呼ばれた4人と行動を共にしている。

オリエント貿易はエイチ・エス・フューチャーズに名前を変えたのち2012年に廃業し、商品先物取引業界から姿を消したが、それから8年経った2020年、「過去にオリエント貿易との取引で被った損失を取り戻せる」と電話で勧誘する業者が現れ、消費庁は注意をうながした。

メイタン・トラディションは2014年、トラディショングループ100%の子会社「トラディション日本」になる。外為どっとコムはエチ・エス証券を前身とする澤田ホールディングスのグループ会社となり、口座数のもっとも多い外国為替証拠金取引業者として存続するものの、非上場のままである。2021年には上田ハーローを吸収合併し、子会社にした。その一方で澤田ホールディングスは同年、TOB（株式公開買付け）により投資ファンドMETA Capitalが筆頭株主になったのにともない、澤田秀雄は会長を退任し、HSホールディングスに商号変更した。さらに澤田ホールディングスが保有する外為どっとコムの全株式を総合商社の伊藤忠商事が129億円で取得し、議決権40・19%を取得する持ち分法適用会社にすると発表した。

1989年には1076行あった日本の銀行は30年を経て534行まで半減▼2し、銀行はもう必要ないとまで言われるようになった。ゼロ金利政策がつづくため、各行はサラ金と呼ばれた消費者金融を傘下に置き、クレジットカードによるリボ払いで利益を上げ、変額保険を今度は資産形成の手段として売り出すなど、あがいている。そんななか、構造改革による郵政民営化で２０１５年に上場した日本郵政の幹事証券会社に名を連ねるゴールドマン・サックスは、21年の銀行法改正で外資への規制が緩和されたことで日本の銀行免許を取得した。

一本のレールという社会への信頼があってこそ見えていた未来像が立ち消えて久しい日本はいま、どこに向かっているのだろう。闇に満ちたこの世界で――。

▼1　ロイターニュース、２００９年6月24日。

▼2　「平成の30年間における銀行業の国内店舗数の変遷」杉山敏啓、『江戸川大学紀要』、２０２０年、第30号。

［あとがき］ずっぽし

「経済のこと、金融のことでお話を伺えればと思います。取材をお引き受けいただけませんか」

ごく短い、ずいぶん漠然とした取材依頼を笹子にしたのは２０１６年11月のことだった。金融関係なのはわかっても、なにをしている人なのか実際のところははっきりしない、謎めいたところがあり、ほかに書きようがなかった。依頼に先立ち、香港での生活を綴るＳＮＳやブログを1年あまり観察し、どういう人なのか、あれこれ想像を膨らませた。高級店で飲み食いし、ファーストクラスで旅する様子を、１日に何度も更新していた。まるで自分の居場所をだれかに知らせてでもいるかのように無防備だった。右寄りの発言が目立ち、思わず顔をしかめたくなる書き込みもあった。

なんとも危なっかしいところがあり、いつもなら見ているだけで満足していただろう。だが、不真面目な文面の端々ににじみ出る、元銀行員の抱える心の闇と深い孤独が気になった。深読みをしすぎているのかもしれないが、それがどこからくるものなのか、知りたいとの衝動をいつしか抑えられなくなっていた。子どものころに同じ所沢で暮らし、またほぼ同じ時期に日本を離れて海外での生活をはじめた共通点が気になった。機会があったら銀行の取材をしたいと長らく思ってきたのもある。しかし、経済問題を取材するのは経済部や政治部の専門記者に限られ、私のような門外漢にはまず出番がない。たとえ取材に漕ぎ着けたところでガードが堅く、本音を聞き出すのはむずかしいだろう。思い通りに書いたら、広報部のチェックで肝心な部分をカットされ、あたりさわりのない記事になるのが落ちである。

「ずっぽし」

短い返信があった。仲間内の符牒であるのを、笹子を「香港のアニキ」と呼ぶ古い知り合いに聞いていた。ＯＫの意味なのだろうが、正確にはわからない。ごく曖昧な約束で、香港への航空券とホテルを手配した。取材になるかは正直、不安もあった。急な予定で断られたり、すっぽかされるかもしれない。体よく追い払われ、すぐに終わる可能性もある。ダメならダメで、観光して帰る覚悟を決めていた。

不安をよそに、目の前に現われた笹子は案外普通の人だった。ぎらぎらしたベンチャー企業の社長風でも、近寄りがたいヤクザ風でも、はたまたピリピリした学者風でもなく、どちらかといえばお笑い芸人に近い。ＳＮＳでの印象とは裏腹に、妙に腰が低かった。元銀行員だけのことはある。そうかと思ったら話しているうち、多重人格者かと疑うほど顔つきがめまぐるしく変わり、表情を読むのは困難を極めた。ちょうどＢＢＱにきわどい衣装を着たコンパニオンを呼んだのをＳＮＳのネタにしていたので、真意を尋ねてみた。

「細かく見るとわかるはずですが、よくできた合成ですよ。みんなほんとうだと信じ、騒ぎ立てるのですけどね」

会社の品位を落としかねない嘘をわざとつき、近寄ってくる人を警戒し、選別しているのだと笹子はこともなげに言う。ほかにも周囲にいる個性的な人たちにふざけた渾名をつけては、あることないことを書き散らかしている。どんな人だろうと思っていたが、実際に会ってみるとやはり文面で想像していたのとはちがう堅物で、何度も驚かされた。笹子が盛んに使う「ずっぽし」という言葉にしても、同じ効果を狙っているらしかった。もとはシンガポールや香港で外国人スタッフとＦＸのシステムをつくったり、市場調査をするなかで口にしたのがはじまりだった。英語が不得意で、意思疎通がうまくできずにいたが、語感がおもしろいのか、この一言でみなが笑い、場が和んだ。以来、口癖となり、あげくには商標登録までした。麻雀用語ではあるが、とくになにかを伝えたいわけでも、深い意味があるわけでもないという。ただどうしたわけか、この言い回しを真似する人や受け取る人によって意味が一人歩きしている。

＊

いつのころからか、国をあげて投資を勧めるようになった。金融庁のホームページには「投資の基礎知識」や「資産運用シミュレーション」といった項目が並び、証券会社と見まがう。義務教育で投資を学ぶ必要があると、小学生向けの解説まであり、２０２２年からは高校の必須科目である家庭科に「金融教育」が導入される。ここまでくれば立派な国策だ。税の優遇があるＮＩＳＡ（少額投資非課税制度）が18年にはじまり、実際、投資の裾野が広まっているが、同時期に国が推進したのがカジノ法案との別名のある特定複合観光施設区域整備法なのは示唆的である。

株にしろ、ＦＸにしろ、あるいは不動産にしろ、投資で成功するのはごく一握りの人に限られる。銀行に勧められた投資信託で損をしたり、生命保険の更新時に有利だと説明されて書き換えた新商品が実は逆に不利なものだったりするのはありがちなことである。庶民にとって投資は昔からそんないかがわしいもので、手を出すのが悪いと相場は決まっている。たとえうまくいったとしても、決して長続きはしない。

それでも投資で儲けているとの話は身近でも耳にしてきたので、きっと秘訣があるにちがいない。もしそんなものがほんとうにあるのなら、なにをやってもうまくいかない私が取材の合間に聞きだし、手取り足取り教えてもらって記事にしようと考えていた。しかし、おだてられようが、なにをしようが個人としては投資を勧めたことがないと笹子はいう。余裕のあるお金を使う遊びといえば遊びであり、その点は貯金と大きくちがうと元銀行員らしい考え方をしている。儲かるのは胴元なのは、投資も賭博も変わらない。

それはわかりきった真理なのだ。

実際、どうも確信をもってやっているわけではないらしい。外為どっとコムの創業者利益は、本書にある通り、えようと思ってえたわけではない。中国株で一儲けしたのも、なにもあたると思っていたわけではなく、買ったのを忘れていたらたまたま10倍に値上がっていた。これはなんだろうと思って5万円のときに買ったビットコインは200万円にまでなった。自ら会社を立ち上げ、奥義を究めているはずのFXにしても、銀行のディーラーさえ2割程度の勝率といってはばからない。だからとにかくわかりやすい局面でしか手を出さず、決して無理をしないのがコツで、もし投資で利益を上げようとするのであれば血の出る思いをしなければ勝てないとも言う。もっとも十分な資産があれば元本保証を前提に危ない橋を渡らず、2%程度の利息で十分な利益を上げられると身も蓋もないことを言う。笹子を長らく観察していてヒントがあるとすれば、数字にとても強いのはたしかだった。話を聞いていても、そのときそのときの為替レートといった数字がよどみなく出てくる。念を入れて確認しても、まず間違いがない。あったとしても誤差程度である。

どうして国が投資なんて不確実なものを勧めるようになったのか、ずっと不思議に思ってきた。笹子が埼玉銀行に入行した1985年、定期預金の利息は5%以上あり、預けておけば確実に増えていた。銀行が預金を上手に運用していたからなのだが、奇しくも5%という数値は投資の手堅い目標で、10%になるとリスクが高まるとされる。しかし、20年あまりもゼロ金利がつづくなか、銀行に預けてもたいして利息がつかなくなり、なんらかの投資を自己責任で考えざるをえないのかもしれないが、労働人口の6人に1人がワーキングプアに陥り、そんな余裕などないのが日本の現実だ。

ゼロ金利がつづくのがなぜなのか、利息がつくのが当たり前だった時代を知るだけに、長らくピンと来なかった。

「なに、簡単ですよ。国の借金が増えすぎて、金利がついたらたいへんなことになるからです。いいように国に騙されているんですよ」

笹子は元銀行員らしく、明快に説明した。もちろんこの説明がすべてでないだろうし、流行りのMMT（現代貨幣理論）では通貨発行権のある国はいくらでも国債を発行できるとされる。しかし、日本の長期債務残高は1119兆円に達し（2021年）、バブル崩壊後の30年で4倍も急増した。国内総生産（GDP）の237・6％（財務省）におよび、主要先進国では最悪の水準で、2番目のイタリア（133・7％）を大きく上回る。金本位制ではなく、国がお金を裏付けることで可能になったのだが、1984年に松下幸之助が堤義明との対談で「赤字国債やから、ちっとも生きてこない」と発言していたのを思い起こさせる（本文65ページ）。

もはや返済不能な借金を国は背負い、財政破綻といってておかしくない状況にあるのが、これから2060年までに人口が3割も減ると厚生労働省が予測しているにもかかわらず、すべては後生へのツケになる。もし利子がつけば、残高が転がるように増えてしまうため、ゼロ金利政策をつづけざるをえないわけだ。そのうえ多くの人が株に手を出し、株価の下がる政策を望まないようにしたいとの思惑が見え隠れする。日銀の保有する上場投資信託（ETF）は時価総額約51兆5100億円、また年金積立管理運用独立行政法人（GPIF）は時価総額約45兆2700億円で（いずれも2020年末）、市場が完全な官製相場になりかねない懸念があるのだ。投資には必ず「ミセス・ワタナベ」、つまりは普通の人びとの熱狂が必要なのである。

＊

笹子が最初に配属された飯能の街を訪ねてみた。1980年代半ばにはまだたしかにあった、山峡の街ならではの風情はすっかり薄れ、飯能駅周辺は駐車場が目立った。駅前にあった丸広百貨店は東飯能駅前に移り、旧店舗は2010年に解体された。跡地には埼玉りそな銀行飯能支店ができていた。もとは同じ銀行のはずだが、行内の雰囲気は埼玉銀行の記憶とはずいぶんちがった。案内係の人に飯能駅前特別出張所のあった場所を聞いてみた。埼玉銀行の社史に記載された住所から、対面の古い雑居ビルであるのはわかっていたが、方々に問い合わせてくれたにもかかわらず、まったく別の場所、駅の反対側だと教えられた。30年の月日が経ち、すべては遠い昔の出来事になっていた。飯能支店だった建物は、金庫があるとの目を惹く但し書きが加えられて一般に売りに出されたのち、２０１６年、地上12階建てのマンションに建て替えられた。

ひばりヶ丘支店の建物はりそな銀行として健在だったが、北口の商店街はすっかり様変わりし、自家製のおでん種を売る店がかろうじて当時の面影をとどめていた。

「そう、ここもかつてはずいぶんにぎやかでしたよね。25年前になるでしょうか。1軒、また1軒と店じまいして、いつのまにか数えるくらいになってしまいました」

店の人が懐かしそうに教えてくれた。25年前といえば、バブルが崩壊した時期にあたる。西武池袋線の車窓に見えた広いキャベツ畑も、住宅地になっていた。

所沢もまた大きく変わった。駅前にあった西武の車両工場の跡地は再開発され、２０２０年にシティタワー所沢クラッシィという29階建てのタワーマンションができた。商店街がある東口に比べ、西口はすぐに住宅地が広がり、これといったものがなかったが、グランエミオ所沢と名づけられた駅ビルが２０１８年にできて、雰囲気を一変させていた。ダイエーは２０１６年に営業を終了してイオンに変わり、２０１９年にはそれも閉店し、２０２０年に「トコトコスクエア」としてテナントを集めて営業をはじめた。ワルツ所沢も２０１９年、西武直営の店舗が4分の1まで減り、ロフトや無印良品のほか、ビックカメラやユザワヤなどの専門店が中心になった。武蔵野線の東所沢駅界隈は同じ所沢でも西武沿線とは異なる発展の仕方をしてきたが、浄化センターの跡地にＫＡＤＯＫＡＷＡが「ところざわサクラタウン」を２０２０年にオープンして注目を浴びた。新所沢のパルコは２０２４年に閉店すると発表されている。２０１９年には「ダサい」という言葉が流行った1980年代前半、魔夜峰央（1953〜）の連載した少女漫画を原作に、埼玉をディスる映画『翔んで埼玉』（武内英樹監督）が話題になった。

一方、香港は激変した。笹子を訪ねて香港に行ったとき、香港西九龍駅はまだ工事中だった。中国から直接乗り入れるこの路線が開業したら、香港がどう変わるかわからないと笹子は言っていた。事実、2018年9月に運用がはじまってほどなく、翌6月から逃亡犯条例の改正をめぐって大規模で激しい民主化デモが国際的な金融都市を揺るがした。2020年、新型コロナウィルス感染症の流行により公共の場所で5人以上の集まりが禁止されるなか、中国が圧力を強めたことで5月になってふたたびデモがはじまる。それも7月に香港国家安全維持法が発効し、民主化運動は終結する。1997年に香港が中国に返還された際、50年は一国二制度を保障するとした中英共同声明を反故にしたかたちだった。

＊

2018年、スルガ銀行による不正融資が発覚する。不動産に投資する個人に対し、預金通帳や給与明細を改竄するなどして総額1兆円を超える過剰融資を繰り返していたのである。スルガ銀行は静岡県に本店のある地方銀行だが、発覚するまで長らく「地銀最強」「他行の手本」などと高く評価する記事がメディアによく掲載されていた。1980年代半ばから一般向けの不動産ローンに力を入れたのに加え、2000年にいち早くインターネットバンキングを取り入れたことが認められた。優等生ともてはやされる裏で不正に手を染めた点は、埼玉銀行に似ているところがある。

2020年、地球規模でのパンデミックがはじまると、まず「アベノマスク」と揶揄された布製マスクを全国民に配布するにあたり、納入業者をめぐる不透明な取引が露呈する。さらに売上げの減少した個人事業主や中小企業への支援を目的とする持続化給付金では、国の委託した広告代理店や人材派遣会社による中抜きが問題になる。東京オリンピックが2021年に延期されると、ここでも同じようなことが次から次へ明るみに出て、「世界一コンパクトな五輪」はいつしかオリンピック史上、例を見ないほど予算が膨らんでいた。1980年代にもてはやされた「民活」は、「政治と業界の依存関係という、政治の根幹に触れる抜本改革[1]」である構造改革を経て、「中抜き」に至りついたわけである。その担い手の一つである人材派遣会社パソナの会長は、小泉政権下で構造改革を主導した竹中平蔵だというのも興味深い。民営化の本質が株式上場による国家の切り売りであることに、いい加減、気づかされもする。1989年に社会主義が崩壊したチェコスロヴァキアで株式と交換できるクーポンを国民に配布し、国営企業の民営化をはかったのに対し、日本では民営化で株式を国民に販売して現金化してきた。資本主義もまたとうに行き詰まり、ただ生きながらえているだけなのかもしれない。

同時期、東北新社による総務省への接待問題が浮上する。1回あたりの接待費は7万円を超え、ノーパンしゃぶしゃぶを舞台とする大蔵省接待汚職事件を思い起こさせたが、現職首相の子息が企業側の窓口であったことが問題の根深さを物語っていた。2021年に発足したデジタル庁でもさっそく大臣や審議官がNTTから受けた接待問題が発覚するが、「後から割り勘」にすることで収束をはかろうとした。大蔵省が解体されてできた財務省もまた、現役首相の名を冠した「安倍晋三記念小学校」を建設するため、学校法人森友学園への国有地売却をめぐる決裁文書の改竄で、ふたたび国への信頼を揺るがした。強要された近畿財務局の職員は自殺に追い込まれている。

▼1 『構造改革の真実——竹中平蔵大臣日誌』竹中平蔵、日本経済新聞社、2006年。

＊

「いろいろやり尽くしたし、もうそろそろいいかな。このまま死んでもしょうがない。時間の余裕ができたし、少しは楽しんでみるか」

50代も半ばに近づき、笹子はふと思ったという。ずっとしゃかりきにやってきたけれども、寝ずに仕事をする年齢でもない。どこかでアクセルを緩めないといつか倒れてしまう。株を売って手にしたお金はなにか事業を興そうと手をつけずに来たが、それでランボルギーニを買った。受注生産の限定車で、納車まで2年も待たされた。さらに3度目の結婚をした。親子ほど離れた年の差婚だった。いまどき珍しく、古風な考えの持ち主だとのろけた。はじめての子どもにも恵まれた。女の子だった。最初はずいぶん戸惑っていたが、毎日お風呂に入れたり散歩に出かけたりして、かいがいしく世話をしている。

すっかり落ちついた笹子からある日、連絡が来た。

「天野が、謎の死を遂げました！」

なんでも高校の同級生で、同じ金融畑で仕事をしてきたのだという。SNSで楽しくやりとりしてきたが、突然、関わられては迷惑だと一方的に関係を断ってきた。どうしてそんなことを言われるのか、理解できなかった。歩道橋に靴が揃えておいてあり、自殺と処理された。それをなぜ笹子が「謎の死」と口にしたのかはよくわからない。それも沖縄で同じく「謎の死」を遂げた野口とつながっていて、このときばかりは自分も狙われているのではないかと思ったというのだから尋常ではない。かくも深く窺い知れない闇があるのだが、それが実際にはなんなのか、さっぱり心当たりがないから自分は大丈夫だろうと考え直したという。いずれにしてもどんなときも正義は貫いてきたと笹子は語気を強めるのである。

＊

私の父は大学を卒業して野村證券に就職した。１９６０年代はじめ、「銀行よさようなら、証券よこんにちは」と言われていた時代のことである。同期には銀行に進む者が多いなか、父は証券会社を選んだ。

このときさっと自分の選択はまちがいないとほくそ笑んでいたはずである。しかし、東京オリンピックが終わって証券不況がはじまり、顧客が暴落を苦に自殺した。衝撃を受けた父は「おれは詐欺師になりたくない」とだけ母に言って、3年足らずで会社を辞めてしまう。私が物心つく前の話だが、子どものころから聞かされてきたのもあり、笹子の歩んだ道を追いながら、その周辺で実に多くの人が亡くなっていることに驚かされた。

「謎の死」と笹子の言うとおり、不審な死もある。遺書を残していない方が多いのもあるが、第一勧業銀行の頭取だった宮崎邦次は「スッキリした形で出発すれば　素晴らしい銀行になると期待し確信しております」との言葉を遺した。それは「このままでは国が潰れる」と総理候補でもあった政治家・梶山静六に思わせ、「日本は自滅する」と党派の異なる政治家・石井紘基に警鐘を鳴らさせるほどの危機が日本を覆った、1990年代後半から2000年代半ばにかけての時代を背負った言葉でもある。しかし、第一勧業銀行の後身であるみずほ銀行は何度もシステムトラブルを起こし、2021年には金融庁から業務改善命令を受けるなど、どうもスッキリしない。

オウム真理教の麻原彰晃（1955〜2018）に精神鑑定をした精神科医・秋元波留夫（1906〜2007）に晩年、取材したとき、100年近くも日本の変化を見てきて閉塞感漂う現状をどう思うか、雑談中に尋ねたことがある。

「人間は愚かではありません。必ずよい方向に進むものです。戦前、庶民は地主に縛られ、女性への参政権もありませんでしたから、それだけでも大きな前進なんですよ」

いまもよい方向に進んでいると思いたいが、この四半世紀、どうもそうは思えないことが多い。格差社会の生み出した富裕層は戦前の地主階級に重なるものがある。イジメを「生きジゴク」と形容した中学生が自殺してから35年が過ぎても、イジメはなくならないどころかますます陰湿になって社会の隅々にまで広がり、相も変わらず女性の社会進出は阻まれている。比例代表制は政党の政策を重視する選挙の実現を目指したが、逆に政治家一人ひとりの個性を封じることになった。政治主導は官僚の忖度を招いたうえ、他人には厳しく自分には甘い身びいきな長老支配をもたらした。

　どうして日本はこんなふうになってしまったかを考えるうえで、世界の大きな転機になった２００８年のリーマン・ショックと、日本の大きな転機になった２０１１年の東日本大震災および福島第一原子力発電所事故までの時代をまず改めてとらえる必要があると思い、ずいぶん迷いながら本書を作成した（ＳＮＳとスマートフォンの普及が世界を根元から変え、日本で貿易収支が赤字に転じ、人口が減少に転じたその先は、別の物語になるだろう）。歪み、捩れながらもすべてはつながっていく時の流れを整理し、失われて盗まれた本当の進歩に向けて軌道をいったん正す時期にきているはずだからである。

＊

　本書は笹子善充さんへの聞き取りをもとにまとめ、多くの関係者にも話を伺った。ここに感謝の意を記したい。第１章の「高度経済成長」にある片山豊さんと矢入一男さんの発言は私の取材メモにもとづく。第２章の「地上げ」で引用した『東京新聞』の記事は、「東京ＴＯＤＡＹ」欄に私が取材して書いたものである。本づくりでは、作品社の内田眞人さんと青木誠也さん、組版と校正を担当したことふね企画の山本規雄さん、装幀の小川惟久さんに、また資料探しでは書肆スーベニアの酒井隆さんにお力添えをいただいた。

　内田さんとは学生の時分に知り合い、やりとりを重ねてきた。とくに１９９５年、東京日仏学院でおこなわれたクロード・ランズマン監督の映画『ショアー』の初公開が彼も含めた上映委員会の尽力で実現されたとき、９時間30分におよぶ映画を一緒に見たのを覚えている。この本もまた一つのショアーなのかもしれないと考えると、あの長い１日がこうしたかたちで結ばれたのには感慨深いものがある。奇しくも翻訳者としての顔をもつ山本さんには、『娘と話す　アウシュヴィッツってなに？』（アネット・ヴィヴィオルカ、現代企画室、２００４年）の訳書がある。１冊の本はいつだって幸せな出会いの賜物なのである。

増田幸弘

２０２１年10月　コロナ禍２度目の秋に

『官僚たちのアベノミクス――異形の経済政策はいかに作られたか』軽部謙介、岩波書店、2018年
『近代日本一五〇年――科学技術総力戦体制の破綻』山本義隆、岩波書店、2018年
『大坂堂島米市場――江戸幕府vs市場経済』高槻泰郎、講談社、2018年
「バブルの原因再考」楠壽晴、『預金保険研究』（上）2005年10月、（下）2006年11月、預金保険機構

6　産業

『ルポルタージュ よい野菜――全国91産地を歩く』中西昭雄編、日本経済新聞社、1992年
『岐阜を歩く』増田幸弘、彩流社、2016年
『西東京市農業振興計画』西東京市、2004年
「都市農業の現状と課題――土地利用制度・土地税制との関連を中心に」樋口修、『調査と情報』第621号、2008年11月
「ジャーナリストから見た日本の労働組合運動の現状と課題」中野隆宣、『大原社会問題研究所雑誌』No.586・587、2007年

7　社会

『三丁目が戦争です』筒井康隆、講談社、2003年
『即興演奏（アンプロヴィザシオン）――ビュトール自らを語る』ミシェル・ビュトール、清水徹・福田育弘訳、河出書房新社、2003年
『没落するキャリア官僚――エリート性の研究』中野雅至、明石書店、2018年
『知性は死なない――平成の鬱をこえて』與那覇潤、文藝春秋、2018年
『官僚制のユートピア――テクノロジー、構造的愚かさ、リベラリズムの鉄則』デヴィッド・グレーバー、酒井隆史訳、以文社、2017年
「現代日本における資本家階級の発見」渡辺雅男、『社会学研究』42号、一橋大学、2004年

『逆転を呼ぶ気功仕事術――外為どっとコム躍進の秘密』大畑敏久、扶桑社、2008 年
「バブル崩壊と銀行経営問題」数阪孝志、『季刊経済研究』Vol.15、No.2、大阪市立大学、1992 年
「平成の 30 年間における銀行業の国内店舗数の変遷」杉山敏啓、『江戸川大学紀要』、2020 年、第 30 号
「住宅金融公庫の廃止と住宅ローン市場の活性化」齊藤聡、『産能大学紀要』Vol.26、No.1、2005 年
「銀行と企業の関係――歴史と展望」蟻川靖浩・宮島英昭、『組織科学』Vol.49、No.1、2015 年
「融資一体型契約における融資者の債務不履行責任――いわゆる融資一体型変額保険を題材にして」若色敦子、『九州共立大学経済学部紀要』2002 年

4 経済界

「本格的サバーバンの提案」増田通二、『アクロス』1983 年 7 月号、PARCO 出版
『叙情と闘争――辻井喬＋堤清二回顧録』辻井喬、中央公論新社、2012 年
『堤義明は語る』上之郷利昭編、講談社文庫、1989 年
『堤義明 闇の帝国』七尾和晃、草思社、2014 年
『「今泉棚」とリブロの時代（出版人に聞く 1)』今泉正光、論創社、2010 年
『我が闘争』堀江貴文、幻冬舎、2015 年
『虚構――堀江と私とライブドア』宮内亮治、講談社、2007 年
『生涯投資家』村上世彰、文藝春秋、2017 年
『ヒルズ黙示録――検証・ライブドア』大鹿靖明、朝日新聞社、2008 年
『ヒルズ黙示録・最終章』大鹿靖明、朝日新聞社、2006 年
『ライブドアとの闘いの日々――こいつら初めからインチキだった !!』Nikaidou.com 編、スポーツサポートシステム、2006 年
『HIS 机二つ、電話一本からの冒険』澤田秀雄、日本経済新聞社、2005 年
「90 年代、書店とは何であったか――アマゾン以前の景色として」小林浩、『中央公論』2021 年 11 月号

5 経済

『経済学の考え方』宇沢弘文、岩波書店、1989 年
『人間の経済』宇沢弘文、新潮社、2017 年
『ジャパン アズ ナンバーワン――アメリカへの教訓』エズラ・F・ヴォーゲル、広中和歌子・木本彰子訳、ティビーエス・ブリタニカ、1979 年
『「女たちの 10 年戦争」〜「男女雇用機会均等法」誕生』NHK「プロジェクト X」制作班編、日本放送出版協会、2001 年
『現代日本経済政策論（シリーズ現代の経済)』植草一秀、岩波書店、2001 年
『検証 経済失政――誰が、何を、なぜ間違えたか』軽部謙介・西野智彦、岩波書店、1999 年
『検証 経済迷走――なぜ危機が続くのか』西野智彦、岩波書店、2001 年
『検証 経済暗雲――なぜ先送りするのか』西野智彦、岩波書店、2003 年
『ドキュメント ゼロ金利――日銀 vs 政府 なぜ対立するのか』軽部謙介、岩波書店、2004 年
『検証 バブル失政――エリートたちはなぜ誤ったのか』軽部謙介、岩波書店、2015 年

参考文献

1　社史・通史

『埼玉銀行通史』あさひ銀行、1993年
『オリエント貿易40年史』オリエント貿易株式会社40年史編纂委員会、2000年
『昭和史全記録——Chronicle 1926-1989』毎日新聞社、1989年
『20世紀年表』毎日新聞社、1997年
『戦後日本産業史』産業学会編、東洋経済新報社、1995年
『ところざわ歴史物語』、所沢市教育委員会、2006年

2　政治家

『吉田茂の自問——敗戦、そして報告書「日本外交の過誤」』小倉和夫、藤原書店、2003年
『田中角栄 封じられた資源戦略——石油、ウラン、そしてアメリカとの闘い』山岡淳一郎、草思社、2009年
『聞き書 宮沢喜一回顧録』御厨貴・中村隆英編、岩波書店、2005年
『90年代の証言　宮澤喜一——保守本流の軌跡』五百旗頭真・伊藤元重・薬師寺克行編、朝日新聞社、2006年
『構造改革の真実——竹中平蔵大臣日誌』竹中平蔵、日本経済新聞社、2006年
『市場と権力——「改革」に憑かれた経済学者の肖像』佐々木実、講談社、2013年
『破壊と創造——日本再興への提言』梶山静六、講談社、2000年
『日本が自滅する日——「官制経済体制」が国民のお金を食い尽くす！』石井紘基、PHP研究所、2002年

3　銀行

「金融再編成を誘発する下位銀行の合併」及能正男、『エコノミスト』1990年11月27日号
『金融迷走の10年——危機はなぜ防げなかったのか』日本経済新聞社編、日本経済新聞社、2002年
『りそなの会計士はなぜ死んだのか』山口敦雄、毎日新聞社、2003年
『銀行の墓碑銘』有森隆、講談社、2009年
『ドキュメント 銀行——金融再編の20年史 1995-2015』前田裕之、ディスカヴァー・トゥエンティワン、2015年
『日本銀行』翁邦雄、筑摩書房、2013年
『日銀と政治——暗闘の20年史』鯨岡仁、朝日新聞出版、2017年
『日本銀行「失敗の本質」』原真人、小学館、2019年
『2時間でわかる外国為替—— FX投資の前に読め』小口幸伸、朝日新聞出版、2008年
『酒匂隆雄の為替塾——外国為替の新常識』酒匂隆雄、実業之日本社、2004年

[著者紹介]

増田幸弘（ますだ・ゆきひろ）

1963年、東京生まれ。フリー編集者・記者。早稲田大学第一文学部卒業。おもな著書に、『プラハのシュタイナー学校』（白水社、2010年）、『棄国ノススメ』（新評論、2015年）、『イマ イキテル 自閉症兄弟の物語』（明石書店、2017年）、『独裁者のブーツ――イラストは抵抗する』ヨゼフ・チャペック（共編訳、共和国、2019年）などがある。

失われた時、盗まれた国

――ある金融マンを通して見た〈平成30年戦争〉

2022年3月5日 第1刷印刷
2022年3月10日 第1刷発行

著　者――**増田幸弘**

発行者――福田隆雄
発行所――株式会社作品社
102-0072 東京都千代田区飯田橋2-7-4
Tel 03-3262-9753　Fax 03-3262-9757
振替口座 00160-3-27183
https://www.sakuhinsha.com

編集担当――内田眞人
装丁――小川惟久
本文組版――ことふね企画
印刷・製本―シナノ印刷(株)

ISBN978-4-86182-851-5 C0033

社会と歴史を考える
作品社の本

麻薬と人間 100年の物語

薬物への認識を変える衝撃の真実

ヨハン・ハリ　福井昌子 訳

『ＮＹタイムズ』ベストセラー「あなたが麻薬について知っていることは、すべて間違っている」。"麻薬戦争"が始まって100年、そこには想像もできない物語があった……。話題の映画『アメリカvsビリー・ホリデイ』原作（仮題、2021年公開）。

ポピュリズムとファシズム

21世紀の全体主義のゆくえ

エンツォ・トラヴェルソ　湯川順夫 訳

「ポピュリズムの現象的な分析を超えた、世界の今後を見通していくためのダイナミックな視座…」（英ガーディアン紙）。世界を揺さぶる"熱狂"の行方に、ファシズム研究の権威が迫る。

オリンピック 反対する側の論理

東京・パリ・ロスをつなぐ世界の反対運動

ジュールズ・ボイコフ　井谷・鵜飼・小笠原 監訳

「すでにオリンピックは歴史的役割を終えた」（ＮＹタイムズ紙）。元五輪選手であり、オリンピック研究の世界的第一人者である著者による、世界に広がる五輪反対の動き、その論理と社会的背景。

シャルル・ドゴール

歴史を見つめた反逆者

ミシェル・ヴィノック　大嶋厚 訳

救世主」とは、外側からやってくる反逆者である。危機を乗り越える〈強い〉政治家、歴史を作り出す指導者とは？フランス政治史の大家が、生誕130年、没後50年に手がけた最新決定版評伝！

戦争という選択

〈主戦論者たち〉から見た太平洋戦争開戦経緯

関口高史

なぜ無謀な日米開戦となったか？〈主戦論者たち〉の主張とその思考に焦点を当て、最新の安全保障学（軍事学）に基づく「戦略的思考」を分析、その、"なぜ？"の究明にせまる画期的論考！

デヴィッド・ハーヴェイの著書

新自由主義

その歴史的展開と現在

渡辺治監訳　森田・木下・大屋・中村訳

21世紀世界を支配するに至った「新自由主義」の30年の政治経済的過程と、その構造的メカニズムを初めて明らかにする。　渡辺治《日本における新自由主義の展開》収載

資本の〈謎〉

世界金融恐慌と21世紀資本主義

森田成也・大屋定晴・中村好孝・新井田智幸 訳

なぜグローバル資本主義は、経済危機から逃れられないのか？この資本の動きの〈謎〉を解明し、恐慌研究に歴史的な一頁を加えた世界的ベストセラー！「世界の経済書ベスト5」（ガーディアン紙）

〈資本論〉入門

森田成也・中村好孝訳

世界的なマルクス・ブームを巻き起こしている、最も世界で読まれている入門書。グローバル経済を読み解く、『資本論』の広大な世界へ!

資本主義の終焉

資本の17の矛盾とグローバル経済の未来

大屋定晴・中村好孝・新井田智幸・色摩泰匡 訳

「21世紀資本主義は、破綻するか? さらなる進化を遂げるか? このテーマに興味ある方は必読!」（フィナンシャル・タイムス紙）。"終焉論"に決着を付ける世界注目の決定版。12か国で刊行

経済的理性の狂気

グローバル経済の行方を〈資本論〉で読み解く

大屋定晴監訳

グローバル資本主義の構造と狂気に迫る"21世紀の資本論"
「マルクスだったら、グローバル資本主義をどのように分析するか？"現代のマルクス"ハーヴェイによるスリリングな挑戦……」（『ガーディアン』紙）